Schnitt*punkt* 6

Mathematik
Rheinland-Pfalz
Lehrerband

von
Thomas Dreher
Rainer Maroska
Achim Olpp
Hartmut Wellstein

Ernst Klett Schulbuchverlag
Stuttgart Düsseldorf Berlin Leipzig

 Gedruckt auf Recyclingpapier, hergestellt aus 100% Altpapier.

1. Auflage   1 5 4 3 2 1 | 1999 98 97 96 95

Alle Drucke dieser Auflage können im Unterricht benutzt werden, sie sind untereinander unverändert. Die letzte Zahl bezeichnet das Jahr dieses Druckes.
© Ernst Klett Schulbuchverlag GmbH, Stuttgart 1995. Alle Rechte vorbehalten.

Umschlagsgestaltung: Manfred Muraro, Ludwigsburg
Satz: PRODUserv, Berlin / Fotosatz-Service KÖHLER OHG, Würzburg
Druck: W. Röck Weinsberg
ISBN 3-12-741663-6

Inhalt

I	Teilbarkeit natürlicher Zahlen	7
II	Bruchzahlen	37
III	Rechnen mit Bruchzahlen	59
IV	Geometrische Figuren	89
V	Dezimalbrüche	105
VI	Rechnen mit Dezimalbrüchen	121
VII	Sachrechnen	139

Vorwort

Jeder „Schnittpunkt"-Band wird nach demselben Grundschema aufgebaut. Die verschiedenen Lerninhalte des Lehrplans sind auf die **Kapitel** aufgeteilt. Im Band 6 sind dies sieben:

    I   Teilbarkeit natürlicher Zahlen
    II Bruchzahlen
    III Rechnen mit Bruchzahlen
    IV Geometrische Figuren
    V Dezimalbrüche
    VI Rechnen mit Dezimalbrüchen
    VII Sachrechnen

Die Anordnung dieser Kapitel ist so gewählt, daß auf diese Art auch im Unterricht vorgegangen werden kann. Eine Umstellung oder andere Reihenfolge ist möglich und sollte im Ermessen des Fachlehrers stehen.
Jedes Kapitel ist dann wiederum in einzelne **Lerneinheiten** aufgeteilt, die methodisch und didaktisch aufeinander abgestimmt sind. Als Hilfe für Lehrerinnen und Lehrer und Schülerinnen und Schüler findet man in jeder Lerneinheit bestimmte Grundelemente der Aufbereitung des jeweiligen Lerninhalts.
Mit ein paar **Einstiegsaufgaben** soll die Möglichkeit geboten werden, entweder an Bekanntes anzuknüpfen, also Vorwissen, Voraussetzungen wieder beim Schüler ins Gedächtnis zurückzurufen, oder aber in einem offenen Unterrichtsgespräch das neue Thema vorzubereiten. Diese Aufgaben sind als Anregungen gedacht und können neben anderen Ideen eingesetzt werden. Die Überleitung zur zentralen Aussage der Lerneinheit besteht in einem **Lehrtext (Informationstext)**. Hier soll in einer für den Schüler verständlichen Sprache, so daß er eventuell auch selbständig nacharbeiten kann, der mathematische Inhalt hergeleitet und erarbeitet werden. Rechenverfahren werden erklärt, Begriffe erläutert, mathematische Gesetzmäßigkeiten bewiesen oder plausibel gemacht.
Ein abschließender **Kasten** faßt das nötige Merkwissen der Lerninhalte in übersichtlicher und prägnanter Form zusammen. In den **Beispielen** werden die wichtigsten Aufgabentypen vorgestellt und Musterlösungen angeboten. In diesem „Musterteil" können die Schülerinnen und Schüler beim selbständigen Lösen von Aufgaben nachschlagen, sei es beim Üben im Unterricht oder zu Hause. Auch die häufig zu hörende Schülerfrage „Wie schreibe ich die Lösung auf?" findet hier eine Antwort. Außerdem helfen zusätzliche Hinweise, typische Schwierigkeiten und Fehlerbilder zu vermeiden. Das ist auch der Ort, wo wichtige Sonderfälle angesprochen werden.
Der **Aufgabenteil** bietet eine reichhaltige Auswahlmöglichkeit. Den Anfang bilden stets Routineaufgaben zum Einüben der Rechenfertigkeiten und des Umgangs mit dem geometrischen Handwerkzeug. Sie sind nach Schwierigkeiten gestuft. Natürlich kommen das Kopfrechnen und Überschlagsrechnen dabei nicht zu kurz. Eine Fülle von Aufgaben mit Sachbezug bieten interessante und altersgemäße Informationen und verknüpfen so nachvollziehbar Alltag und Mathematik.

Angebote …
… von Spielen, zum Umgang mit „schönen" Zahlen und geometrischen Mustern, für Knobeleien, …
Kleine Exkurse, die interessante Informationen am Rande der Mathematik bereithalten und zum Rätseln, Basteln und Nachdenken anregen. Sie können im Unterricht behandelt oder von Schülerinnen und Schülern selbständig bearbeitet werden.
Sie sollen auch dazu verleiten, einmal im Mathematikbuch zu schmökern.

Nach den Vermischten Aufgaben befinden sich die Themenseiten. Hier wird der mathematische Inhalt des Kapitels unter ein bestimmtes Thema gestellt. Die Lehrerin bzw. der Lehrer hat die Möglichkeit, das auf der Themenseite angegebene Beispiel von den Schülerinnen und Schülern berechnen zu lassen oder aber die Idee aufzugreifen und das Zahlenmaterial durch die Daten der eigenen Klasse zu ersetzen.
Die Themenseiten wechseln auch ab zwischen zu berechnenden Seiten und Seiten mit Bastelanleitungen, dies ermöglicht einen anwendungsorientieren Unterricht.
Der **Rückspiegel** liefert am Ende jedes Kapitels Aufgaben, die sich in Form und Inhalt an möglichen Klassenarbeiten orientieren. Er gibt den Schülerinnen und Schülern die Möglichkeit, die wichtigsten Inhalte des Kapitels zu wiederholen. Die Lösungen befinden sich am Ende des Schülerbuchs.

Hinweise zur Differenzierung

Im Unterricht ist es immer wieder notwendig, bezüglich des Lerntempos und des Leistungsniveaus zu differenzieren. Hier bietet das Buch sehr viele Möglichkeiten.
Die im Lehrerband Grau unterlegten Aufgabenziffern bedeuten, daß es sich hier um Einstiegsaufgaben zur jeweiligen Lerneinheit handelt.
In jeder Aufgabenreihe ist eine kleinschrittige Stufung des Schwierigkeitsgrades zugrunde gelegt, so daß mit dem Fortschreiten in der Aufgabensequenz auch die Anforderungen erhöht werden. Zusätzliche Hinweiszeichen bei den Lösungen weisen auf Aufgaben mit deutlich erhöhtem Schwierigkeitsgrad ✶ oder Aufgaben mit hohem Arbeitsaufwand ✎ hin. Diese Aufgaben sollten nicht, oder nur nach entsprechender Aufbereitung durch den Lehrer und die Lehrerin, als Hausaufgaben gegeben werden. Andererseits eignen sich gerade diese Aufgaben besonders gut zur inneren Differenzierung im Rahmen des Unterrichts.
Eine Vielzahl von Aufgaben mit direkt vorgegebener oder in Form eines Lösungswortes vorgegebener Lösung, eignet sich für das eigenständige Arbeiten von Schülerinnen und Schülern. Auf der einen Seite haben diese Aufgaben einen sehr hohen Aufforderungscharakter für alle Schülerinnen und Schüler, andererseits können die etwas Schnelleren damit arbeiten und für den Lehrer und die Lehrerin bleibt Zeit für die intensive Betreuung der Anderen.
Zusätzliches Übungsmaterial wird auf den Spiralblöcken ❒ angeboten, wobei hier in erster Linie viele einfache Aufgaben zur Verfügung stehen. Außerdem bieten die Vermischten Aufgaben, die nochmals einen Querschnitt und einige Lerneinheiten verbindende Aufgabentypen beinhalten, einen weiteren Fundus an Übungsmaterial.
Die roten Karten im Schülerbuch greifen besondere Schülerfehler auf und sollen die Gefahren an diesen Stellen für die Schülerin und den Schüler besonders deutlich machen.
Aufgrund dieser vielen Möglichkeiten zur Differenzierung wurde auf weitere Kennzeichnungen im Schülerband der Klasse 6 verzichtet, zumal die Schüler dieser Altersstufe damit auch häufig überfordert scheinen.
Eine gezielte Steuerung durch den Lehrer und die Lehrerin erscheint aus lernpsychologischer und pädagogischer Sicht sinnvoller.
Auf die Angabe mancher offensichtlichen Lösungen, vor allem auch im Bereich der Geometrie, wurde bewußt verzichtet.

I Teilbarkeit natürlicher Zahlen

Die mittelalterliche Darstellung zeigt Pythagoras beim Musizieren auf Glocken und auf in verschiedenen Höhen gefüllten Wassergläsern. Die Zahlenfolge 4, 6, 8, 9, 12, 16 enthält eine arithmetische (4, 8, 12, 16), eine geometrische (4, 8, 16) und eine harmonische (6, 8, 12; $\frac{1}{2}(\frac{1}{6}+\frac{1}{12})=\frac{1}{8}$) Teilfolge.

Solche Zahlenbetrachtungen gehen weniger auf Pythagoras (um 500 v. Chr.) als auf Boëthius (um 500 v. Chr.) zurück und wurden über Jahrhunderte weitergepflegt. Ihren wohl merkwürdigsten Ausdruck fanden sie in dem erst in jüngster Zeit wieder entdeckten Brett- und Zahlenspiel-Rhythmomachia.

Wenn im Text vom regelmäßigen Lauf der Gestirne die Rede ist, so sind damit uralte Wunschvorstellungen von himmlischer Harmonie eher angesprochen als die wahren Verhältnisse. Sehr früh wurde bemerkt, daß sich die Perioden der Erddrehung, des Erdumlaufs und des Mondumlaufs nicht durch einfache Proportionen darstellen lassen. So rangen mathematisch geschulte Mönche unter letztlich falschen Prämissen um eine exakte weitreichende Vorausberechnung der Daten kirchlicher Feste. (Diese „Oster-Rechnung" trug neben anderen Bezeichnungen auch den Namen „Computus"!)

Das Primzahlsieb des Eratosthenes ist auch heute noch durchaus konkurrenzfähig bei der Aufstellung einer Primzahltabelle. Es zeigt schlagend, wie durch das Wegnehmen höchst regelmäßiger Mengen (nämlich Vielfachenmengen) aus einer ideal regelmäßigen Menge die chaotische Primzahlmenge entsteht.

Leonhard Euler (* Basel 1707, † St. Petersburg 1783), der größte Mathematiker des 18. Jahrhunders, erkannte Zahlenzusammenhänge mit unfaßlicher Intuition und kam oft aufgrund empirischer Überlegungen zu allgemeinen Sätzen.

Die zwei in Primfaktorzerlegung gegebenen Zahlen haben je 288 Teiler. (Die Erklärung der „Freundschaft" ist aus dem Beispiel zu entnehmen: Die Summe der „eigentlichen" Teiler der ersten Zahl ergibt die zweite Zahl und umgekehrt.) Notwendig ist hier und auch allgemein ein Hinweis auf mathematische Leistungen des arabischen Kulturkreises: Ibn al Banna schrieb im 12. Jahrhundert: „Die Zahlen 17296 und 18416 sind befreundet, die eine ist reich, die andere arm. Allah ist allwissend." (Mit „reich" bzw. „arm" meint Ibn al Banna, daß die Summe der eigentlichen Teiler größer bzw. kleiner als die Zahl ist.) Der Nachsatz hat gewiß nicht nur formelhaften Charakter, sondern erinnert an die Beschränktheit menschlichen Wissens.

Zum Nachrechnen: $17296 = 2^4 \cdot 23 \cdot 47$; $18416 = 2^4 \cdot 1151$; 17296 hat die eigentlichen Teiler 1, 2, 4, 8, 16, 23, 46, 47, 92, 94, 184, 188, 368, 376, 752, 1081, 2162, 4324, 8648.

Die Freundin 18416 hat die eigentlichen Teiler 1, 2, 4, 8, 16, 1151, 2302, 4604, 9208.

Die Zahl $2^{137} - 1$ ist eine Mersenne-Zahl (nach Marin Mersenne, um 1600). Extrem große Primzahlen, weit außerhalb des Umfangs von Primzahltabellen, werden meist unter diesen Zahlen gesucht. Im Jahr 1990 war $2^{216091} - 1$ eine der größten bekannten Primzahlen.

Die Zahlentheorie, von der diese Anmerkungen handelt, stellt von alters her einen Prüfstein des Geistes dar. Abstraktheit, Klarheit der Fragestellungen und überraschende Anwendungen machen ihren Reiz aus.

1 Teiler und Vielfache

Seite 8

1

Gruppen zu 2, 3, 4, 6; wenig nützlich wären wohl Gruppen von 8 oder 12 Kindern.

2

Alle Vielfachen von 6

Seite 9

3

a) 7 | 63   b) 4 ∤ 82   c) 5 | 95
   9 ∤ 82   6 | 96   7 | 84
   6 ∤ 56   8 | 96   9 ∤ 69

d) 11 ∤ 131   e) 14 | 84   f) 16 | 96
   13 | 91   11 | 121   12 | 144
   12 | 84   15 | 75   13 ∤ 69

4

a) 24, 72, 104   b) 35, 56, 84, 91
c) 24, 48, 96   d) 32, 48, 64, 96, 144

5

Es geht um die Einübung der Sprechweisen.
a) ja   b) nein   c) ja   d) ja   e) ja

6

Darstellungen, die sich nur in der Reihenfolge der Faktoren unterscheiden, fallen zusammen.

a) 32   b) 36   c) 42
   1 · 32   1 · 36   1 · 42
   2 · 16   2 · 18   2 · 21
   4 · 8   3 · 12   3 · 14
               4 · 9   6 · 7
               6 · 6

d) 48   e) 56   f) 64
   1 · 48   1 · 56   1 · 64
   2 · 24   2 · 28   2 · 32
   3 · 16   4 · 14   4 · 16
   4 · 12   7 · 8   8 · 8
   6 · 8

g) 72   h) 81   i) 112
   1 · 72   1 · 81   1 · 112
   2 · 36   3 · 27   2 · 56
   3 · 24   9 · 9   4 · 28
   4 · 18   7 · 16
   6 · 12   8 · 14
   8 · 9

k) 144   l) 169   m) 225
   1 · 144   1 · 169   1 · 225
   2 · 72   13 · 13   3 · 75
   3 · 48   5 · 45
   4 · 36   9 · 25
   6 · 24   15 · 15
   8 · 18
   9 · 16
   12 · 12

7

Diese Aufgabe bietet sich für Wettkämpfe an, bei denen mehrere Gruppen oder Teams versuchen, möglichst viele Teiler zu ermitteln und damit Punkte zu erreichen.

8 ✏

a) T_{18} = {1, 2, 3, 6, 9, 18}
b) T_{22} = {1, 2, 11, 22}
c) T_{27} = {1, 3, 9, 27}
d) T_{39} = {1, 3, 13, 39}
e) T_{45} = {1, 3, 5, 9, 15, 45}
f) T_{66} = {1, 2, 3, 6, 11, 22, 33, 66}
g) T_{44} = {1, 2, 4, 11, 22, 44}
h) T_{52} = {1, 2, 4, 13, 26, 52}
i) T_{63} = {1, 3, 7, 9, 21, 63}
k) T_{72} = {1, 2, 3, 4, 6, 8, 9, 12, 18, 24, 36, 72}
l) T_{84} = {1, 2, 3, 4, 6, 7, 12, 14, 21, 28, 42, 84}
m) T_{112} = {1, 2, 4, 7, 8, 14, 16, 28, 56, 112}

9

a) V_{13} = {13, 26, 39, 52, ...}
b) V_{17} = {17, 34, 51, 68, ...}
c) V_{19} = {19, 38, 57, 76, ...}
d) V_{23} = {23, 46, 69, 92, ...}

Teiler und Vielfache 9–10

e) $V_{28} = \{28, 56, 84, 112, \ldots\}$
f) $V_{32} = \{32, 64, 96, 128, \ldots\}$
g) $V_9 = \{9, 18, 27, 36, \ldots\}$
h) $V_{15} = \{15, 30, 45, 60, \ldots\}$
i) $V_{18} = \{18, 36, 54, 72, \ldots\}$

10
„Zwischen" schließt die Grenzen aus.
a) 55, 60, … 90, 95   b) 56, 63, 70, 77, 84, 91, 98
c) 54, 63, 72, 81, 90, 99 d) 56, 70, 84, 98
e) 60, 75, 90   f) 63, 84
g) 52, 78   h) 62, 93   i) 73

11
a) $V_8 = \{8, 16, 24, 32, \underline{40}, \underline{48}, \underline{56}, \ldots\}$
b) $V_9 = \{\underline{9}, 18, 27, 36, 45, \underline{54}, \underline{63}, \ldots\}$
c) $V_6 = \{\underline{6}, \underline{12}, \underline{18}, 24, 30, 36, \underline{42}, \ldots\}$
d) $V_{12} = \{\underline{12}, 24, 36, \underline{48}, \underline{60}, \underline{72}, \underline{84}, \ldots\}$
e) $V_{14} = \{\underline{14}, 28, 42, 56, \underline{70}, \underline{84}, \underline{98}, \ldots\}$
f) $V_{17} = \{\underline{17}, \underline{34}, 51, 68, 85, \underline{102}, \underline{119}, \ldots\}$

12
a) $T_{12} = \{1, 2, \underline{3}, \underline{4}, 6, 12\}$
b) $T_{50} = \{1, 2, 5, 10, \underline{25}, \underline{50}\}$
c) $T_{51} = \{\underline{1}, \underline{3}, 17, 51\}$
d) $T_{36} = \{\underline{1}, 2, 3, 4, \underline{6}, \underline{9}, 12, 18, \underline{36}\}$
e) $T_{45} = \{\underline{1}, 3, \underline{5}, \underline{9}, 15, \underline{45}\}$
Beachte $3 \cdot 15 = 45$
f) $T_{114} = \{\underline{1}, \underline{2}, \underline{3}, 6, 19, 38, 57, \underline{114}\}$
Beachte $6 \cdot 19 = 114$

13 ✳
a) $6 \nmid 15$, keine Teilermenge
b) $2 \in T_{36}$, keine Teilermenge
c) 3 und 8 müssen die Grundzahl teilen. Also kommen alle Vielfachen von 24 in Frage.

Seite 10

14 ✎
a) $4674 = 23 \cdot 203 + 5$ $4674 = 38 \cdot 123$
b) $6034 = 26 \cdot 232 + 2$ $6034 = 28 \cdot 215 + 14$
c) $6794 = 79 \cdot 86$ $6794 = 86 \cdot 79$
d) $3870 = 45 \cdot 86$ $3870 = 65 \cdot 59 + 35$
e) $5082 = 66 \cdot 77$ $5082 = 77 \cdot 66$

15 ✎
a) $3640 = 45 \cdot 80 + 40$ $3640 = 65 \cdot 56$
b) $4930 = 58 \cdot 85$ $4930 = 85 \cdot 58$
c) $7030 = 74 \cdot 95$ $7030 = 75 \cdot 93 + 55$
d) $9936 = 32 \cdot 310 + 16$ $9936 = 23 \cdot 432$
e) $2238 = 63 \cdot 35 + 33$ $2238 = 36 \cdot 62 + 6$
Vielfache liegen vor bei a) 2. Fall, b) 1. und 2. Fall, c) 1. Fall, d) 2. Fall

16
a) $T_4 = \{1, 2, 4\} \subset \{1, 2, 4, 6, 12\} = T_{12}$
b) $T_6 = \{1, 2, 3, 6\} \subset \{1, 2, 3, 4, 6, 9, 12, 18, 36\} = T_{36}$
c) $T_9 = \{1, 3, 9\} \subset \{1, 3, 9, 27\} = T_{27}$
d) $T_{21} = \{1, 3, 7, 21\} \subset \{1, 3, 7, 9, 21, 63\} = T_{63}$

17
a) $V_4 \supset V_{12}$ b) $V_6 \supset V_{36}$ c) $V_9 \supset V_{27}$ c) $V_5 \supset V_{15}$

18 ✳
a) drei Primzahlen
b) Primzahl-Quadrate
c) Primzahl-Kuben und Produkte zweier Primzahlen (also z.B. 8 und 15)

19
a) $65 : 5 = 13; V_{13}$ b) $112 : 7 = 16; V_{16}$

20
a) Aus den 42 Plättchen lassen sich (bei Unterscheidung von Länge und Breite) 8 Rechtecke legen: $1 \cdot 42$, $2 \cdot 21$, $3 \cdot 14$, $6 \cdot 7$, $7 \cdot 6$, $14 \cdot 3$, $21 \cdot 2$, $42 \cdot 1$
b) 55 Plättchen; 4 Rechtecke: $1 \cdot 55$, $5 \cdot 11$, $11 \cdot 5$, $55 \cdot 1$
c) 97 Plättchen, 2 Rechtecke: $1 \cdot 97$, $97 \cdot 1$
Hier gilt nicht: „Je mehr, desto mehr!"

21
1, 2, 3, 4, 5, 6, 10, 12, 15, 20, 30, 60 Kinder erhalten je 60, 30, 20, 15, 12, 10, 6, 5, 4, 3, 2, 1 Bonbons. Mindestens die ersten 6 Möglichkeiten sind gesundheitsschädlich.

22

2·50 DM, 5·20 DM, 10·10 DM, 20·5 DM, 50·2 DM, 100·1 DM.
Dem Fehlen des 25-DM-Scheines korrespondiert sehr passend das Fehlen des 4-DM-Stücks.

23

Die stets vorrätige „Kopf-Serie" enthält die Werte (in Pf) 5, 10, 20, 30, 40, 50, 60, 70, 80, 100, 120, 140, 150, 170, 180, 200, 240, 250, 300, 350, 400, 450.
In einer anderen gängigen Serie gibt es (neben anderen Werten) noch Marken zu 33, 38, 45, 450 Pf.
Sonder- und Zuschlagsmarken sowie Automatenmarken sind hier nicht berücksichtigt. Rechnerisch möglich sind die Werte 5, 10, 20, 30, 45, 60, 180 Pf. Die Marken der Kopf-Serie haben einen Flächeninhalt von gut 6 cm^2. Die Frankierung mit 108 Marken zu 5 Pf erfordert etwa 650 cm^2 Platz, also mehr als den Flächeninhalt eines Bogens DIN A4.

24

600, 300, 200, 150, 120, 100, 60, 50 Beutel zu 1, 2, 3, 4, 5, 6, 10, 12 Äpfeln.
Die ersten drei Möglichkeiten sind nicht realistisch.

25

Anzahl der Packungen:
a) 3   b) 6   c) 5   d) –   e) –   f) 14

26

Zerlegungen: 1·36, 2·18, 3·12, 4·9, 6·6
Länge/Breite (oder umgekehrt): 16 cm/576 cm, 32 cm/288 cm, 48 cm/192 cm, 64 cm/144 cm, 96 cm/96 cm

27

a) 29,25 m   b) 39,00 m   c) 97,50 m

28

5,20 m, 5,72 m, 6,24 m, 6,76 m, 7,28 m, 7,80 m, 8,32 m, 8,84 m, 9,36 m, 9,88 m

Seite 11

29

16.00 Uhr, 16.12 Uhr, 16,24 Uhr, 16.36 Uhr, 16.48 Uhr, 17.00 Uhr, 18.00 Uhr...

30

Die Seitenlänge muß sowohl 480 cm als auch 280 cm teilen. Dies trifft nur für die Seitenlänge 40 cm zu.

31

Das große Zahnrad hat 48 Zähne, das kleine 12 Zähne. Bei jeder Umdrehung des großen Zahnrads macht das kleine 4 Umdrehungen. Die Antwort lautet also „ja".

32

Der Vers hat 13 Silben. Das aufsagende Kind zählt sich selber aus, wenn es 12, 6, 4, 3 oder 2 Kinder sind.

33

3	7		3	0	0	3
3	2	3	2			5
3		6		9	6	
	9	9	6	6	3	3
	1		9	3		6
4	8	4		0		3

Waagerecht 1) bietet einen sicheren Einstieg.

34

Nur die 16-cm-Stufen sind geeignet.

35 *

Petra muß keine Vermutungen über die Abmessungen von Wand und Kacheln anstellen. Sie schreibt eine Teilertabelle, in der die kleineren Zahlen die Höhe, die größeren die Breite (gemessen in der Seitenlänge der Kacheln) angeben. Nur die Höhe 15 wird die doppelte

Teilbarkeit von Summen

Höhe größer als die zugehörige Breite. In der waagerechten Reihe liegen 20, in der senkrechten 15 Kacheln.

Höhe	Breite
1	300
2	150
3	100
4	75
5	60
6	50
10	30
12	25
15	20

36 ✳

a) $21 = 7 \cdot 3$ und $15 = 5 \cdot 3$; $7 \nmid 27$; $70 = 7 \cdot 10$, aber $55 = 5 \cdot 11$; $91 = 7 \cdot 13$ und $65 = 5 \cdot 13$
Die rote Linie geht also durch die Punkte (21|15) und (91|65), durch die anderen nicht.
b) (56|40), (84|60), (105|75)

2 Teilbarkeit von Summen

Seite 12

1

Nein; 632 ist nicht durch 6 teilbar. Im Sinne der Lerneinheit ist es, dies an der Zerlegung $632 = 600 + 30 + 2$ zu erkennen.

2

Die Antwort „10, 12, 21 Bogen" ist leicht anhand der Zerlegung $192 = 160 + 32$ und $336 = 320 + 16$ zu finden.

3

Teilbarkeit liegt also vor in:
a) | b) ✗
c) ✗ d) |
e) | f) |
g) | h) |

4

Teilbarkeit liegt vor in a), b), c).
In d) stört der zweite Summand.

Seite 13

5

Es gibt stets mehrere Möglichkeiten; angegeben ist hier jeweils die Standardlösung. Summanden, die die Teilbarkeit stören, sind unterstrichen.
a) $30 + 24$, $300 + 27$, $600 + \underline{28}$, $1200 + 42$, $2700 + \underline{5}$
b) $70 + 14$, $420 + 14$, $700 + \underline{27}$, $1400 + 35$, $2100 + 70 + \underline{25}$
c) $110 + 11$, $330 + 33$, $550 + \underline{5}$, $4400 + 110 + 44$, $1100 + 220 + 11$
d) $150 + \underline{5}$, $150 + \underline{35}$, $450 + 15$, $1500 + 300 + 15$, $4500 + 75$

6

a) $60 - \underline{4}$, $120 - 6$, $180 - 6$, $600 - 6$, $6000 - 12$
b) $70 - \underline{6}$, $140 - 7$, $210 - 7$, $490 - \underline{9}$, $7000 - 14$
c) $80 - \underline{4}$, $160 - 8$, $400 - 8$, $640 - 8$, $8000 - 16$
d) $120 - 12$, $240 - \underline{14}$, $600 - 12$, $720 - 12$, $1200 - 24$

7

a) $19 \mid (190 + 95)$ b) $11 \mid (330 + 55)$
c) $12 \mid (360 + \underline{82})$ d) $13 \mid (650 + 26)$
e) $12 \mid (1200 + 24)$ f) $15 \mid (1500 + 60)$
g) $19 \mid (3800 + 38)$ h) $31 \mid (3100 + 620 + 124)$
i) $13 \nmid (2600 + 65 + \underline{4})$ k) $16 \mid (1600 + 160 - 16)$
l) $16 \mid (3200 + \underline{116})$ m) $17 \mid (3400 + 51)$

8

Man kann jeweils alle Vielfachen des Divisors einsetzen.

9

Die Antwort ist stets „ja":
a) $457\,590 = 450\,000 + 7500 + 90$
b) $9\,648\,144 = 9\,600\,000 + 48\,000 + 144$
c) $6\,416\,872 = 6\,400\,000 + 16\,800 + 800 + 72$
d) $7\,209\,171 = 7\,200\,000 + 9000 + 90 + 81$
e) $26\,039\,117 = 26\,000\,000 + 39\,000 + 117$

10

a) Bernd hat nicht recht, denn 1440 = 1200 + 240.
Die Aufgabe soll einen Kontrast zum zweiten Merksatz schaffen.
b) 4000 + 80 = 4080 = 3600 + 480; also 12 | 4000 + 80
Die Summe ist teilbar durch 12, obwohl 4000 und 80 nicht durch 12 teilbar sind.
c) 4000 + 12 = 4012 = 4000 + 12;
also 8 ∤ 4000 + 12
d) 3400 + 20 = 3420 = 3600 − 180; also 18 | 3400 + 20

11

a) 1705 + 12 = 1717
b) 1705 − 5 = 1700

12

Nur bei 10000 m fallen Start und Ziel (nach 25 Runden) zusammen. Die übrigen nicht-ganzen Rundenzahlen ($2\frac{1}{2}$, $7\frac{1}{2}$, $12\frac{1}{2}$) könnten in der Klasse bekannt sein. Der Start liegt eingangs der Zielkurve.

13

1470 = 1400 + 70 = 40 · 35 + 2 · 35
Vor der Absage betrug der Fahrpreis 42 DM.
1470 = 1500 − 30 = 50 · 30 − 1 · 30
Nach der Absage betrug der Fahrpreis 49 DM. (Freilich kann man hier auch simpel dividieren.)
Man könnte fragen, wie die infolge der Absage entstandenen ungedeckten Kosten (5 · 42 DM = 210 DM) auf die übrigen Mitglieder verteilt werden:
210 DM : 30 = 7 DM; 42 DM + 7 DM = 49 DM.

14

Am Dienstag und am Freitag stimmte der Kassenstand nicht.

15

Mo, Mi, Do, Fr, Sa

16 ✳

Herrn Haugs unzureichende Überlegung: Der Breite nach geht es nicht (16 ∤ 396), der Höhe nach auch nicht (18 ∤ 304). Frau Haug dreht die Musterkachel um 90° und es geht: 18 | 396; 16 | 304. Es sind 19 · 22, also 418 Kacheln nötig.

3 Endziffernregel

Seite 14

1

siehe Schülerbuch

2

a) 4 | 56   4 ∤ 345   4 | 336   4 | 4216   4 | 78420
4 ∤ 74   4 | 476   4 ∤ 995   4 ∤ 5319   4 | 85896
b) Teilbar durch 8 sind die Zahlen
88, 128, 3408, 72816, 72, 248, 4568.

Seite 15

◻

	4	8	5	25
56	14	7	∤	∤
92	23	∤	∤	∤
112	28	14	∤	∤
140	35	∤	28	∤
250	∤	∤	50	10
280	70	35	56	∤
336	84	42	∤	∤
450	∤	∤	90	18
1000	250	125	200	40
2500	625	∤	500	100

5

Teilbar durch 8 sind
a) 32   e) 104   f) 136   i) 264
l) 496   n) 1248   q) 2416

6

a) 40, 44, …, 84, 88
b) 104, 112, …, 184, 192
c) 100, 125, …, 350, 375

7

a) 20   b) 40   c) 200   d) 100

Endziffernregel

8
Die durch 8 teilbaren kleineren/größeren Nachbarzahlen sind
a) 64/72, 112/120, 472/480, 1320/1328, 3856/3864
b) 72/80, 200/216 (!), 880/888, 3560/3568, 1216/1224
c) 96/104, 312/320, 784/792, 4352/4360, 5880/5888
d) 88/96, 504/520 (!), 912/920, 5672/5680, 2264/2272

9
a) An den Zehnerstellen der letzten beiden Ziffern kann beliebig eingesetzt werden
b) 524, 528; 732, 736; 3616, 3636, 3656, 3676; 2400, 2404, ..., 2492, 2496
c) In 82■0 kann beliebig eingesetzt werden, ebenso an der Zehnerstelle von 59■.

10
a) 122, 126; 210, 214, 218; 302, 306; 990, 994, 998; 330, 334, 338; 314, 334, 354, 374, 394; 306, 326, 346, 366, 386
b) 120; 455; 705; 260, 265; 270; 60, 65; in 32■5 sind alle Ziffern außer 2 und 7 einsetzbar.

11 ✳
a) Um Mißverständnissen vorzubeugen, kann man darauf hinweisen, daß für jede Zahl jeweils alle Ziffernkärtchen verwendet werden dürfen. Der Baum zeigt in der 1. Stufe die möglichen Endziffernpaare der durch 4 teilbaren Zahlen, in der 2. Stufe die möglichen Endziffertripel der durch 4, aber nicht durch 8 teilbaren Zahlen und in der 3. Stufe (des Platzes wegen untereinandergesetzt) die Lösungszahlen.

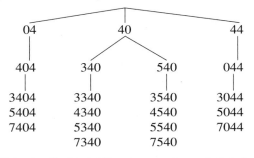

b) Vgl. a); die Endziffernpaare zeigen, daß keine der durch 4 teilbaren Zahlen durch 25 teilbar ist.
Man kann auch zuerst die Teilbarkeit durch 25 betrachten. Die möglichen Endziffernpaare 50 und 75 ergeben keine durch 4 teilbaren Zahlen.

12 ✳
a) Argumentation anhand der Endziffernregeln: Mögliche Endziffern sind 0, 2, 4, 6, 8 bzw. 0, 5. Beide Bedingungen erfüllt nur die Endziffer 0. Also sind die gefragten Zahlen durch 10 teilbar. (Eine Begründung dieser Art ist von den Schülern nicht unmittelbar zu fordern!)
b) Das einfachste Beispiel ist die Zahl 20, allgemein alle ungeraden Vielfachen von 20. Umgekehrt sind die geraden Vielfachen von 20 auch durch 40 teilbar. Man kann auch hier die Endziffernpaare betrachten: Es kommen 00, 20, 40, 60, 80 in Frage.

Der Vergleich von a) und b) zeigt, daß aus der Teilbarkeit durch zwei Zahlen „nur manchmal" die Teilbarkeit durch das Produkt folgt. Erst wenn weitere Fälle (z.B.: 2 und 3; 4 und 6) untersucht sind, könnte man auf den Grund eingehen, nämlich das Vorhandensein eines gemeinsamen Teilers. Dies wäre allerdings ein Vorgriff auf die Lerneinheiten 7 und 8.

13
Antworten: ja/nein

	16	20	25	50	64
teilbar durch 4	j	j	n	n	j
teilbar durch 8	j	n	n	n	j
teilbar durch 5	n	j	j	j	n

Lösungsweg: In Zeile 1 entfällt der Teiler 5 wegen 5∤16 und der Teiler 8 wegen 8∤20. Damit bleibt nur 4 übrig. Entsprechend begründet man für Zeilen 2 und 3. Die Zeilen beeinflussen sich nicht gegenseitig durch „Verbrauch" eines Teilers.

14
$64 : 4 = 16$; $48 : 4 = 12$; $20 : 4 = 5$; $16 \cdot 12 \cdot 5 = 960$
Die Division der Volumina führt selbstverständlich zum selben Ergebnis, wäre aber keine zwingende Begründung, denn das Ergebnis könnte ganzzahlig sein, ohne das jede Kantenlänge des Quaders durch die Kantenlänge des Würfels teilbar ist.
Zur Differenzierung kann man die Aufgabe für einen Karton mit den Abmessungen 60 cm, 48 cm, 18 cm stellen. In ihn passen nicht $(60 \cdot 48 \cdot 18) : 64 = 810$ Würfel, sondern nur $(60 : 4) \cdot (48 : 4) \cdot (16 : 4) = 720$ Würfel. Eine „halbe" Schicht von 60 cm auf 48 cm bleibt frei. Sie macht gerade das Volumen der $810 - 720 = 90$ Würfel aus.

15

a) Nur 1700 und 1993 sind keine Schaltjahre. (Man sollte noch einige weitere Jahreszahlen geben, allerdings nicht solche vor der Gregorianischen Kalenderreform von 1582.)
b) Unter den 34 Jahren von 1984 (ausschließlich) bis 2018 (einschließlich) sind 8 Schaltjahre, nämlich 1988, 1992, 1996, 2000, 2004, 2008, 2012, 2016. Karin kann bis dahin 8mal am 29.2. feiern.

4 Quersummenregel

Seite 16

1

Alle mit den vorgegebenen 18 Marken aufgelegten Zahlen sind durch 9 teilbar. Die Begründung ist für Kundige klar: Die Quersumme ist 18. Will man den Sachverhalt in der Klasse erarbeiten, kann man die aufgelegte Zahl in Schritten von 9, 99 bzw. 999 durch Umlegen von Marken aus dem Z-Feld, dem H-Feld bzw. dem T-Feld ins E-Feld verkleinern. (Man kann auch Marken ins rechte Nachbarfeld umlegen; die Verkleinerungsschritte sind dann 9, 90 bzw. 900.) Nimmt man noch Bündel zu 9 aus dem E-Feld weg, entsteht am Ende der Neunerrest; in den vorgeschlagenen Situationen also 0 bzw. 3.
Der Zusammenhang mit der Quersumme läßt sich herstellen, wenn die sich auf dem E-Feld ansammelnden Marken liegen bleiben. Die entsprechende Zahl ist zwar nicht im Dezimalsystem dargestellt, aber dies stört hier nicht. Damit ist demonstriert, daß der Neunerrest und die Quersumme sich höchstens um ein Vielfaches von 9 unterscheiden. (Für den Anfang empfehlen sich – das wird hier deutlich – Zahlen mit einstelliger Quersumme.)
Das Ergebnis lautet schließlich: „Jede Zahl hat denselben Neunerrest wie ihre Quersumme". Es geht über das im Merksatz festgehaltene Teilergebnis hinaus.

2

Die Reste werden jeweils durch die erste Ziffer der Zahl gegeben.

4

Nicht teilbar durch 9 sind:
a) 181   d) 780   g) 5861   l) 47653   m) 27496

5

Teilbar durch 3 sind:
a) 5769   b) 1233   c) 7563   d) 17322
e) 75954   f) 99075
Von diesen Zahlen sind teilbar durch 9
a) 5769   b) 1233

6

Es gibt jeweils mehrere Möglichkeiten.
a) 2, 5, 8   b) 2, 5, 8   c) 2, 5, 8   d) 1, 4, 7
e) 2, 5, 8   f) 0, 3, 6, 9   g) 2, 5, 8   h) 2, 5, 8

Seite 17

☐

	teilbar durch				
	3	6	9	12	15
75	j	n	n	n	j
96	j	j	n	j	n
144	j	j	j	j	n
180	j	j	j	j	j
225	j	n	j	n	j
243	j	n	j	n	n
270	j	j	j	n	j
324	j	j	j	j	n
444	j	j	n	j	n
555	j	n	n	n	j

7

a) 1, 7   b) 1, 4   c) 1, 4   d) 2, 8
e) 3, 6   f) 3, 6   g) 1, 7   h) 0, 3, 9
i) 1, 7   k) 0, 6, 9   l) 2, 5,   m) 2, 5

Quersummenregel

8 ✽
Dieselbe Zahl, die von der Quersumme zu subtrahieren ist, um die nächstkleinere durch 9 teilbare Zahl zu erhalten, ist auch von der Ausgangszahl zu subtrahieren. In manchen Fällen (z.B. bei 334) sieht man das Ergebnis freilich unmittelbar.
a) $5 + 6 + 8 = 19$, $19 - 1 = 18$, also $568 - 1 = 567$
b) 333   c) 324   d) 657
e) 2340   f) 4446   g) 4995   h) 3780
i) 3249   k) 6660   l) 8640   m) 9747

9
a) 54   c) 78   e) 126   f) 144
g) 186   i) 264   l) 498

10
f) 2088   g) 1332

11
a) 888 888 888
Begründung mit Hilfe der Quersumme:
Das kleinste durch 9 teilbare Vielfache von 8 ist $9 \cdot 8$.
b) 558
Einstellige und zweistellige Zahlen mit den geforderten Eigenschaften gibt es offenbar nicht, so daß man schnell auf die Lösung kommt.
Eine etwas schwierigere Zusatzfrage: Welches ist die kleinste durch 9 teilbare Zahl, die mit den Ziffern 5 und 7 geschrieben werden kann?
Man betrachtet die möglichen Quersummen:
2stellige Zahlen: 10, 12, 14
3stellige Zahlen: 15, 17, 19, 21
4stellige Zahlen: 20, 22, 24, 26, 28
5stellige Zahlen: 25, 27 (!), 29, 31, 33, 35
Die gesuchte Zahl hat viermal die Ziffer 5 und einmal die Ziffer 1. Sie lautet also 55557.

12
Alle durch die Ziffern gebildeten Zahlen haben die Quersumme 45, sind also durch 9 teilbar.

13
Der Betrag müßte durch 3 teilbar sein, da 6 und 9 durch 3 teilbar sind; es gilt aber $1 + 8 + 2 + 0 = 11$.

14
a) 1002   b) 1008
c) 1002 (Quersumme 3, Endziffer gerade);
Begründung über die Summenregel:
$1002 = 600 + 300 + 60 + 42$

15 ✽
a) 54   b) 108   c) 126
d) 155 hat die Quersumme 11; die nächste durch 9 teilbare Zahl ist $155 + 7 = 162$. Diese ist aber nicht durch 8 teilbar. Die nächsten Vielfachen von 9 sind zu überprüfen. Das kleinste auch durch 8 teilbare Vielfache ist 216. (Die Lösung ist eindeutig bestimmt, denn die nächstgrößere durch 8 und 9 teilbare Zahl ist 288, also größer als 275.) Hier stellt sich die Zusatzfrage, wie sich die Quersumme ändert, wenn zur Grundzahl die Zahl 8 addiert wird. Anhand des Rechenbretts (vgl. Aufgabe 1) läßt sich erklären, daß sich die Quersumme um 8 erhöht und zugleich für jeden auftretenden Übertrag um 9 zu vermindern ist. Bei jedem Übertrag werden nämlich 10 Marken durch eine Marke auf dem nächsthöheren Stellenwert ersetzt. Das Gesagte gilt sinngemäß für die Addition jeder einstelligen Zahl.

16
Die störende Zahl ist jeweils unterstrichen.
a) $3 \mid (402 + 870)$ b) $9 \nmid (\underline{624} + 342)$
c) $3 \mid (5370 + 444)$ d) $9 \nmid (7749 + 1503)$
e) $9 \nmid (702 - \underline{388})$ f) $3 \nmid (882 - \underline{241})$
g) $3 \nmid (\underline{5471} - 3033)$ h) $9 \nmid (\underline{7008} - 2466)$

17
Eine Zahl ist (genau dann) durch 12 bzw. 15 bzw. 18 teilbar, wenn sie durch 3 und 4 bzw. durch 3 und 5 bzw. durch 2 und 9 teilbar ist.
Diese Regeln können und sollen hier nicht bewiesen werden. Durch Beispiele sind sie von Fehlversuchen wie „Eine Zahl ist durch 12 teilbar, wenn sie durch 2 und 6 teilbar ist" abzuheben. Bei der Teilbarkeit durch 15 kann es keinen Irrtum geben, weil 15 nur in teilerfremde Faktoren zerlegt werden kann.

18

Faßt man (was gemeint ist) die Aufgabe so auf, daß 6, 3 und 15 nur je einmal verwendet werden dürfen, muß Zeile 1 zunächst offen bleiben. In Zeile 2 muß 3 stehen, in Zeile 3 muß 15 stehen. Damit bleibt für Zeile 1 nur 6.

	27	45	63	96	105
teilbar durch 6	n	n	n	j	n
teilbar durch 3	j	j	j	j	j
teilbar durch 15	n	j	n	n	j

19

Die Nudeln kosteten
9,00 DM − 2 · 1,30 DM − 2 · 0,90 DM = 4,60 DM.
Dieser Betrag ist aber nicht durch 3 teilbar, da die Quersumme für 460 Pf 10 beträgt. Der Verkäufer hat sich übrigens wohl kaum verrechnet, sondern er hat einen Preis falsch eingegeben.

5 Primzahlen

Seite 18

1

Die Zahl muß zwei nicht extrem unterschiedliche Teiler haben, da sonst die Packung unhandlich wird.

2

6 Rechtecke: 1×12; 2×6; 3×4; 12×1; 6×2; 4×3
2 Rechtecke: 1×13; 13×1
(bei Unterscheidung von Länge und Breite)

3

a) 11, 31, 41   b) 13, 23, 43
c) 17, 37, 47   d) 19, 29
Aus den ersten drei Zahlenbeispielen ist nicht der Schluß zu ziehen, es seien stets drei von vier Zahlen im Abstand 10 mit Endziffer 1, 3, 7 oder 9 Primzahlen. Sollte diese Vermutung aufkommen, ließe sie sich mit 51, 61, 71, 81; 63, 73, 83, 93; 57, 67, 77, 87; 39, 49, 59, 69 sofort widerlegen. Dies sollten die Schülerinnen und Schüler selbst finden.

4

a) 31, 37   b) 41, 43, 47
c) 53, 59, 61, 67   d) 71, 73, 79, 83, 89, 97

5

Zahl	29	33	42	45	46	47
Anzahl der Teiler	2	4	8	6	4	2

Primzahlen sind Zahlen mit 2 Teilern.

6

Primzahlen sind hier unterstrichen.
a) T_{24} = {1, <u>2</u>, <u>3</u>, 4, 6, 8, 12, 24}
b) T_{30} = {1, <u>2</u>, <u>3</u>, <u>5</u>, 6, 10, 15, 30}
c) T_{125} = {1, <u>5</u>, 25, 125}
d) T_{121} = {1, <u>11</u>, 121}
e) T_{128} = {1, <u>2</u>, 4, 8, 16, 32, 64, 128}
f) T_{170} = {1, <u>2</u>, <u>5</u>, 10, <u>17</u>, 34, 85, 170}
g) T_{175} = {1, <u>5</u>, <u>7</u>, 25, 35, 175}
h) T_{190} = {1, <u>2</u>, 10, <u>19</u>, 85, 190}

7

a) Alle Quersummen sind durch 3 teilbar (und keine der Zahlen ist 3!).
b) Endziffer 5; dreimal Quersumme durch 3 teilbar.

8

a) 101   b) 97

Seite 19

9

2, 3, 5, 7, 11, 13, 17, 19, 23, 29, 31, 37, 41, 43, 47, 53, 59, 61, 67, 71, 73, 79, 83, 89, 97
Die Tabelle im Buch ist absichtlich nicht in Dekaden, sondern in Gruppen zu 6 gegliedert.
Damit wird erkennbar, daß alle Primzahlen außer 2 und 3 von der Form 6n + 1 (1. Spalte) oder 6n + 5 (5. Spalte) sind, wobei gilt: $n \notin N_0$, bzw. wobei n die Nummer der vorangehenden Zeile im abgebildeten Sieb ist.
Man könnte darauf aufmerksam machen, daß es genügt, in Schritten von 2, 3, 5, ... zu zählen. Es ist also nicht nötig, Vielfache durch Multiplikation zu berechnen.

Primzahlen

10 *

4	7	10	13	16	19	22	...
7	12	17	22	27	32	37	...
10	17	24	31	38	45	52	...
13	22	31	40	49	58	67	...
16	27	38	49	60	71	82	...
19	32	45	58	71	84	97	...
22	37	52	67	82	97	112	...
...	...	...	...	...	...	...	...

Das Zahlenschema besteht zeilen- und spaltenweise aus arithmetischen Folgen mit der Differenz 3, 5, 7, ... Die 13 kleinsten fehlenden Zahlen sind 1, 2, 3, 5, 6, 8, 9, 11, 14, 15, 18, 20, 21.
Aus ihnen entstehen die Primzahlen 3, 5, 7, 11, 13, 17, 19, 23, 29, 31, 37, 41, 43.

Aus dem Konstruktionsprinzip des Schemas folgt: Verbindet man die Positionen zweier gleicher Zahlen in der oberen Zeile und der linken Spalte, geradlinig, so sind alle außerhalb des so abgetrennten Dreiecks liegenden Zahlen größer als die Zahlen in den Ecken. Damit kann man über das Vorkommen der Zahlen von 1 bis n entscheiden, indem man die Zahlen innerhalb eines Dreiecks mit möglichst knapp über n liegenden Eckzahlen durchmustert.

Die Begründung für die Konstruktion ergibt sich aus folgender Überlegung: Die Zahlen $a_{r,1}$ in der linken Spalte folgen der Formel $a_{r,1} = 3r + 1$. Die Differenz in der r-ten Zeile ist $2r + 1$. Damit ergibt sich für die Zahl $a_{r,s}$ in der r-ten Zeile und s-ten Spalte:
$$a_{r,s} = 3r + 1 + (2r + 1)(s - 1)$$
$$= 2rs + r + s$$

Daraus berechnet man:
$$2a_{r,s} + 1 = 4rs + 2r + 2s + 1$$
$$= (2r + 1)(2s + 1)$$

Zu jeder Zahl n, die sich in zwei ungerade Faktoren > 1 zerlegen läßt, gibt es also mindestens eine Zahl $a_{r,s}$ mit $n = 2a_{r,s} + 1$.
(Beispiel: $n = 165 = 11 \cdot 15$; $2r + 1 = 11$, $2s + 1 = 15$; $r = 5$, $s = 7$; $a_{5,7} = 82$.
Es geht auch anders: $n = 165 = 5 \cdot 33$; $a_{2,16} = 82$)

Daher liefern die im Schema fehlenden Zahlen nach Verdopplung und Addition von 1 unzerlegbare ungerade Zahlen, also Primzahlen.

Das Sieb von Sundaram wird noch offensichtlicher als das von Eratosthenes ohne Multiplikation aufgebaut. Bei Eratosthenes werden die zerlegbaren Zahlen gestrichen. Man müßte viel Schreibarbeit leisten, wollte man bei Sundarams Sieb ebenso vorgehen. Man sieht nur den Endzustand: Die „Schlechten" sind im „Töpfchen" geblieben – anders als im Märchen.

11

Die Bearbeitung dieser Aufgabe setzt Aufgabe 9 voraus.
3 und 5; 5 und 7; 11 und 13; 17 und 19; 29 und 31; 41 und 43; 59 und 61; 71 und 73
Es ist bis heute noch nicht bekannt, ob es unendlich viele Primzahlzwillinge gibt.

12

Die Bearbeitung dieser Aufgabe setzt Aufgabe 9 voraus.
a) 2; im Unterricht sollte herausgearbeitet werden, daß 2 die einzige gerade Primzahl ist.
b) 2 und 3
c) Vielfache von 6 unterhalb 100 mit Primzahlnachbarn sind 6, 12, 18, 30, 42, 60, 72.
Da alle Primzahlen außer 2 und 3 von der Form $6n + 1$ oder $6n + 5$ sind, hat jede Primzahl eine durch 6 teilbare Nachbarzahl. Umgekehrt gibt es aber Vielfache von 6 ohne Primzahlnachbarn; die kleinste solche Zahl ist 120.
d) z. B. $7 - 3 = 4$; $17 - 13 = 4$;
$11 - 5 = 6$; $19 - 13 = 6$;
$11 - 3 = 8$; $13 - 5 = 8$;
$13 - 3 = 10$; $17 - 7 = 10$;
Viele weitere Möglichkeiten mit kleinen Primzahlen!
e) Die einfachste Lösung ist 11 mit der Quersumme 2. Man sollte damit nicht zufrieden sein. Außer im Sonderfall 11 muß die Quersumme ungerade sein.
Da auch die Einerziffer ungerade sein muß, bleiben nur gerade Zehnerziffern. Man findet damit schnell die Zahlen 23, 29, 41, 43, 61, 67, 83.

Interessantes zu Primzahlen

Zu Primzahlen und Mersenne-Zahlen siehe die Bemerkungen zur Auftaktseite, Seite 7.

Die Codierungstabelle in Buchstaben und Ordnungszahlen 1–26 lautet

A	B	C	D	E	F	G	H	I	J	K	L	M
1	2	3	4	5	6	7	8	9	10	11	12	13
24	17	10	3	22	15	8	1	20	13	6	25	18
X	Q	J	C	V	O	H	A	T	M	F	Y	R

N	O	P	Q	R	S	T	U	V	W	X	Y	Z
14	15	16	17	18	19	20	21	22	23	24	25	26
11	4	23	16	9	2	21	14	7	26	19	12	5
K	D	W	P	I	B	U	N	G	Z	S	L	E

Eine kleine Mißlichkeit liegt an den mit 1 beginnenden Zählung. Der Buchstabe W erhält die Code-Nummer 0, da $23 \cdot 19 + 5 = 143$ und $143 : 26 = 17$ Rest 0.
Bekanntlich liegen 0 und 26 in derselben Restklasse modulo 26. Man muß also 0 durch 26 ersetzen; W wird durch Z verschlüsselt. Auf diesen Sachverhalt muß in der Klasse hingewiesen werden. Eine Abhilfe wäre es, zu allen Resten 1 zu addieren. Im Interesse einer glatteren Regel wurde im Text darauf verzichtet.
Die Entschlüsselung der Botschaft wird niemand so ins Schwitzen bringen, daß er der darin enthaltenen Aufforderung sofort folgen muß:
„Treffen wir uns um drei Uhr im Freibad".
Dieser Code (und mit ihm gleichartige Codes, bei denen die Zahl 19 durch andere zu 26 teilerfremde Zahlen ersetzt sind) ordnet jedem Buchstaben stets denselben Code-Buchstaben zu. Kennt man die Sprache des Textes, so kann der Code aufgrund der Buchstabenhäufigkeiten in der Regel schnell „geknackt" werden.
Das gilt auch für die besonders einfachen, schon von Julius Caesar verwendeten Codes, bei denen alle Buchstaben durch eine feste (zyklische) Verschiebung ihren Code-Buchstaben finden. (Die Verschiebung um 5 Plätze macht A zu F, ..., U zu Z, V zu A usw.)
Es bietet sich an, zu diesem Thema ein Projekt mit den Fächern Deutsch und Englisch durchzuführen. Die relativen Buchstabenhäufigkeiten können aus der Fachliteratur entnommen werden oder stichprobenartig aus Texten geeigneter Sorte und Länge ermittelt werden. Übrigens wird beim Verschlüsseln in der Regel auf die Zwischenräume zwischen den Wörtern verzichtet, da die Häufigkeiten der Wortlängen Rückschlüsse auf die Sprache zulassen.

Eine wesentlich schwerer zu brechende Codierungsmethode besteht darin, mehrere Codierungen der obigen Art in einer vereinbarten festen Abfolge zu verwenden. Der erste Buchstabe des Textes wird nach dem ersten, der zweite nach dem zweiten Code verschlüsselt und so fort, bis alle Codes benutzt sind. Dann beginnt die Verschlüsselung wieder mit dem ersten Code. Hierbei geht die eindeutige Zuordnung zwischen Klartext- und Codebuchstaben verloren. Die Buchstabenhäufigkeit wird damit verdeckt.

Ein Verfahren, bei dem Buchstabenpaare permutiert werden, läßt sich in nicht-mathematischem Stil mitteilen: Beide Partner vereinbaren ein Geheimwort, in dem kein Buchstabe doppelt vorkommt.

Es wird in die ersten Felder eines 5-5-Rasters eingetragen. Die im Geheimwort nicht vorkommenden Buchstaben werden in alphabetischer Reihenfolge angefügt. (Dabei werden I und J gleichgesetzt.) Der zu verschlüsselnde Text wird in Buchstabenpaare zerlegt. Diese werden gemäß ihrer Position im Klartext-Raster durch Buchstaben des Code-Rasters ersetzt; das Code-Paar wird aber in umgekehrter Reihenfolge aufgeschrieben. Damit hängt der Code-Buchstabe für jeden einzelnen Buchstaben vom Partner im Paar ab. Texte mit ungerader Buchstabenzahl werden durch einen beliebigen Buchstaben ergänzt.

Beispiel: Geheimwort „KLUGHEIT"

Klartext-Raster

	1	2	3	4	5
1	A	B	C	D	E
2	F	G	H	I	K
3	L	M	N	O	P
4	Q	R	S	T	U
5	V	W	X	Y	Z

Code-Raster

	1	2	3	4	5
1	K	L	U	G	H
2	E	I	T	A	B
3	C	D	F	M	N
4	O	P	Q	R	S
5	V	W	X	Y	Z

Aus AB wird also LK, aus AF wird EK.
Aus „POPMUSIK" wird „MNDNQSBA", und „SDAQKIOC" bedeutet „MUSICAL". (Beim Entschlüsseln ergibt sich genau genommen „MUSICALQ"; das „Q" ist wegzulassen.)
Im Buch werden noch Codes erwähnt, die auf Produkten extrem großer Primzahlen aufbauen. Zur Erklärung dieser schwierigen Methode muß auf die Literatur verwiesen werden (z.B.: Padberg, Friedhelm: Elementare Zahlentheorie. BI: Mannheim usw. 1991[2]).
Man darf übrigens Codierung nicht automatisch mit wehrtechnischen Zwecken allein in Verbindung bringen. Auch in Politik und Wirtschaft wird verschlüsselt.

6 Primfaktorzerlegung

Seite 20

1

Zwei Faktoren: Teilertabelle von 210 (ohne Faktor 1)
$2 \cdot 105$, $3 \cdot 70$, $5 \cdot 42$, $6 \cdot 35$, $7 \cdot 30$, $10 \cdot 21$, $14 \cdot 15$
Drei Faktoren:
Kleinster Faktor 2, Teilertabelle von 105 benutzen:
$2 \cdot 3 \cdot 35$, $2 \cdot 5 \cdot 21$, $2 \cdot 7 \cdot 15$
Kleinster Faktor 3: $3 \cdot 5 \cdot 14$, $3 \cdot 7 \cdot 10$
Kleinster Faktor 5: $5 \cdot 6 \cdot 7$
Vier Faktoren: $2 \cdot 3 \cdot 5 \cdot 7$
Eine Zerlegung mit 5 Faktoren (>1) gibt es nicht.

2
a) $2^4 \cdot 5$ b) $2^3 \cdot 17$ c) $2^4 \cdot 11$ d) $2^4 \cdot 13$
e) $2^6 \cdot 3$ f) $2^5 \cdot 7$ g) $2^6 \cdot 5$ h) $2^5 \cdot 11$
Hier, sowie in Aufgabe 3 und 4, wird die Potenzschreibweise nicht erwartet.

3
a) $3^2 \cdot 7$ b) $3^2 \cdot 13$ c) $3^3 \cdot 5$ d) $3^3 \cdot 7$
e) $3^3 \cdot 19$ f) $3^4 \cdot 5$ g) $3^4 \cdot 7$ h) 3^6

4
a) $2 \cdot 3 \cdot 7$ b) $3 \cdot 5 \cdot 7$ c) $3^2 \cdot 5 \cdot 7$
d) $2^2 \cdot 3 \cdot 5 \cdot 7$ e) $2^2 \cdot 3^2 \cdot 7$ f) $3^2 \cdot 7^2$
g) $2^4 \cdot 5^2$ h) $2^3 \cdot 3^2 \cdot 7$ i) $3^2 \cdot 5^2 \cdot 7$
k) $2^3 \cdot 3^2 \cdot 5^2$ l) $2^3 \cdot 5 \cdot 7^2$ m) $2^2 \cdot 3^2 \cdot 5^2 \cdot 7$

5
a) $2^3 \cdot 3^2$ b) $2^2 \cdot 5^2$ c) $2^3 \cdot 3 \cdot 5$
d) $3^2 \cdot 5^2$ e) $2^3 \cdot 7^2$ f) $3^2 \cdot 7^2$
g) $2^3 \cdot 3^4$ h) $2^2 \cdot 3^2 \cdot 5^2$ i) $2^3 \cdot 5 \cdot 3^3$
k) $2^2 \cdot 3^2 \cdot 7^2$ l) $2^4 \cdot 3^3 \cdot 5$ m) $5^2 \cdot 7^3$

6
a) $2^4 \cdot 19$ b) $3 \cdot 5 \cdot 29$
c) $3^2 \cdot 67$ d) $2^3 \cdot 3 \cdot 37$
e) $2^2 \cdot 3^2 \cdot 31$ f) $2 \cdot 3 \cdot 5 \cdot 41$
g) $2^2 \cdot 7 \cdot 71$ h) $2^2 \cdot 3^2 \cdot 89$

Es empfiehlt sich, vorher alle Primzahlen bis 100 aufschreiben zu lassen (vgl. Schülerbuch, S. 19, Aufgabe 9).

7
a) $11 \cdot 13$ b) $13 \cdot 17$ c) $13 \cdot 19$ d) 19^2
e) $17 \cdot 19$ f) $11^2 \cdot 17$ g) $13^2 \cdot 17$ h) $13 \cdot 17 \cdot 19$

Seite 21

8
Beide Produkte ergeben jeweils dasselbe Produkt von Primfaktoren:
a) $2^2 \cdot 3 \cdot 13$ b) $2^3 \cdot 59$ c) $2 \cdot 3^2 \cdot 17$
d) $3^2 \cdot 5 \cdot 11$ e) $2^2 \cdot 3^2 \cdot 5 \cdot 7$ f) $2^7 \cdot 3^2$

9
$10 = 2 \cdot 5$
$100 = 2^2 \cdot 5^2$
$1000 = 2^3 \cdot 5^3$
$10000 = 2^4 \cdot 5^4$
Die Regel lautet:
$10^n = 2^n \cdot 5^n$. Also gilt: $1\,000\,000\,000 = 10^9 = 2^9 \cdot 5^9$

10
a) 2, 4, 8, 16, 32, 64, 128, 256 b) 3, 9, 27, 81, 243
c) 5, 25, 125 d) 7, 49, 343

11 ✳

a) Nur Zweien: 2, 4, 8, 16, 32, 64
Hieraus durch Vervielfachen mit 3:
Zweien und eine Drei: 6, 12, 24, 48, 96
Wieder durch Vervielfachen mit 3:
Zweien und zwei Dreien: 18, 36, 72
Ebenso:
Zweien und drei Dreien: 54
Nur Dreien: 3, 9, 27, 81

b) Nur Dreien: 3, 9, 27, 81
Dreien und eine Fünf: 15, 45
Dreien und zwei Fünfen: 75
Nur Fünfen: 5, 25

In beiden Fällen könnte ein Konflikt zwischen mathematischer Sprache und Umgangssprache entstehen, nämlich darüber, ob beide Primfaktoren wirklich vorkommen müssen. Der oben ausgeführte Lösungsweg legt nahe, auch reine Potenzen zu berücksichtigen; man sollte aber auch die umgangssprachliche Auffassung hinnehmen, nach der diese Zahlen dann wegfallen.

12

a)

2	3	5	7	11	13	17	
3							8
	3						27
2	1						12
2		1					20
2			1				28
2				1			44
2					1		52
2						1	68
	2	1					45
	2		1				63
1	2						18
1		2					50
1	1	1					30
1	1		1				42
1	1			1			66
1		1	1				70

b)

2	3	5	7	
4				16
3	1			24
3		1		40
3			1	56
1	3			54
2	2			36
2	1	1		60

In den Tabellen sind unter den Primzahlen die zugehörigen Exponenten notiert; in der rechten Spalte stehen die Ergebnisse. Die Systematik entsteht aus der Zerlegung der Exponentensumme (3 bzw. 4) in Summanden (einschließlich 0), wobei die Reihenfolge zu berücksichtigen ist. Vor der Aufgabenstellung sollte geklärt werden, daß auch gleiche Faktoren erlaubt sind.
Dies entspricht der Festsetzung im Buch S. 20 vor dem Merksatz.
Ohne einen rechtzeitigen Hinweis auf seine Lösungsmethode ist zu befürchten, daß ein unbefriedigendes Herumsuchen stattfindet. Die zunächst naheliegende Lösung, alle Zahlen bis 75 (ausschließlich) zu zerlegen und die gefragten Zahlen herauszusuchen, scheint zunächst wenig attraktiv. Sie gewinnt aber, wenn man sie zum Siebverfahren weiterführt: Aus einer Liste werden die Zahlen mit einem oder zwei (gleichen oder verschiedenen) Faktoren gestrichen, also die Primzahlen, die Primzahlquadrate und die Produkte aus zwei verschiedenen Primzahlen. Das kann man platzsparend in einer Zehner-/Einer-Tabelle ausführen. Es ist wichtig,

nicht jede Zahl zu zerlegen, sondern gezielt zu streichen: Erst Primzahlen (Zeichen *), dann die Zwei-, Drei-, Fünf- und Siebenfachen der Primzahlen (Zeichen **) (wegen $7 \cdot 11 > 75$ braucht man nicht weiter zu gehen). Es bleiben 27 Zahlen übrig. Diese werden (im Kopf!) zerlegt. Die Anzahl der Faktoren ist in die Tabelle eingetragen. 16 Zahlen haben 3 Primfaktoren, 7 haben 4, 4 haben mehr als 4 Primfaktoren.

	0	1	2	3	4	5	6	7	8	9
0	–	–	*	*	**	*	**	*	3	**
1	**	*	3	*	**	**	4	*	3	*
2	3	**	**	*	4	**	**	3	3	*
3	3	*	5	**	**	**	4	*	**	**
4	4	*	3	*	3	3	**	*	5	**
5	3	**	3	*	4	**	4	**	**	*
6	4	*	**	3	6	**	3	*	3	**
7	3	*	5	*	**	–	–	–	–	–

Man könnte die Aufgabe offenbar gleich so stellen, daß eine Tabelle für die Anzahl der Primfaktoren auszufüllen ist. In diesem Fall sind * und ** durch 1 und 2 zu ersetzen.

13

a) $2^2 \cdot 3^2 \cdot 5^1 \cdot 11^2 = 65\,340$
$3^2 \cdot 5^3 \cdot 7^1 \cdot 11^2 = 952\,875$
$2^1 \cdot 3^1 \cdot 5^2 \cdot 7^3 \cdot 11^1 = 565\,950$

b) $3080 = 2^3 \cdot 5^1 \cdot 7^1 \cdot 11^1$
$7920 = 2^4 \cdot 3^2 \cdot 5^1 \cdot 11^1$
$24\,200 = 2^3 \cdot 5^2 \cdot 11^2$
$97\,020 = 2^2 \cdot 3^2 \cdot 5^1 \cdot 7^2 \cdot 11^1$

14

Die fehlenden Faktoren sollen multipliziert werden.
a) $2 \cdot 3 = 6$ b) $5 \cdot 7 \cdot 11 = 595$

15

a) $3^2 = 9$ b) $2^2 \cdot 3^1 \cdot 5^1 = 60$
c) $2^3 \cdot 3^1 \cdot 5^1 = 120$ d) $2^2 \cdot 3^1 \cdot 7^1 \cdot 11^1 = 924$

16

Es ist zu prüfen, ob alle Faktoren des einen Produkts auch im anderen Produkt vorkommen. (Im Hintergrund steht die hier nicht beweisbare Eindeutigkeit der Primfaktorzerlegung.)
a) ja   b) nein   c) ja

Größter gemeinsamer Teiler

17
a) $2 \cdot 3 \cdot 5 \cdot 7 \cdot 13 = 2730$ b) $2 \cdot 3 \cdot 5 \cdot 7 \cdot 11 = 2310$
c) $2 \cdot 7 \cdot 11 \cdot 13 = 2002$ d) $2 \cdot 3 \cdot 5 \cdot 13 = 390$
e) $3 \cdot 7 \cdot 11 = 231$ f) $2 \cdot 3 \cdot 5 = 30$
In f) wird das merkwürdige Produkt $7 \cdot 11 \cdot 13 = 1001$ angesprochen.

18 ✳ ✎
a) $840 = 2^3 \cdot 3 \cdot 5 \cdot 7$
$840 : 35 = 840 : (5 \cdot 7) = 2^3 \cdot 3 = 24$
$840 : 105 = 840 : (3 \cdot 5 \cdot 7) = 8$
$840 : 42 = 840 : (2 \cdot 3 \cdot 7) = 20$
$840 : 28 = 840 : (2^2 \cdot 7) = 30$
b) $3150 = 2 \cdot 3^2 \cdot 5^2 \cdot 7$
$3150 : 18 = 3150 : (2 \cdot 3^2) = 175$
$3150 : 35 = 3150 : (5 \cdot 7) = 90$
$3150 : 45 = 3150 : (3^2 \cdot 5) = 70$
$3150 : 525 = 3150 : (3 \cdot 5^2 \cdot 7) = 6$
c) $4459 = 7^3 \cdot 13$
$4459 : 13 = 343$
$4459 : 49 = 4459 : 7^2 = 91$
$4459 : 343 = 4459 : 7^3 = 13$
$4459 : 91 = 4459 : (7 \cdot 13) = 49$
Ein wenig rechnen muß man doch, aber nicht nach dem Rechenschema der Division!

19 ✳

Im Hintergrund steht der Satz:
Sind a und b teilerfremd und teilen beide die Zahl c, so teilt auch das Produkt a b die Zahl c.
Setzt man die Teilerfreundlichkeit nicht voraus, so gilt allgemeiner: kgV (a, b) teilt c.

a) In der Primfaktorzerlegung jeder durch 3 und 7 teilbaren Zahl kommen 3 und 7 vor, so daß die Zahl auch von $3 \cdot 7$ geteilt wird.

b) In der Primfaktorzerlegung jeder durch 6 und 35 teilbaren Zahl kommen die Primfaktoren 2 und 3 sowie 5 und 7 vor. Die Zahl ist also durch 6 und 35 teilbar.

c) In der Primfaktorzerlegung jeder durch 6 und 9 teilbaren Zahl kommen die Primfaktoren 2 und 3 mindestens in Potenz 2 vor. Es ist nicht zwingend, daß 3 in Potenz 3 vorkommt. Also sind alle geraden Vielfachen von 9, die nicht zugleich Vielfache von 27 sind, durch 6 und 9, aber nicht durch 27 teilbar.

7 Größter gemeinsamer Teiler

Seite 22

1
Vgl. Lösung zu Aufgabe 23, Seite 10.
Rechnerisch passende Marken sind 5, 10, 50 Pf. Am günstigsten ist die 50-Pf-Marke, da hier die geringste Zahl an Marken vorrätig gehalten werden muß.
Möglich wäre auch eine Kombination von z.B. 1-DM-Marken und 50-Pf-Marken.

2
a) 1, 3   b) 1, 2, 3, 6
c) 1, 2, 4   d) 1, 3
e) 1, 3   f) 1, 2
g) 1, 3   h) 1, 3

3
a) 5   b) 4   c) 18   d) 6
e) 8   f) 9   g) 7   h) 5

4
Teilerfremd sind nur die Zahlenpaare c) und e).

5 ✎
a) 4, 8, 16, 20, …
(Vielfache von 4, die nicht durch 3 teilbar sind)
b) 3, 6, 9, 12, 18, …
(Vielfache von 3, die nicht durch 5 teilbar sind)
c) 7, 21, 35, 49, …
(Vielfache von 7, die nicht durch 2 teilbar sind)
d) 14, 70, 98, 140, …
(Produkte von 14 mit einer zu 12 teilerfremden Zahl)

Seite 23

6
a) $5 \nmid 18$ b) $7 \nmid 51$ c) $11 \nmid 111$
Daran kann keine für den Platzhalter gesetzte Zahl etwas ändern.

7

a) $175 = 5 \cdot 5 \cdot 7$
$280 = 2 \cdot 2 \cdot 2 \cdot 5 \cdot 7$
ggT: $ 5 \cdot 7 = 35$

Im weiteren werden nur die Primfaktorzerlegung und das Ergebnis angegeben. Es muß der Lehrerin und dem Lehrer überlassen bleiben, ob die Schreibweise ggT (175,280) eingeführt wird. Zwingend notwendig ist sie nicht, da ggT hier stets das Endergebnis bezeichnet. Die Anschrift der Primfaktorzerlegung kann auch in Potenzschreibweise erfolgen. Nur wenn die Zerlegung schon vor dem Eintrag in die Tabelle berechnet wird, kann die im Buch verwendete, der Erklärung dienliche Schreibweise mit Lücken verlangt werden.

b) $168 = 2^3 \cdot 3 \cdot 7$; $252 = 2^2 \cdot 3^2 \cdot 7$; ggT $= 2^2 \cdot 3 \cdot 7 = 84$
c) $144 = 2^4 \cdot 3^2$; $216 = 2^3 \cdot 3^3$; ggT $= 2^3 \cdot 3^2 = 72$
d) $130 = 2 \cdot 5 \cdot 13$; $208 = 2^4 \cdot 13$; ggT $= 2 \cdot 13 = 26$
e) $81 = 3^4$; $243 = 3^5$; ggT $= 3^4 = 81$
f) $106 = 2 \cdot 53$; $240 = 2^4 \cdot 3 \cdot 5$; ggT $= 2$
g) $132 = 2^3 \cdot 3 \cdot 11$; $308 = 2^2 \cdot 7 \cdot 11$; ggT $= 2^2 \cdot 11 = 44$
h) $98 = 2 \cdot 7^2$; $126 = 2 \cdot 3^2 \cdot 7$; ggT $= 2 \cdot 7 = 14$

8

a) $252 = 2^2 \cdot 3^2 \cdot 7$; $288 = 2^5 \cdot 3^2$; ggT $= 2^2 \cdot 3^2 = 36$
b) $336 = 2^4 \cdot 3 \cdot 7$; $384 = 2^7 \cdot 3$; ggT $= 2^4 \cdot 3 = 48$
c) $702 = 2 \cdot 3^3 \cdot 13$; $780 = 2^2 \cdot 3 \cdot 5 \cdot 13$;
  ggT $= 2 \cdot 3 \cdot 13 = 78$
d) $285 = 3 \cdot 5 \cdot 19$; $442 = 2 \cdot 13 \cdot 17$; ggT $= 1$
e) $625 = 5^4$; $875 = 5^3 \cdot 7$; ggT $= 5^3 = 125$
f) $864 = 2^5 \cdot 3^3$; $1728 = 2^6 \cdot 3^3$; ggT $= 2^5 \cdot 3^3 = 864$
g) $1260 = 2^2 \cdot 3^2 \cdot 5 \cdot 7$; $2352 = 2^4 \cdot 3 \cdot 7^2$;
  ggT $= 2^2 \cdot 3 \cdot 7 = 84$
h) $3960 = 2^3 \cdot 3^2 \cdot 5 \cdot 11$; $7260 = 2^2 \cdot 3 \cdot 5 \cdot 11^2$;
  ggT $= 2^2 \cdot 3 \cdot 5 \cdot 11 = 660$

9

a) 1) $2 \cdot 5 \cdot 7 = 70$ 2) $3^2 \cdot 7^2 = 441$
  3) $2 \cdot 3^2 \cdot 5 \cdot 7 = 630$ 4) 1

Es wäre nicht sinnvoll, die einzelnen Zahlen auszurechnen.

b) $84 = 2^2 \cdot 3 \cdot 7$; $315 = 3^2 \cdot 5 \cdot 7$; ggT $= 3 \cdot 7 = 21$
$120 = 2^3 \cdot 3 \cdot 5$; $252 = 2^2 \cdot 3^2 \cdot 7$; ggT $= 2^2 \cdot 3 = 12$
$490 = 2 \cdot 5 \cdot 7^2$; $1050 = 2 \cdot 3 \cdot 5^2 \cdot 7$; ggT $= 2 \cdot 5 \cdot 7 = 70$

10

Man rechnet jeweils den ggT der ersten zwei Zahlen aus und bestimmt dann den ggT zwischen dem Ergebnis und der dritten Zahl.
a) 3 b) 4 c) 5 d) 6
e) 4 f) 9 g) 1 h) 7

11 ✎

a) 11 b) 3 c) 18 d) 11
e) 1   f) 1 g) 45 h) 17
i) $312 = 2^3 \cdot 3 \cdot 13$; $486 = 2 \cdot 3^5$; $624 = 2^4 \cdot 3 \cdot 13$;
  ggT $= 2 \cdot 3 = 6$
k) $216 = 2^3 \cdot 3^3$; $508 = 2^2 \cdot 127$; $648 = 2^3 \cdot 3^4$;
  ggT $= 2^2 = 4$
l) $315 = 3^2 \cdot 5 \cdot 7$; $441 = 3^2 \cdot 7^2$; $567 = 3^4 \cdot 7$;
  ggT $= 3^2 \cdot 7 = 63$
m) $1680 = 2^4 \cdot 3 \cdot 5 \cdot 7$; $2160 = 2^4 \cdot 3^3 \cdot 5$;
  $3600 = 2^4 \cdot 3^2 \cdot 5^2$; ggT $= 2^4 \cdot 3 \cdot 5 = 240$

12 ✳

Allgemein sind Vielfache des ggT mit zwei zueinander teilerfremden Faktoren zu wählen.

13 ✳

1. Satz: $\square = 2 \cdot \ldots$
  $\triangle = 2 \cdot \ldots$
2. Satz: $\triangle = 2 \cdot 3 \cdot \ldots$
  $\bigcirc = 2 \cdot 3 \cdot \ldots$
3. Satz: $\square = 2 \cdot 5 \cdot \ldots$
  $\bigcirc = 2 \cdot 5 \cdot \ldots$

Alle Bedingungen sind erfüllt für
$\square = 2 \cdot 5 = 10$; $\triangle = 2 \cdot 3 = 6$; $\bigcirc = 2 \cdot 3 \cdot 5 = 30$, und dies ist offenbar die einfachste Lösung.
Weitere Lösungen ergeben sich, wenn man diese Zahlen mit paarweise teilerfremden Faktoren multipliziert.

14 ✳ ✎

Alle Kärtchen müssen verwendet werden. Das Produkt aller Primfaktoren ist $2^5 \cdot 3^3 \cdot 5^2 \cdot 7^2$; sein Wert muß nicht berechnet werden. Die Primfaktoren sind so zu verteilen, daß der geforderte ggT mit zwei teilerfremden Faktoren vervielfacht wird.
Die einfachste Lösung entsteht natürlich, wenn einer dieser Faktoren 1 ist. Es zeigt „Durchblick", wenn diese bequeme Lösung gesehen wird; man sollte aber doch zwei Lösungen verlangen.

Größter gemeinsamer Teiler

a) $30 = 2 \cdot 3 \cdot 5$; $(2^5 \cdot 3^3 \cdot 5^2 \cdot 7^2) : (2 \cdot 3 \cdot 5)^2 = 2^3 \cdot 3 \cdot 7^2$
Aus den Faktoren des Quotienten können auf vier Arten teilerfremde Zahlen gebildet werden:
1 und $2^3 \cdot 3 \cdot 7^2$; 2^3 und $3 \cdot 7^2$;
3 und $2^3 \cdot 7^2$; 7^2 und $2^3 \cdot 3$
Es gibt also die Lösungen
30 und 35 280; 240 und 4410;
90 und 11 760; 1470 und 720.
b) $105 = 3 \cdot 5 \cdot 7$; $(2^5 \cdot 3^3 \cdot 5^2 \cdot 7^2) : (3 \cdot 5 \cdot 7)^2 = 2^5 \cdot 3$
Die teilerfremden Zerlegungen des Quotienten sind 1 und $2^5 \cdot 3$; 2^5 und 3. Es gibt zwei Lösungen: 105 und 10080; 3360 und 315.
c) Hier sind teilerfremde Zerlegungen von $2^5 \cdot 3^3 \cdot 5^2 \cdot 7^2$ gesucht. Es gibt acht Möglichkeiten:

1. Faktor	2. Faktor
1	$2^5 \cdot 3^3 \cdot 5^2 \cdot 7^2 = 1\,058\,400$
$2^5 = 32$	$3^3 \cdot 5^2 \cdot 7^2 = 33\,075$
$3^3 = 27$	$2^5 \cdot 5^2 \cdot 7^2 = 39\,200$
$5^2 = 25$	$2^5 \cdot 3^3 \cdot 7^2 = 42\,336$
$7^2 = 49$	$2^5 \cdot 3^3 \cdot 5^2 = 21\,600$
$2^5 \cdot 3^3 = 864$	$5^2 \cdot 7^2 = 1225$
$2^5 \cdot 5^2 = 800$	$3^3 \cdot 7^2 = 1323$
$2^5 \cdot 7^2 = 1568$	$3^3 \cdot 5^2 = 675$

d) Während in c) nicht unbedingt alle Lösungen anzugeben waren, muß man sich jetzt wenigstens einen Überblick verschaffen. Die fünf Zerlegungen mit unterschiedlicher Anzahl von Primzahlpotenzen scheiden aus, da die Werte offenbar weiter auseinander liegen als bei den Zerlegungen in zwei und zwei Primzahlpotenzen. Mindestens diese müssen berechnet werden. Das Lösungspaar ist 864 und 1225.

15 ✶

a) Der ggT zweier Primzahlen ist stets 1.
b) Der ggT kann 1 oder die Primzahl sein.

Seite 24

16 ✶

a) Gemeinsame Teiler von 144 und 120 sind 1, 2, 3, 4, 6, 8, 12, 24. (Zur Lösung ist es gewiß nicht nötig, die Beziehung $T_{144} \cap T_{120} = T_{ggT(144,120)} = T_{24}$ zu benutzen.)

b) Stücke zu 12 cm auf 12 cm sind handlich und nicht zu klein. Stücke zu 24 cm auf 24 cm werden wohl nicht verkauft.
c) Gemeinsame Teiler von 108 und 126 sind 1, 2, 3, 6, 9, 18.
Stücke zu 9 cm auf 9 cm kann man finden. Stücke zu 18 cm auf 18 cm eher bei Pizza als bei Kuchen.

17

$75 = 3 \cdot 5^2$; $105 = 3 \cdot 5 \cdot 7$; $135 = 3^3 \cdot 5$; ggT $= 3 \cdot 5 = 15$
Der größtmögliche Abstand ist 15 cm. Es wäre zwar rein rechnerisch möglich, daß die Zwischenbretter in allen drei Regalen den selben Abstand bekommen, da aber schon ein Taschenbuch etwa 20 cm hoch ist, muß Herr Müller zurückstecken.

18

a) $289 = 17^2$; $255 = 15 \cdot 17$; ggT $= 17$
Die Stufen werden 17 cm hoch.
b) In den oberen Stockwerken hat die Treppenflucht 15 Stufen, im Erdgeschoß 17 Stufen.

19

a) $156 = 2^2 \cdot 3 \cdot 13$; $108 = 2^2 \cdot 3^3$; $48 = 2^4 \cdot 3$;
ggT $= 2^2 \cdot 3 = 12$
Die Kantenlänge ist 12 cm.
b) In der Länge sind es 13 Würfel, in der Breite 9, in der Höhe 4, also insgesamt 468 Würfel.
Man kann auch die Volumina benutzen:
$(156 \cdot 108 \cdot 48) : (12 \cdot 12 \cdot 12) = 468$
Wer den Dividend und den Divisor ausmultipliziert, ist genug bestraft.

20 ✶

Der Einzelanteil ergibt sich aus der Division $450 : (28 + 35)$ als unendlicher Dezimalbruch. Danach ist aber nicht gefragt!
Die Klasse 6a hat $4 \cdot 7$, die Klasse 6b hat $5 \cdot 7$ Schülerinnen und Schüler. Also erhalten je 7 Kinder
450 DM : $(4 + 5) = 50$ DM. Damit erhalten die Klassen 200 DM bzw. 250 DM. Das Ergebnis ist natürlich auch durch Bruchrechnen mit Kürzen zu erhalten:
$$\frac{450 \cdot 28}{63} = \frac{450 \cdot 4}{9} = 50 \cdot 4 = 200$$
$$\frac{450 \cdot 35}{63} = \frac{450 \cdot 5}{9} = 50 \cdot 5 = 250$$

Euklidscher Algorithmus

a) 8   b) 12   c) 48
d) 25 e) 1   f) 3
g) 32 h) 7   i) 1
k) 49 l) 9   m) 11

a) 2   b) 13   c) 29
d) 41 e) 53   f) 19
g) 37 h) 59   i) 43
k) 43 l) 288 m) 9

Euklid beschrieb seinen Algorithmus so: „Nimmt man beim Vorliegen zweier ungleicher Zahlen immer die kleinere von der größeren weg, so müssen, wenn niemals ein Rest die vorhergehende Zahl genau mißt, bis die Einheit übrig bleibt, die ursprünglichen Zahlen zueinander teilerfremd sein."

Man erkennt hier noch die geometrischen Wurzeln der Zahlentheorie: Die Zahlen werden als Strecken gesehen, und Strecken werden voneinander weggenommen; es wird nicht dividiert. Von einer vorgestellten Handlung abstrahiert ist auch der Begriff des Messens der großen Strecke durch die kleine: Die große Strecke ist aus Kopien der kleinen Strecke zusammengesetzt.

Die Division tritt vermutlich erstmals im liber abbaci (Buch der Rechenkunst) von Leonardo di Pisa um 1200 auf. Leonardo (besser bekannt unter dem Namen Fibonacci, Sohn des Bonaccio) benutzte den Euklidischen Algorithmus bei der Bestimmung des Hauptnenners.

Zunächst mag es scheinen, der Euklidische Algorithmus sei der Bestimmung des ggT mit Hilfe der Primfaktorzerlegung unterlegen.

Dies trifft aber nur zu, wenn sich die Zahlen bequem in Primfaktoren zerlegen lassen. Auf dieser Klassenstufe wäre es nicht angebracht, die zwei Verfahren an wirklich schwierigen Beispielen herauszuarbeiten. Folgende mögen genügen:

ggT (4163, 3841) = 23
4163 : 3841 = 1 R 322
3841 : 332 = 11 R 299
 322 : 299 = 1 R 23
 299 : 23   = 13 R 0

ggT (3334, 3329) = 1
3334 : 3329 = 1 R 5
3329 : 5   = 665 R 4
   5 : 4   = 1 R 1
   1 : 1   = 1 R 0

Wie lange müßten die Schülerinnen und Schüler rechnen, um den kleinsten Primfaktor 23 im ersten Beispiel und die Unzerlegbarkeit der Zahlen im zweiten Beispiel zu erkennen? Im zweiten Beispiel genügt sogar die Grundidee Euklids: Der ggT kann hier nicht größer als die Differenz sein. Diese ist 5, so daß nur die Zahlen 1, 2, 3, 4, 5 in Frage kommen. Wenn die Frage aufkommen sollte, warum in solchen Fällen der Euklidische Algorithmus so viel schneller ist, sollte man darauf hinweisen, daß dieser nicht die Primfaktorzerlegung herstellt; er tut eben nicht mehr, als verlangt ist.

Die „Langläufer" beim Euklidischen Algorithmus sind die Fibonacci-Zahlen, also die Zahlen 1, 2, 3, 5, 8, 13, 21, 34, ..., 233, 377, ... Beginnt man mit zwei benachbarten Fibonacci-Zahlen, so sind aufgrund des Bildungsgesetzes alle Quotienten 1, und die Reste durchlaufen die Folge lückenlos abwärts. Division und Subtraktion fallen hier zusammen.

Der Euklidische Algorithmus kann auch zur ggT-Berechnung von drei (und mehr) Zahlen dienen gemäß der Formel ggT (a, b, c) = ggT (ggT (a, b,), c).

In Zahlenbeispielen sollte man nicht schematisch mit der ersten und der zweiten Zahl beginnen, sondern mit den zwei kleinsten oder mit denen mit kleinster Differenz. Hierzu noch einige Aufgaben:

a) 225, 126, 330   b) 275, 230, 88
c) 1694, 1617, 264 d) 420, 660, 924
e) 3185, 2145, 1092 f) 63206, 2805, 1938

Um möglichen Umstellungen der Zahlen Rechnung zu tragen, sind in der folgenden Lösungstabelle die ggT aller Zahlenpaare und des Zahlentripels notiert; die Zahlen sind in der Reihenfolge der Aufgabe mit a, b, c benannt.

	ggT (a, b)	ggT (a, c)	ggT (b, c)	ggT (a, b, c)
a)	9	15	6	3
b)	5	11	2	1
c)	77	22	33	11
d)	60	84	132	12
e)	65	91	39	13
f)	187	34	51	17

Es ist kein Zufall, daß der ggT der drei Zahlen in den Spalten 1, 2 und 3 gerade die Zahl in der 4. Spalte ist.

Die Benutzerinnen und Benutzer dieses Hefts seien noch darauf hingewiesen, wie die Division mit Rest auf einem einfachen Taschenrechner ausführbar ist:
3841 : 322 = 11,928571
11,928571 − 11 = 0,928571
0,928571 · 322 = 298,99986
Rundung auf eine ganze Zahl ergibt den Rest 299.

8 Kleinstes gemeinsames Vielfaches

Seite 25

1

Zur Lösung braucht man die einzuführende Methode über die Primfaktorzerlegung nicht.
Es bietet sich an, die Schwimmbahn als „gefalteten Zahlenstrahl" aufzufassen.

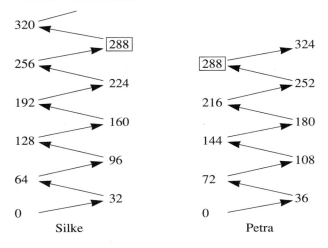

Nach 288 s, also nach 4 min 48 s, hat Silke einen Vorsprung von genau einer Bahn herausgeholt. Sie ist dann 9 Bahnen geschwommen, Petra 8 Bahnen. Versteht man „gemeinsam am Beckenrand" enger, verdoppeln sich die Zeit und die Anzahlen der Bahnen.
Eine andere Argumentation: Silke hat erstmals eine Bahn Vorsprung, wenn sie Petra 36 s (nicht 32 s!) abgenommen hat. Da sie pro (eigener) Bahn Petra 4 s abnimmt, muß sie 9 (bzw. 18) Bahnen schwimmen.

2

Das erste und das zweite Schiff treffen sich alle 12 Wochen wieder, das dritte kommt erstmals nach $5 \cdot 12$, also 60 Wochen dazu. (Man könnte ähnlich wie in Aufgabe 1 einen Ankunftsplan aufstellen.)

3

a) 12, 24, 36, 48 b) 14, 28, 42, 56
c) 24, 48, 72, 96

4

a) 48 b) 105 c) 72 d) 204
Lösungsweg zu a): Bilde der Reihe nach die Vielfachen von 12 und überlege jedesmal, ob 16 ein Teiler ist. Gute Kopfrechner lösen so auch schwierigere Aufgaben (z.B. Teile von Aufgabe 6).

Seite 26

5

a) 84; 66; $kgV = 2 \cdot 2 \cdot 3 \cdot 7 \cdot 11 = 924$
b) 35; 130; $kgV = 2 \cdot 5 \cdot 7 \cdot 13 = 910$
c) 99; 42; $kgV = 2 \cdot 3 \cdot 3 \cdot 7 \cdot 11 = 1386$
d) 15; 119; $kgV = 3 \cdot 5 \cdot 7 \cdot 17 = 1785$
e) 20; 140; $kgV = 2 \cdot 2 \cdot 5 \cdot 7 = 140$
f) 35; 910; $kgV = 2 \cdot 5 \cdot 7 \cdot 13 = 910$
g) 385; 154; $kgV = 2 \cdot 5 \cdot 7 \cdot 11 = 770$
h) 114; 115; $kgV = 2 \cdot 3 \cdot 5 \cdot 19 \cdot 23 = 13\,110$

6

a) $36 = 2^2 \cdot 3^2$; $90 = 2 \cdot 3^2 \cdot 5$; $kgV = 2^2 \cdot 3^2 \cdot 5 = 180$
b) $18 = 2 \cdot 3^2$; $24 = 2^3 \cdot 3$; $kgV = 2^3 \cdot 3^2 = 72$
c) $42 = 2 \cdot 3 \cdot 7$; $105 = 3 \cdot 5 \cdot 7$; $kgV = 2 \cdot 3 \cdot 5 \cdot 7 = 210$
d) $51 = 3 \cdot 17$; $68 = 2^2 \cdot 17$; $kgV = 2^2 \cdot 3 \cdot 17 = 204$
e) $70 = 2 \cdot 5 \cdot 7$; $105 = 3 \cdot 5 \cdot 7$; $kgV = 2 \cdot 3 \cdot 5 \cdot 7 = 210$
f) $96 = 2^5 \cdot 3$; $168 = 2^3 \cdot 3 \cdot 7$; $kgV = 2^5 \cdot 3 \cdot 7 = 672$
g) $120 = 2^3 \cdot 3 \cdot 5$; $144 = 2^4 \cdot 3^2$; $kgV = 2^4 \cdot 3^2 \cdot 5 = 720$
h) $105 = 3 \cdot 5 \cdot 7$; $135 = 3^3 \cdot 5$; $kgV = 3 \cdot 5 \cdot 7 = 945$

Bei Teilaufgabe g) kann man gut erkennen, wie wenig flexibel die Methode ist. Offenbar muß 144 so vervielfacht werden, daß der Produktwert die Endziffer 0 erhält. Die kleinste solche Zahl ist $5 \cdot 144 = 720$, und offenbar ist 720 auch ein Vielfaches von 120.
Die Autoren würden es begrüßen, wenn die Schülerinnen und Schüler zu solchen Lösungsgedanken angeregt würden, die im Buch nicht dargestellt sind.
Die Berechnung des kgV aus der Primfaktorzerlegung muß nicht durch „Neuaufbau" aus allen Primfaktoren erfolgen. Vielmehr kann eine der Zahlen als Faktor benutzt werden, z.B. in a):
$kgV = 2^2 \cdot 3^2 \cdot 5 = 2 \cdot (2 \cdot 3^2 \cdot 5) = 2 \cdot 90 = 180$

7

Die Lösungszahlen sind jeweils gewisse Teiler des kgV. Es gibt also nur wenige Möglichkeiten.
a) 5, 15, 45
b) 6, 42
c) 5, 10, 15, 20, 30, 60
d) 3, 15, 21, 105

8

a) 30 b) 42 c) 60 d) 24
e) 80 f) 105 g) 1001 h) 270
Zu h) vgl. die Bemerkung zu Aufgabe 6g).

9

a) (1) $2^2 \cdot 3 \cdot 5 \cdot 7^2 = 2940$
   (2) $2^3 \cdot 3^2 \cdot 5^2 \cdot 7^3 = 617400$
   (3) $2^3 \cdot 3 \cdot 5^2 \cdot 7 = 4200$
   (4) $2 \cdot 3^3 \cdot 5 \cdot 7 = 1890$
b) $60 = 2^2 \cdot 3 \cdot 5$; $84 = 2^2 \cdot 3 \cdot 7$; kgV $= 2^2 \cdot 3 \cdot 5 \cdot 7 = 420$
$35 = 5 \cdot 7$; $77 = 7 \cdot 11$; kgV $= 5 \cdot 7 \cdot 11 = 385$
$51 = 3 \cdot 17$; $85 = 5 \cdot 17$; kgV $= 3 \cdot 5 \cdot 17 = 255$

10 ✳ ✎

Zur Berechnung der kgV vgl. die letzte Bemerkung zu Aufgabe 6.
a) $36 = 2^2 \cdot 3^2$; $48 = 2^4 \cdot 3$; $60 = 2^2 \cdot 3 \cdot 5$;
kgV $= 2^4 \cdot 3^2 \cdot 5 = 720$
b) $24 = 2^3 \cdot 3$; $48 = 2^4 \cdot 3$; $72 = 2^3 \cdot 3^2$;
kgV $= 2^4 \cdot 3^2 = 144$
c) $36 = 2^2 \cdot 3^2$; $54 = 2 \cdot 3^3$; $90 = 2 \cdot 3^2 \cdot 5$;
kgV $= 2^2 \cdot 3^3 \cdot 5 = 540$
d) $30 = 2 \cdot 3 \cdot 5$; $45 = 3^2 \cdot 5$; $75 = 3 \cdot 5^2$;
kgV $= 2 \cdot 3^2 \cdot 5^2 = 450$
e) $16 = 2^4$; $20 = 2^2 \cdot 5$; $28 = 2^2 \cdot 7$;
kgV $= 2^4 \cdot 5 \cdot 7 = 560$
f) $105 = 3 \cdot 5 \cdot 7$; $110 = 2 \cdot 5 \cdot 11$; $125 = 5^3$;
kgV $= 2 \cdot 3 \cdot 5^3 \cdot 7 \cdot 11 = 57750$
g) $625 = 5^4$; $675 = 3^3 \cdot 5^2$; $725 = 5^2 \cdot 29$;
kgV $= 3^3 \cdot 5^4 \cdot 29 = 489375$
h) $32 = 2^5$; $27 = 3^3$; $35 = 5 \cdot 7$;
kgV $= 2^5 \cdot 3^3 \cdot 5 \cdot 7 = 30240$
i) $510 = 2 \cdot 3 \cdot 5 \cdot 17$; $600 = 2^3 \cdot 3 \cdot 5^2$;
$930 = 2 \cdot 3 \cdot 5 \cdot 31$; kgV $= 2^3 \cdot 3 \cdot 5^2 \cdot 17 \cdot 31 = 316200$
k) $540 = 2^2 \cdot 3^3 \cdot 5$; $600 = 2^3 \cdot 3 \cdot 5^2$; $960 = 2^6 \cdot 3 \cdot 5$;
kgV $= 2^6 \cdot 3^3 \cdot 5^2 = 43200$
l) $224 = 2^5 \cdot 7$; $336 = 2^4 \cdot 3 \cdot 7$; $420 = 2^2 \cdot 3 \cdot 5 \cdot 7$;
kgV $= 2^5 \cdot 3 \cdot 5 \cdot 7 = 3360$
m) $180 = 2^2 \cdot 3^2 \cdot 5$; $324 = 2^2 \cdot 3^4$; $432 = 2^4 \cdot 3^3$;
kgV $= 2^4 \cdot 3^4 \cdot 5 = 6480$

11

a) 60; 1 b) 144; 1
c) 210; 1 d) 91; 1
e) 300; 1 f) 336; 1
In allen Fällen gilt kgV (a, b) = a · b und ggT (a, b) = 1.

12 ✎

1. Zahl	30	40	20	36	60	54
2. Zahl	18	10	12	27	16	45
Produkt	540	400	240	972	960	2430
ggT	6	10	4	9	4	9
kgV	90	40	60	108	240	270
ggT · kgV	540	400	240	972	960	2430

Stets gilt ggT · kgV = a · b. Diese Beziehung gilt allgemein. Die Berechnung von ggT und kgV mit Hilfe der Primfaktorzerlegung liefert eine Erklärung.
Beispiel:
$540 = 2 \cdot \quad 3^3 \cdot \quad 5$
$1260 = \quad 2^3 \cdot \quad 3^2 \cdot 5 \cdot 7$
─────────────
ggT $= 2 \cdot \quad \quad 3^2 \cdot 5$
kgV $= \quad 2^3 \cdot 3^3 \cdot \quad 5 \cdot 7$

Die Primfaktorpotenzen verteilen sich auf ggT und kgV. Die Formel liefert auch eine Möglichkeit zur Berechnung:
kgV $= (30, 18) = \dfrac{30 \cdot 18}{ggT (30,18)} = \dfrac{31 \cdot 18}{6} = 5 \cdot 18 = 90$

13 ✳

Alle Zahlen x, y mit kgV (x, y) = a mit gegebenem a sind Teiler von a. Sie sind also in der Teilertabelle von a zu finden.
Der einfachste Lösungstyp besteht aus den Paaren x, y mit x = a und y | a.
Nur wenig schwieriger sind die Lösungen mit x · y = a und teilerfremden Zahlen x, y zu finden. Sie stehen in der Teilertabelle nebeneinander.
Allgemein gilt: Enthält die Primfaktorzerlegung von a die Potenz p^α, so muß diese in x oder y vorkommen, und weder in x noch in y darf p in höherer Potenz vorkommen.

Kleinstes gemeinsames Vielfaches

Dadurch entstehen bei Zahlen a mit mehreren Primfaktorpotenzen zahlreiche Möglichkeiten.
Die vollständige Aufzählung aller Lösungen, die selbstverständlich von den Schülerinnen und Schülern nicht gefordert werden kann, ist auf folgendem Weg leichter zu bewerkstelligen: Man zerlegt jeden Teiler b von a in zwei teilerfremde Faktoren und vervielfacht diese mit $\frac{a}{b}$.
Die folgenden Tabellen sind nach diesem Prinzip geordnet. Die Lösungen x, y mit y = a und x | a sind der Kürze halber nicht aufgenommen.

a)
Teiler b	42			21	14	6
teilerfremde	2	3	6	3	2	2
Zerlegung von b	21	14	7	7	7	3
Faktor $\frac{a}{b}$	1			2	3	7
Lösungspaare	2	3	6	6	6	14
	21	14	7	14	21	21

b)
60			30			20	15	12		10	6
3	4	5	2	3	5	4	3	1	3	2	2
20	15	12	15	10	6	5	5	12	4	5	3
1			2			3	4	5		6	10
3	4	5	4	6	10	12	12	5	15	12	20
20	15	12	30	20	12	15	20	60	20	30	30

c)
225		75		45	
9		3		5	
25		25		9	
1		3		5	
9		9		25	
25		75		45	

d)
1764			882				588		
4	9	36	2	9	18	3	4	12	
441	196	49	441	98	49	196	147	49	
1			2				3		
4	9	36	4	18	36	9	12	36	
441	196	49	882	196	98	588	441	147	

441	294		252			196	147
9	2	6	4	7	9	4	3
49	147	49	63	36	28	49	49
4	6		7			9	12
36	12	36	28	49	63	36	36
196	882	294	441	252	196	441	588

126			98	84		
2	7	9	2	3	4	7
63	18	14	49	28	21	12
14			18	21		
28	98	126	36	63	84	147
882	252	196	882	588	441	252

14 ✶

a) Genau bei teilerfremden Zahlen.
b) Genau bei Zahlen, deren eine die andere teilt.
Begründung: Primfaktorzerlegung.

Seite 27

15 ✶

a) Die vorkommenden Primfaktoren sind 2, 3, 5, 7, die höchsten Primfaktorenpotenzen sind $2^3, 3^1, 5^1, 7^1$.
Also: kgV = $2^3 \cdot 3 \cdot 5 \cdot 7 = 840$
b) kgV = $2^3 \cdot 3^2 \cdot 5 \cdot 7 = 27720$
c) kgV = $2^4 \cdot 3^2 \cdot 5 \cdot 7 \cdot 11 \cdot 13 \cdot 17 = 12252240$
Die Inschrift ist bezeugt; natürlich war sie nicht in arabischen Ziffern geschrieben.

16

a) kgV (2, 3, 4, 6, 8) = 24
b) kgV (2, 3, 5, 6) = 30

17

Die Aufzüge halten gemeinsam in jedem
a) sechsten   b) zehnten
c) fünfzehnten   d) dreißigsten
Stockwerk.

18

kgV (14, 12, 15) = $2^2 \cdot 3 \cdot 5 \cdot 7 = 420$
Nach 420 s (und 30, 35 bzw. 28 Runden), also nach 7 Minuten, fahren die drei Autos wieder gemeinsam über die Ziellinie.

19

Fahrl. in km	Ölwechs.	Luftf.	Zündk.	Bremsfl.
7500	×			
15 000	×	×		
22 500	×			
25 000			×	
30 000	×	×		×
37 500	×			
45 000	×	×		
50 000			×	
52 500	×			
60 000	×	×		×
67 500	×			
75 000	×	×	×	
82 500	×			
90 000	×	×		×
97 500	×			
100 000			×	

Ob das Auto bis zum Zusammentreffen aller Wartungen bei 150 000 km durchhält?

20

Das große Zahnrad hat 42 Zähne, das kleine 18 Zähne. Da kgV (18, 42) = 126, müssen 126 Zähne ineinandergreifen, bis die roten Markierungen (Zahn auf „Zahnlücke") erstmals wieder zusammenkommen. Das große Zahnrad hat sich dann 3mal, das kleine 7mal gedreht.

21

a) (1) kgV (9, 60) = 180   (2) kgV (7, 60) = 420
Der Takt beginnt also nach (1) 3 h | (2) 7 h wieder zur vollen Stunde.

b) Solche Abfahrtszeiten kann man sich nicht merken; der Fahrplan wird zu umfangreich. Geeignet sind nur solche Zeitabstände, die Teiler von 60 oder auch 120 sind.

22 ✳

a) kgV (12, 20, 45) = 180
Hier sei nochmals darauf hingewiesen, daß bei so einfachen Zahlen das kgV am bequemsten zu erhalten ist, indem man Vielfache, hier von 45, betrachtet.
Um 12 Uhr, 15 Uhr und 18 Uhr fahren Bus, Straßenbahn und S-Bahn wieder gleichzeitig ab.

b) Die Taktzeit der S-Bahn muß ein Vielfaches der Taktzeit der Straßenbahn werden und diese ein Vielfaches der Taktzeit des Busses. Die kleinste Änderung im Vergleich zur Vorgabe entsteht, wenn die Taktzeiten auf 44 min, 22 min und 11 min festgesetzt werden. Diese sind aber ungeeignet (siehe dazu 21 b). In ein Zwei-Stunden-Raster passen die Taktzeiten 40 min, 20 min und 10 min.

23

$365 = 5 \cdot 73$; $88 = 2^3 \cdot 11$; $250 = 2 \cdot 5^3$;
kgV $= 2^3 \cdot 5^3 \cdot 11 \cdot 73 = 803\,000$

Nach 803 000 Erdtagen, also 2200 Erdjahren (oder 9125 Merkurjahren oder 3212 Venusjahren) wiederholt sich die besondere Stellung (Konjunktion) der drei Planeten – jedenfalls nach Angabe!
In Wirklichkeit sind die drei Umlaufzeiten nicht ganzzahlig in Erdtagen meßbar. Schon kleinere Korrekturen können das Ergebnis massiv beeinflussen. Auch die erreichbare oder vorgegebene Genauigkeit der Beobachtung ist zu bedenken.

9 Vermischte Aufgaben

Seite 28

Randspalte
Die Lösung wird durch systematisches Probieren gefunden. In der folgenden Tabelle wird noch das Multiplizieren mit 63 umgangen.

Anzahl der Früchte je Haufen	Gesamtzahl der Früchte	teilbar durch 23?
1	$1 \cdot 63 + 7 =\ $ 70	n
2	70 + 63 = 133	n
3	133 + 63 = 196	n
4	196 + 63 = 259	n
5	259 + 63 = 322	j

Jeder Haufen enthält 5 Früchte, jeder Reisende bekommt 14 Früchte, da $322 : 23 = 14$.

Es ist klar, daß es unendlich viele Lösungen gibt; denn $322 + 23 \cdot 63n$ ist für alle $n \in \mathbb{N}$ durch 23 teilbar. Ein Reisender wird sich aber nicht mit 77 oder gar mehr Früchten abschleppen (n = 1 gibt $(322 + 23 \cdot 63) : 23 = 14 + 63 = 77$). Wie die altindischen Lehrer sollten auch wir mit einer Lösung zufrieden sein.

Vermischte Aufgaben

1

a) {1, 2, 5, 10} b) {1, 2, 7, 14}
c) {1, 2, 3, 6, 9, 18} d) {1, 2, 3, 4, 6, 8, 12, 24}
e) {1, 5, 25} f) {1, 2, 4, 5, 8, 10, 20, 40}
g) {1, 3, 9, 27, 81}
h) {1, 2, 3, 4, 6, 8, 9, 12, 16, 18, 24, 36, 48, 72, 144}
i) {1, 5, 7, 25, 35, 175} k) {1, 5, 43, 215}
l) {1, 2, 3, 4, 6, 8, 9, 12, 18, 24, 27, 36, 54, 72, 108, 216}
m) {1, 217}

2

a) 7 ∤ 23 b) 31 ∤ 37 c) 12 | 144
d) 54 | 54 e) 8 | 128 f) 16 ∤ 4
g) 25 | 625 h) 9 | 243 i) 13 ∤ 243

3

	teilbar durch		
	2	4	8
a) 210	j	n	n
b) 316	j	j	n
c) 508	j	j	n
d) 1318	j	n	n
e) 2744	j	j	j
f) 4762	j	n	n
g) 5944	j	j	j
h) 9372	j	j	n
i) 15970	j	n	n

4

	teilbar durch	
	3	9
a) 414	j	j
b) 2703	n	n
c) 9711	j	j
d) 92748	j	n
e) 83654	n	n
f) 76503	j	n
g) 56016	j	j
h) 41914	n	n
i) 27324	j	j

Die gesuchten Zahlen sind d) 92748 und f) 76503.

5

	teilbar durch					
	2	4	5	25	3	9
a) 4832	j	j	n	n	n	n
b) 64075	n	n	j	j	n	n
c) 6050	j	n	j	j	n	n
d) 8765	n	n	j	n	n	n
e) 52710	j	n	j	n	j	n
f) 777777	n	n	n	n	j	n
g) 4500	j	j	j	j	j	j
h) 7450	j	n	j	j	n	n
i) 9356	j	j	n	n	n	n
k) 3999	n	n	n	n	j	n
l) 6798	j	n	n	n	j	n
m) 2981	n	n	n	n	n	n
n) 7822	j	n	n	n	n	n
o) 43543	n	n	n	n	n	n
p) 5000	j	j	j	j	n	n
q) 9630	j	n	j	n	j	j
r) 2250	j	n	j	j	j	j
s) 3636	j	j	n	n	j	j
t) 75555	n	n	j	n	j	j
u) 25439	n	n	n	n	n	n

6

Die Endziffern müssen einerseits gerade, andererseits 0 oder 5 sein. Damit bleibt nur die Endziffer 0.

7

Die zwei letzten Ziffern müssen 00, 20, 40, 60 oder 80 sein.

8

Von den Endzifferpaaren 00, 05, 10, 15, …90, 95 der durch 5 teilbaren Zahlen fallen 00, 20, 40, 60, 80 weg. Also bleiben:
05, 10, 15; 25, 30, 35; 45, 50, 55; 60, 70, 75; 85, 90, 95.

9

Die nächstgrößere durch 9 teilbare Zahl ist
a) 54 b) 81 c) 144 d) 279
e) 549 f) 954 g) 1161 h) 4527
i) 5220 k) 6759 l) 7110 m) 9000

Bei größeren Zahlen findet man die Lösung oft bequem durch Ergänzungen der (um Vielfache von 9 reduzierten) Quersumme. Man sollte aber nicht darauf bestehen, z. B. bei h) 4523 so zu rechnen; hier muß man nur den Schritt von 23 auf 27 sehen.

10

a) 27 b) 63 c) 72 d) 81
e) 162 f) 180 g) 315 h) 774

Alle Zahlen sind durch 9 teilbar. Bei der Rechnung kann man die Endziffer gleich weglassen.
Bekanntlich haben Zahl und Quersumme denselben Neunerrest, so daß die Differenz den Neunerrest 0 hat. Ein Beispiel kann auch in der Klasse als Beweis dienen (vgl. Buch S. 16):
$8646 = \ldots = 8 \cdot 999 + 6 \cdot 99 + 4 \cdot 9 + (8 + 6 + 4 + 6)$ und
$8646 - (8 + 6 + 4 + 6) = 8 \cdot 999 + 6 \cdot 99 + 4 \cdot 9$

11

Primzahlen sind
a) 127 b) 199 c) 223 d) 331 l) 479

Nach Teilbarkeitsregeln allein lassen sich nicht alle Teilaufgaben lösen.

12

a) $2 \cdot 5^2$ b) $2^2 \cdot 3^2 \cdot 7$ c) $2^2 \cdot 3^2 \cdot 13$
d) $2^7 \cdot 5$ e) $2^6 \cdot 11$ f) $2^5 \cdot 3^2 \cdot 7$
g) $2^6 \cdot 5^2$ h) $5^2 \cdot 7^2$ i) $2^6 \cdot 3^2 \cdot 5$
k) $3 \cdot 7^2 \cdot 13$ l) $5 \cdot 7 \cdot 11 \cdot 13$ m) $3^2 \cdot 11 \cdot 101$

13

a) 40 b) 450 c) 432
d) 252 e) 5000 f) 2750

14

Zwei Zahlen sind nur dann gleich, wenn sie in allen Primfaktorpotenzen übereinstimmen.
Dies ist eine Teilaussage des „Fundamentalsatzes der elementaren Zahlentheorie". Ein Begründungsversuch wie etwa für a) „Die zweite Zahl ist durch 13 teilbar, die erste nicht, also können sie nicht gleich sein" ist zwar plausibel, wird aber dem Problem nicht wirklich gerecht.

15

a) 7 b) 2
c) 5 d) 2
e) 11 f) 13
g) 14 h) 3
i) 4 k) 4
l) 1 m) 18

Seite 29

16

	Zerlegungen		ggT	
a)	$2^2 \cdot 3 \cdot 11$	$2^2 \cdot 7 \cdot 11$	$2^2 \cdot 11 =$	44
b)	$2^4 \cdot 3 \cdot 7$	$2^7 \cdot 3$	$2^4 \cdot 3 =$	48
c)	$2^2 \cdot 7 \cdot 11$	$3^3 \cdot 11$		11
d)	$3 \cdot 5 \cdot 19$	$5 \cdot 7 \cdot 19$	$5 \cdot 19 =$	95
e)	$2^2 \cdot 11 \cdot 13$	$2 \cdot 5^2 \cdot 13$	$2 \cdot 13 =$	26
f)	$2^5 \cdot 3^3$	$2^3 \cdot 3^4$	$2^3 \cdot 3^3 =$	216
g)	$2^3 \cdot 11^2$	$7 \cdot 11 \cdot 13$		11
h)	$2^6 \cdot 23$	$2 \cdot 3^2 \cdot 23$	$2 \cdot 23 =$	46
i)	$3^2 \cdot 5 \cdot 29$	$2^4 \cdot 3 \cdot 29$	$3 \cdot 29 =$	87

17

a) $126 = 2 \cdot 3^2 \cdot 7$
   $252 = 2^2 \cdot 3^2 \cdot 7$
   $441 = 3^2 \cdot 7^2$
   ggT: $3^2 \cdot 7 = 63$

b) $468 = 2^2 \cdot 3^2 \cdot 13$
   $312 = 2^3 \cdot 3 \cdot 13$
   $624 = 2^4 \cdot 3 \cdot 13$
   ggT: $2^2 \cdot 3 \cdot 13 = 156$

c) $216 = 2^3 \cdot 3^3$
   $504 = 2^3 \cdot 3^2 \cdot 7$
   $648 = 2^3 \cdot 3^4$
   ggT: $2^3 \cdot 3^2 = 72$

d) $315 = 3^2 \cdot 5 \cdot 7$
   $423 = 3^2 \cdot 47$
   $567 = 3^4 \cdot 7$
   ggT: $3^2 = 9$

18

a) $504 = 2^3 \cdot 3^2 \cdot 7$
   $105 = 3 \cdot 5 \cdot 7$
   $858 = 2 \cdot 3 \cdot 11 \cdot 13$
   $3960 = 2^3 \cdot 3^2 \cdot 5 \cdot 11$
   ggT: 3

$105 = 3 \cdot 5 \cdot 7$
$165 = 3 \cdot 5 \cdot 11$
$231 = 3 \cdot 7 \cdot 11$
$385 = 5 \cdot 7 \cdot 11$
ggT: 1

c) $1092 = 2^2 \cdot 3 \cdot 7 \cdot 13$
   $2200 = 2^3 \cdot 5^2 \cdot 11$
   $928 = 2^5 \cdot 29$
   $1296 = 2^4 \cdot 3^4$
   ggT: $2^2 = 4$

$2415 = 3 \cdot 5 \cdot 7 \cdot 23$
$13300 = 2^2 \cdot 5^2 \cdot 7 \cdot 19$
$4095 = 3^2 \cdot 5 \cdot 7 \cdot 13$
$3535 = 5 \cdot 7 \cdot 101$
ggT: $5 \cdot 7 = 35$

Vermischte Aufgaben

19

a) Der ggT ist 13; weitere gemeinsame Teiler außer 1 gibt es nicht.
b) $39 + 65 + 78 = (3 + 5 + 6) \cdot 13 = 14 \cdot 13 = 2 \cdot 7 \cdot 13$
$39 + 65 - 78 = (3 + 5 - 6) \cdot 13 = \phantom{14 \cdot 13 = {}} 2 \cdot 13$
$65 + 78 - 39 = (5 + 6 - 3) \cdot 13 = \phantom{14 \cdot 13 = {}} 8 \cdot 13 = 2^3 \cdot 13$
$39 + 78 - 65 = (3 + 6 - 5) \cdot 13 = \phantom{14 \cdot 13 = {}} 4 \cdot 13 = 2^2 \cdot 13$
Der ggT ist also $2 \cdot 13 = 26$.
Die Rechnung ist so angelegt, daß der Teiler 13 immer erkennbar bleibt. Das kann man auch anders machen.

20 ✱

	gem. Teiler	Summe	Differenz
a)	1, 2	294	26
b)	1, 5	185	25
c)	1	283	23
d)	1	329	1
e)	1, 11	561	385
f)	1, 11	5599	3289

Die Teilbarkeitseigenschaft ist jeweils leicht zu bestätigen. Da alle ggT Primzahlen sind, müssen hier keine weiteren Teiler geprüft werden.
Allgemeinere Beispiele:

1. Zahl	2. Zahl	gemeins. Teiler	Summe	Differenz
96	42	1, 2, 3, 6	138	54
136	112	1, 2, 4, 8	248	24
645	315	1, 3, 5, 15	960	330
1944	804	1, 2, 3, 4, 6, 12	2748	1140

Wenn bekannt wäre, daß die gemeinsamen Teiler zweier Zahlen stets auch Teiler des ggT sind, wäre hier nicht viel zu rechnen; es genügte, den ggT zu bestimmen und die Teilbarkeit von Summe und Differenz durch den ggT festzustellen. Da dieser allgemeine Satz im Buch aber nicht gebracht werden konnte, muß es offen bleiben, ob die obigen allgemeineren Zusatzaufgaben zu stellen sind.

21

a) $2 \cdot 3 \cdot 5 = 30$ \hspace{1em} b) 7
c) $2^4 \cdot 5^2 \cdot 13 = 5200$ \hspace{1em} d) $2^3 \cdot 3^5 \cdot 5 = 9720$

22

a) 15 \hspace{1em} b) 35 \hspace{1em} c) 40
d) 60 \hspace{1em} e) 84 \hspace{1em} f) 75
g) 60 \hspace{1em} h) 90 \hspace{1em} i) 132

23

a) $42 = 2 \cdot 3 \cdot 7$; $105 = 3 \cdot 5 \cdot 7$; $kgV = 2 \cdot 3 \cdot 5 \cdot 7 = 210$
b) $120 = 2^3 \cdot 3 \cdot 5$; $144 = 2^4 \cdot 3^2$; $kgV = 2^4 \cdot 3^2 \cdot 5 = 720$
c) $124 = 2^2 \cdot 31$; $275 = 5^2 \cdot 11$;
$kgV = 2^2 \cdot 5^2 \cdot 11 \cdot 31 = 34\,100$
d) $252 = 2^2 \cdot 3^2 \cdot 7$; $315 = 3^2 \cdot 5 \cdot 7$;
$kgV = 2^2 \cdot 3^2 \cdot 5 \cdot 7 = 1260$
e) $325 = 5^2 \cdot 13$; $275 = 5^2 \cdot 11$; $kgV = 5^2 \cdot 11 \cdot 13 = 3575$
f) $368 = 2^4 \cdot 23$; $552 = 2^3 \cdot 3 \cdot 23$; $kgV = 2^4 \cdot 3 \cdot 23 = 1104$

24 ✱

a) $154 = 2 \cdot 7 \cdot 11$; $294 = 2 \cdot 3 \cdot 7^2$
ggT $= 2 \cdot 7 = 14$; kgV $= 2 \cdot 3 \cdot 7^2 \cdot 11 = 3234$
b) $115 = 5 \cdot 23$; $207 = 3^2 \cdot 23$
ggT $= 23$; kgV $= 3^2 \cdot 5 \cdot 23 = 1035$
c) $376 = 2^3 \cdot 47$; $564 = 2^2 \cdot 3 \cdot 47$
ggT $= 2^2 \cdot 47 = 188$; kgV $= 2^3 \cdot 3 \cdot 47 = 1128$
d) $880 = 2^4 \cdot 5 \cdot 11$; $396 = 2^2 \cdot 3^2 \cdot 11$
ggT $= 2^2 \cdot 11 = 44$; kgV $= 2^4 \cdot 3^2 \cdot 5 \cdot 11 = 7920$
e) $445 = 5 \cdot 89$; $172 = 2^2 \cdot 43$
ggT $= 1$; kgV $= 2^2 \cdot 5 \cdot 43 \cdot 89 = 76540$
f) $11011 = 7 \cdot 11^2 \cdot 13$; $8624 = 2^4 \cdot 7^2 \cdot 11$
ggT $= 7 \cdot 11 = 77$; kgV $= 2^4 \cdot 7^2 \cdot 11^2 \cdot 13 = 1\,233\,232$

25

	a)	b)	c)	d)	e)	f)	g)	h)
ggT	1	1	2	5	19	11	1	8
kgV	30	12	120	90	76	44	660	240

26

	a)	b)	c)	d)	e)	f)	g)	h)
ggT	4	3	1	2	1	2	1	9
kgV	72	90	30	48	28	36	52	108

Trotz der jeweils vier Zahlen ist dies – wie Aufgabe 25 – eine Kopfrechenaufgabe!

27

1. Zahl	8	4	4	2	15	12
2. Zahl	6	9	16	14	25	20
ggT	2	1	4	2	5	4
kgV	24	36	16	14	75	60
ggT · kgV	48	36	64	28	375	240
1 Zahl · 2. Zahl	48	36	64	28	375	240

28

Die Zahlen sind jeweils teilbar. Bei 123654 sind die Endziffernregel und die Quersummenregel zu benutzen. Bei 1236543 hilft nur die Division oder – im Vorgriff – eine der auf S. 31 im Buch aufgeführten Regeln.

Seite 30

29

Das Normaljahr hat 52 Wochen und 1 Tag. Von Neujahr bis Silvester sind es also genau 52 Wochen. Die zwei Tage fallen auf denselben Wochentag.
Im Schaltjahr liegt Silvester auf dem Wochentag, der auf den Wochentag des Neujahrstags folgt.

30

72 802 hat die Quersumme 19, ist also nicht durch den ggT 3 von 6 und 9 teilbar.

31

211 ist eine Primzahl. Klassenstärken von 1 oder 211 gibt es aber nicht.

32 ✳

Der Freitag kehrt alle 7 Tage, der 13. des Monats (unter Annahme von 30 Tagen pro Monat) alle 30 Tage wieder. Also kehrt „Freitag, der 13." alle 210 Tage wieder, denn kgV (7, 30) = 210. Für drei solche Tage ist das Jahr zu kurz. Es kann also höchstens zwei geben.

Genauer stellt man noch fest: Da 30 den Siebenerrest 2 hat, rücken die Wochentage der Monatsdreizehnten von Monat zu Monat um zwei Tage vor. Sie folgen im Zyklus (Mo, Mi, Fr, So, Di, Do, Sa) aufeinander. Unter den zwölf Monatsdreizehnten kommt also der Freitag mindestens einmal und höchstens zweimal vor.

Für das Normaljahr mit den richtigen Monatslängen ist eine reine Rechnung mühsam. Stattdessen überlegt man sich, daß es 7 Fälle gibt, je nachdem auf welchen Wochentag der 13. Januar fällt. In der folgenden Tabelle sind die Wochentage aller Monatsdreizehnten notiert. Um diese zu ermitteln, genügt der Blick in den Kalender eines einzigen Normaljahrs, denn alle weiteren Fälle ergeben sich durch zyklische Verschiebung der Wochentage.

J	F	M	A	M	J	J	A	S	O	N	D
Mo	Do	Do	So	Di	_Fr_	So	Mi	Sa	Mo	Do	Sa
Di	_Fr_	_Fr_	Mo	Mi	Sa	Mo	Do	So	Di	_Fr_	So
Mi	Sa	Sa	Di	Do	So	Di	_Fr_	Mo	Mi	Sa	Mo
Do	So	So	Mi	_Fr_	Mo	Mi	Sa	Di	Do	So	Di
_Fr_	Mo	Mo	Do	Sa	Di	Do	So	Mi	_Fr_	Mo	Mi
Sa	Di	Di	_Fr_	So	Mi	_Fr_	Mo	Do	Sa	Di	Do
So	Mi	Mi	Sa	Mo	Do	Sa	Di	_Fr_	So	Mi	_Fr_

In einem Fall kommt „Freitag, der 13." einmal vor, in je drei Fällen zweimal bzw. einmal. Ein Normaljahr ohne „Freitag, den 13." gibt es also nicht.
Die Tabelle zeigt beispielsweise auch, daß im April und im Juni alle Tage gleicher Monatszahl auf denselben Wochentag fallen. Dies beruht auf der Summe 30 + 31 + 30 = 91 mit dem Siebenerrest 0. Daß 7 in 91 gerade 13 mal aufgeht, läßt Zahlenmystiker erschauern.
Wenn man sich überlegt, daß „Freitag, der 13." sich in nichts von einem beliebigen Wochentag an einem beliebigen Monatstag unterscheiden kann, läßt sich alles Gesagte an einer einzigen Zeile erkennen, in der die Wochentage der Monatsersten notiert sind. Damit verliert „Freitag, der 13." seine auf Aberglauben beruhende Sonderstellung.

33

a) kgV (10, 6, 8) = 120
Die drei Linien fahren alle zwei Stunden gleichzeitig ab, also um 12.00, 14.00, 16.00, 18.00 Uhr.
b) kgV (10, 6) = 30
Die Linien A und B fahren halbstündig gleichzeitig ab.
kgV (10, 8) = 40
Die Linien A und C fahren alle 40 Minuten, also um 12.00, 12.40, 13.20, 14.00 Uhr usw. gleichzeitig ab.
kgV (6, 8) = 24
Die Linien B und C fahren gleichzeitig ab um 12.00, 12.24, 12.48, 13.12, 13.26, 14.00 Uhr usw.

34

ggT (105, 75) = 15
Die Fliesen haben die Kantenlänge 15 dm. Es sind 7 · 5, also 35 Stück nötig. (Zimmer und Fliesen sind recht stattlich!)

35

kgV (15, 18, 30) = kgV (18, 30) = 90
Man trifft sich alle 90 Tage.

Vermischte Aufgaben   30–31

36
kgV (48, 18, 44) = 1584
Die Umdrehungszahlen sind 33, 88 und 36.

37
kgV (80, 70) = 560
Nach 5,60 m, also 7 Schritten von Elke und 8 Schritten von Monika, laufen die Mädchen wieder (vorübergehend) im Schritt.

38
kgV (24, 36) = 72
Nach 72 s kommen die Lokomotiven gemeinsam durch den Bahnhof. Die eine ist dann 3, die andere 2 Runden gefahren.

Seite 31

39 *
$352\,800 = 2^5 \cdot 3^2 \cdot 5^2 \cdot 7^2$
Der Weg muß also durch 7 und 14 führen. Damit ist noch das Produkt $2^4 \cdot 3^2 \cdot 5^2$ zu sammeln.

1. Versuch: Station 12
12 – 8 geht nicht, da $12 \cdot 8 = 96 = 2^5 \cdot 3$ eine zu hohe Potenz von 2 enthält.

2. Versuch: 12 – 4 – 7 – 5 – 14 bleibt in 14 stecken, da $352\,800 : (12 \cdot 4 \cdot 7 \cdot 5 \cdot 14) = 15$

3. Versuch: 6 – 4 – 7 – 5 – 14
$352\,800 : (6 \cdot 4 \cdot 7 \cdot 5 \cdot 14) = 30$
Jetzt kommt man über 2 – 15 oder über 2 – 3 – 5 ins Ziel.

40 *
a) Der größte nicht über 15 (!) liegende Teiler von 96 ist 12.
b) Man muß 96 durch die um 1 vermehrte Anzahl der eingeladenen Kinder teilen und nach dem Rest 6 Ausschau halten. Die Anzahl der Eingeladenen ist hierbei ein Teiler von 96.

Anzahl der Eingeladenen	Anzahl der Mitspieler	96er Rest
1	2	0
2	3	0
3	4	0
4	5	1
6	7	5
8	9	6
12	13	5
16	17	11
24	25	21
32	33	30
48	49	47
96	97	1

Die Tabelle zeigt, daß es auch dann nur eine Lösung gibt (nämlich 8 Eingeladene), wenn auch unrealistische Anzahlen mitbetrachtet werden.

41 *
Für Seite 1 bis 9 werden 9 Ziffern, für Seite 10 bis 99 werden $90 \cdot 2$ Ziffern verbraucht.
Damit sind noch $2905 - 9 - 180 = 2716$ Ziffern frei. Die Seiten 100 bis 999 verbrauchen $3 \cdot 900$ Ziffern, so daß noch 16 übrig bleiben. Mit ihnen werden die Seiten 1000 bis 1003 numeriert.

42
Waagerecht 3), 5), 11) und Senkrecht 6), 8) bieten Einstiege ohne Abhängigkeit von anderen Einträgen.

	1	6	5		1	0	1
7	7		1	6	1		
0		1		1	1	3	3
7		0				5	4
	1	3	2	3	1		6
5	6	7		6		3	3

43
a) $24 = 5 + 19$, $28 = 5 + 23$, $34 = 5 + 29$
   $38 = 7 + 31$, $42 = 13 + 29$, $46 = 17 + 29$, $52 = 11 + 41$
   Es gibt jeweils noch andere Möglichkeiten.
b) $100 = 3 + 97 = 11 + 89 = 17 + 83$
   $= 29 + 71 = 41 + 59 = 47 + 53$

Die Goldbachsche Vermutung hat bis jetzt (1992) allen Lösungsversuchen getrotzt. Für alle geraden Zahlen bis 100 000 000 wurden Zerlegungen berechnet. Es dürfte sich als nutzlos erweisen, diesen Bereich mit Computergewalt auszudehnen.

Teilbarkeit durch 7 und durch 11

Die Zerlegung
$751\,695 = 751 \cdot 1000 + 695$
$ = 751 \cdot 1001 - 751 + 695$
$ = 751 \cdot 7 \cdot 11 \cdot 13 - (751 - 695)$
zeigt schon den allgemeinen Beweis:
$751\,695$ und $-(751 - 695)$ haben denselben Siebenerrest. Da es hier nur um den Rest 0 geht, kann man zu $751 - 695$ übergehen und auf diese Weise negative Zahlen vermeiden.

Die Regel läßt sich auf Zahlen mit beliebig vielen Stellen erweitern: Man zerlege die Zahl von rechts her in Dreierblöcke (wobei der am weitesten links stehende auch kürzer sein kann) und prüfe die Wechselquersumme auf Teilbarkeit durch 7.

Beispiel:

$345\,253\,671$ gibt $671 - 253 + 345 = 763$; wegen $7 \mid 763$ ist die Ausgangszahl ebenfalls durch 7 teilbar.

Dieselbe Regel ist auch für 11 und 13 anwendbar; für 11 gibt es jedoch eine bequemere Regel (s.u.). Wie oben erläutert kann man auch im allgemeinen Fall negative Zahlen vermeiden, wenn es nur um den Rest 0 geht.

Die zweite Teilbarkeitsregel für 7 ist am Beispiel zu verstehen:
$6958 = 6900 + 58 = 69 \cdot 2 \cdot 50 + 58$
$ = 69 \cdot 2 \cdot 49 + (2 \cdot 69 + 58)$
Also haben die Zahlen 6958 und $2 \cdot 69 + 58$ denselben Rest bei Division durch 7 (ja sogar durch 98).
Die Regel ist auch auf Zahlen mit beliebig vielen Ziffern anwendbar (vgl. Beispiele unten).

Ein ähnliche Regel wirkt bei 17:
$6953 = 69 \cdot 1000 + 53 = 69 \cdot 102 - 2 \cdot 69 + 53$
$ = 69 \cdot 6 \cdot 17 - (2 \cdot 69 - 53)$
Da $2 \cdot 69 - 53 = 85$ und $17 \mid 85$, ist auch 6953 durch 17 teilbar.

Die Regel für 11 ist wohlbekannt:
$47\,938 = 4 \cdot 9999 + 7 \cdot 1001 + 9 \cdot 99 + 3 \cdot 11 + 8$
$ + (4 + 9 + 8) - (7 - 3)$
$ = 4 \cdot 11 \cdot 101 + 7 \cdot 11 \cdot 91 + 9 \cdot 11 \cdot 9 + 8$
$ + 21 - 10$

Da $21 - 10$ durch 11 teilbar ist, gilt dies auch für $47\,938$.

Alle diese Regeln können wiederholt angewendet werden, solange die Prüfzahl dabei noch verkleinert wird.

a) $717 - 346 = 371;\ 7 \mid 371$
b) $864 - 192 = 672;\ 7 \mid 672$
c) $949 - 340 = 609;\ 7 \mid 609$
d) $994 - 84 = 910;\ 7 \mid 910$
e) $622 - 475 = 147;\ 7 \mid 147$
f) $714 - 686 = 28;\ 7 \mid 28$

Man könnte noch einige nicht durch 7 teilbare Zahlen dazugeben.

a) $2 \cdot 59 + 78 = 196;\ 2 \cdot 1 + 96 = 98;\ 7 \mid 98$
b) $2 \cdot 60 + 41 = 161;\ 2 \cdot 1 + 61 = 63;\ 7 \mid 63$
c) $2 \cdot 51 + 25 = 127;\ 2 \cdot 1 + 27 = 29;\ 7 \nmid 29$
d) $2 \cdot 43 + 96 = 182;\ 2 \cdot 1 + 82 = 84;\ 7 \mid 84$
e) $2 \cdot 58 + 38 = 154;\ 2 \cdot 1 + 54 = 56;\ 7 \mid 56$
f) $2 \cdot 65 + 11 = 141;\ 1 \cdot 2 + 41 = 43;\ 7 \nmid 43$

Größere Zahlen:
$48\,916;\ 2 \cdot 489 + 16 = 994;\ 2 \cdot 9 + 94 = 112;$
$ 2 \cdot 1 + 12 = 14;\ 7 \mid 14$
$380\,247;\ 2 \cdot 3802 + 47 = 7651;\ 2 \cdot 76 + 51 = 203;$
$ 2 \cdot 2 + 3 = 7;\ 7 \mid 7$

Da mit jedem Schritt die Zahl etwa mit dem Faktor $\frac{1}{50}$ verkleinert wird, ist das Verfahren recht schnell.

a) $6 + 8 + 8 - (4 + 5 + 2) = 11;\ 11 \mid 11$
b) $9 + 4 + 8 - (2 + 2 + 7) = 10;\ 11 \nmid 10$
c) $4 + 2 + 9 - (3 + 1) = 11;\ 11 \mid 11$
d) $4 + 8 + 9 - (2 + 4 + 9) = 6;\ 11 \nmid 6$
e) $2 + 9 + 7 - (5 + 5 + 8) = 0;\ 11 \mid 0$
f) $9 + 9 + 9 - (2 + 6 + 8) = 11;\ 11 \mid 11$

Man sollte auch Zahlen mit anderen durch 11 teilbaren Wechselquersummen geben, z.B. $919\,182;\ 190\,938$.

Thema: Klassenfest

Thema: Klassenfest

Die Themenseiten „Klassenfest" können als Grundlage für die Vorbereitung eines Klassenfestes dienen und Anreiz liefern. Bei der Auswahl der Aufgaben wurde auf Anwendung des in Kapitel I gelernten Unterrichtsstoffes geachtet.

Seite 32

1
a) 24 · 1 = 24   36 · 2 = 72   24 + 72 = 92
Sie müssen 96 Bratwürste kaufen.
b) 24 + 30 + 6 = 60   60 · 2 = 120
Sie kaufen dann 120 Bratwürste.
c) Holzkohle   5,40 DM
   Kohlenanzünder   2,70 DM
   Senf, Ketchup, Brot   12,60 DM
                               20,70 DM

120 Bratwürste · 0,90 DM = 108,00 DM
 96 Bratwürste · 0,90 DM = 86,70 DM

Sie zahlen beim Kauf von 120 Bratwürsten 128,70 DM und beim Kauf von 96 Bratwürsten 107,10 DM.
d) 5,40 DM; 2,70 DM; 12,60 DM; 108,00 DM und 86,40 DM sind alle durch 9 teilbar.
129,70 DM ist nicht durch 9 teilbar.
e) 120 Bratwürste:
120 · 1,50 DM = 180,00 DM
180,00 DM − 128,70 DM = 51,30 DM
Der Gewinn beträgt 51,30 DM.
96 Bratwürste:
96 · 1,50 DM = 144,00 DM
144,00 DM − 107,10 DM = 36,90 DM
Der Gewinn beträgt 36,90 DM.

2
a) Alle Zahlen auf den Kassenzettel sind durch 3 teilbar.
51,80 DM ist nicht durch 3 teilbar.
b) Der richtige Betrag ist 50,40 DM.
c) 5 · (24 + 24 + 12) = 300
Es wurden 300 Gläser ausgeschenkt.
300 · 0,50 DM = 150,00 DM
150,00 DM − 50,40 DM = 99,60 DM
Der Gewinn betrug 99,60 DM.

3
a) 120 Bratwürste:
   180 DM + 150 DM = 330 DM
   96 Bratwürste:
   144 DM + 150 DM = 294 DM
Sie nahmen entweder 330 DM oder 294 DM ein.
b) 120 Bartwürste:
   51,30 DM + 99,60 DM = 150,90 DM
   96 Bratwürste:
   36,10 DM + 99,60 DM = 135,70 DM
Der Gewinn betrug 150,90 DM bzw. 135,70 DM.
c) 150,90 DM ist durch 3 teilbar, nicht durch 4. Der Betrag 135,70 DM ist nicht durch 3 oder 4 teilbar. Beim Gewinn von 150,90 DM sollte man an 3 Vereine spenden.

Seite 33

4
a) Es entstehen 9 Zweiertischgruppen.
Es können dann 72 Personen sitzen.
b) Folgende Tischgruppen sind möglich.
1 Achtzehnertisch mit 40 Personen,
2 Neunertische mit 2 · 22 = 44 Personen,
3 Sechsertische mit 3 · 16 = 48 Personen,
6 Dreiertische mit 6 · 10 = 60 Personen,
9 Zweiertische mit 9 · 8 = 72 Personen.
18 Einzeltische mit 18 · 6 = 108 Personen,.
c) Die Dreiertischgruppe bieten allen 60 Teilnehmern Platz. Es müssen nicht unnötig viele Stühle aus dem Keller geholt werden.

5

a) 8 = Piff, 12 = Piff, 14 = Paff, 24 = Piff Paff, 44 = Piff Paff Paff, 47 = Paff, 50 = 50

b) 66, 666

c) Das Paff = 28 verrät, daß es sich um die Zahlen 2 oder 8 handeln muß. Da die Zahlen 23, 25, ... erscheinen, scheidet die 2 aus. Piff = 24 ist auch durch 8 teilbar. Die festgelegte Zahl heißt 8.

d) 1, 2, Piff Paff, 4, 5, Piff, 7, 8, Piff, 10, 11, Piff, Paff, 14, Piff, 16, 17, Piff, 19, 20, Piff, 22, Paff, Piff, 25, 26, Piff, 28, 29, Piff Paff.

6

a) 1, 2, 3, 4, 6, 8, 12, 24

b)

ausscheidende Personen	2	3	4	5	6	7	8	9	10	11
mögliche Zahlen	11, 22	7, 21	5, 10	19	9, 18	17	16	15	14	13

c) Bei den Zahlen 1, 2, 3, 4, 5, 6, 10, 12, 15, 20, 30, 60 scheidet von 60 keiner aus.

zur Frage b) bzgl. 60 Personen:
Um auf die möglichen Zahlen zu kommen, subtrahiert man die ausscheidenden Personen von 60. Dann sucht man alle Teiler dieser Differenz. Alle Zahlen, die kleiner gleich sind als die ausscheidenden Personen scheiden aus.

Bsp.: 18 Personen sollen ausscheiden.
  60 − 18 = 42 T_{42} = {1, 2, 3, 6, 7, 14, 21, 42}
Alle Zahlen kleiner gleich 18, scheiden aus; daher 21 und 42.

5 Personen sollen ausscheiden.
  60 − 5 = 55 T_{55} = {1, 5, 11, 55}
Alle Zahlen kleiner gleich 5 scheiden aus; daher bleiben 11, 55.

7

Die Schüler und Schülerinnen können Mannschaften zu 2, 3, 4, 6 (alle Teiler von 24) bilden.

II Bruchzahlen

Übersetzung der Quelle:

„Du sollst merken / daß ein jeglicher Bruch geschrieben / und ausgesprochen wird / durch zweierlei Zahlen und wird die erste Zahl oben gesetzt / und heißt der Zähler / dann durch dieselbe Zahl wird gezählt / wie viele Teile man hat und wird unter dieselbe Zahl überzwerch ein Strichlein gemacht / und unter dasselbe Strichlein / die andere Zahl geschrieben / dieselbige Zahl heißt der Nenner / wenn sie nennt / was für Teile es sind / oder welchen Namen die Teile haben, die durch die oberste Zahl / das ist der Zähler gemeldet worden sind.

$\dfrac{I}{III}$ Diese Figur ist und bedeutet ein Viertel von einem Ganzen / also mag man auch ein Fünftel / ein Sechstel / ein Siebtel oder zwei Sechstel... und alle anderen Brüche beschreiben als $\dfrac{I}{V}, \dfrac{I}{VI}, \dfrac{I}{VII}, \dfrac{II}{VI}$ ...

$\dfrac{VI}{VIII}$ Dies sind sechs Achtel / das sind sechs Teile der acht, die ein Ganzes bilden.

$\dfrac{IX}{XI}$ Diese Figur zeigt neun Elftel, das sind 9 Teile / der 11, die ein Ganzes bilden.

$\dfrac{XX}{XXXI}$ Diese Figur bezeichnet zwanzig einunddreißigstel, das sind 20 Teile der 31, die ein Ganzes bilden.

$\dfrac{II^{c}}{IIII^{c}LX}$ Dies sind zweihundert Teile der vierhundertsechzig, die ein Ganzes bilden.

1 Brüche

Seite 36

1

Eine Tankuhr, die einen $\frac{3}{4}$ vollen Tankinhalt anzeigt.
Eine in $\frac{3}{4}$ und $\frac{1}{4}$ geteilte Tafel Schokolade.
Eine Käseschachtel, die zu $\frac{5}{8}$ gefüllt ist oder in der $\frac{3}{8}$ fehlen.

2

In 4 Teile. Ein Teil, also $\frac{1}{4}$, ist gefärbt. Eine Unterteilung in Achtel.

3

a) $\frac{1}{2}, \frac{1}{3}, \frac{2}{3}, \frac{3}{8}, \frac{7}{10}$
b) $\frac{1}{7}, \frac{2}{7}, \frac{3}{7}, \ldots, \frac{6}{7}$
c) z.B.: $\frac{3}{4}, \frac{3}{5}, \frac{3}{7}, \ldots$
Werden von Schülern unechte Brüche genannt, sollte man hier nicht auf dieses Thema eingehen.

4

Jeweils in 4 Teile. $\frac{1}{4}$.
Hier ist es wichtig, auf die Unabhängigkeit des Bruches von der jeweiligen Ausgangsgröße einzugehen. Man könnte dies durch Variation des gewählten Bruchteils unterstreichen:

  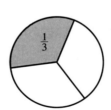

Seite 37

5

a) Steuergabe in Höhe von $\frac{1}{10}$ des Ertrags.
b) Jeder bekommt die Hälfte: $\frac{1}{2} - \frac{1}{2}$.
c) Die Bevölkerung Chinas beträgt etwa $\frac{1}{4}$ der Erdbevölkerung.
d) Im Mittelalter wurden Stadtanlagen durch ein Straßenkreuz oft in 4 Viertel geteilt.
e) 2 Pausen zwischen 3 Dritteln à 20 min reine Spielzeit.

6

a) 9 Teile, $\frac{1}{9}$ b) 10 Teile, $\frac{1}{10}$ c) 20 Teile, $\frac{1}{20}$
d) 25 Teile, $\frac{1}{25}$ e) 8 Teile, $\frac{1}{8}$

7

a) $\frac{1}{6}$ b) $\frac{1}{4}$ c) $\frac{2}{7}$

8

a) 6 Teile, $\frac{3}{6}$ oder $\frac{1}{2}$ b) 4 Teile, $\frac{2}{4}$ oder $\frac{1}{2}$
c) 8 Teile, $\frac{3}{8}$ d) 16 Teile, $\frac{6}{16}$ oder $\frac{3}{8}$
e) 16 Teile, $\frac{8}{16}$ oder $\frac{1}{2}$ f) 5 Teile, $\frac{2}{5}$

9

a) $\frac{2}{6}$ oder $\frac{1}{3}/\frac{4}{6}$ oder $\frac{2}{3}$ b) $\frac{3}{4}/\frac{1}{4}$ c) $\frac{2}{8}$ oder $\frac{1}{4}/\frac{6}{8}$ oder $\frac{3}{4}$
d) $\frac{4}{16}$ oder $\frac{1}{4}/\frac{12}{16}$ oder $\frac{3}{4}$ e) $\frac{5}{12}/\frac{7}{12}$ f) $\frac{6}{16}$ oder $\frac{3}{8}/\frac{10}{16}$ oder $\frac{5}{8}$

10 ✶

A – $\frac{1}{6}$ B – $\frac{1}{3}$ C – $\frac{1}{6}$ D – $\frac{1}{12}$
A + B + C + D → $\frac{3}{4}$ oder $\frac{9}{12}$

11 ✶

① A – $\frac{1}{16}$ ② B – $\frac{3}{16}$ ③ C – $\frac{5}{16}$ ④ D – $\frac{7}{16}$
⑤ A + B → $\frac{4}{16} = \frac{1}{4}$ ⑥ A + C → $\frac{6}{16} = \frac{3}{8}$
⑦ A + D → $\frac{8}{16} = \frac{1}{2}$ ⑧ B + C → $\frac{8}{16} = \frac{1}{2}$
⑨ B + D → $\frac{10}{16} = \frac{5}{8}$ ⑩ C + D → $\frac{12}{16} = \frac{3}{4}$
⑪ A + B + C → $\frac{9}{16}$ ⑫ A + B + D → $\frac{11}{16}$
⑬ A + C + D → $\frac{13}{16}$ ⑭ B + C + D → $\frac{15}{16}$
⑮ A + B + C + D → $\frac{16}{16} = 1$

12

a) $\frac{2}{6}$ oder $\frac{1}{3}/\frac{4}{6}$ oder $\frac{2}{3}$ b) $\frac{1}{8}/\frac{7}{8}$
c) $\frac{2}{9}/\frac{7}{9}$ d) $\frac{3}{12} = \frac{1}{4}/\frac{9}{12} = \frac{3}{4}$

Brüche **38**

Seite 38

13
Aufgabe mit roter Karte.
a) keine 10 gleich große Teile
b) keine 8 gleich große Teile
c) richtig   d) keine 5 gleich große Teile
e) 3 von 8 Teilen   f) $\frac{2}{8} = \frac{1}{4}$, richtig

14
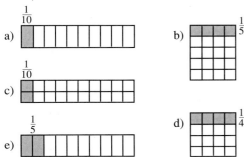

Selbstverständlich sind hier neben den vorgegebenen Lösungen auch andere möglich.

15
2 Halbe, 5 Fünftel, 10 Zehntel, 20 Zwanzigstel

16
$\frac{8}{35}$ und $\frac{17}{35}$.

17
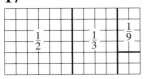

4 Kästchen bleiben frei.

18
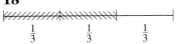

$\frac{1}{3}$ bleibt übrig.

19
 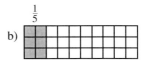

Neben den vorgegebenen Lösungen sind auch andere möglich.

20
a) $\frac{2}{5}$ in einem Rechteck mit 5 oder 10 Kästchen Seitenlänge, Breite beliebig. $\frac{3}{7}$ in einem Rechteck mit 7 oder 14 Kästchen Seitenlänge, Breite beliebig. $\frac{4}{9}$ in einem Rechteck mit 9 oder 18 Kästchen Seitenlänge, Breite beliebig. $\frac{5}{10}$ in einem Rechteck mit 10 oder 20 Kästchen Seitenlänge, Breite beliebig.

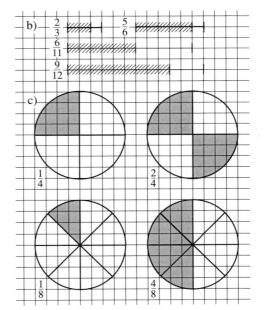

21
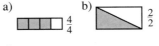

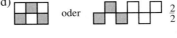

22

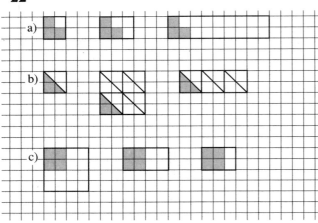

23
a) $\frac{2}{3}$, $\frac{2}{3} < \frac{3}{4}$ b) $\frac{1}{5}$, $\frac{1}{5} > \frac{1}{6}$ c) $\frac{1}{8}$, da die Hälfte von $\frac{1}{4}$

Seite 39

24
a) $\frac{1}{4}$ b) $\frac{1}{4}$ c) $\frac{3}{8}$ d) $\frac{6}{8} = \frac{3}{4}$ e) $\frac{5}{8}$
f) $\frac{3}{4}$ g) $\frac{1}{2}$ h) $\frac{1}{2}$ i) $\frac{6}{8} = \frac{3}{4}$

25
a) $\frac{1}{30}$ b) $\frac{15}{30} = \frac{1}{2}$ c) $\frac{1}{2}$

26
Hier können – abweichend von der Darstellung – folgende Phasen angesprochen werden:

Vollmond ≙ 1 Ganzes

Halbmond ≙ $\frac{1}{2}$

abnehmendes Viertel ≙ $\frac{1}{4}$ oder $\frac{3}{4}$

zunehmendes Viertel ≙ $\frac{3}{4}$ oder $\frac{1}{4}$

27 ✶
Maßgeblich für die Lösung sind die jeweils „ganz" abgebildeten Rechtecke bzw. Quadrate

rote Rechtecke ⇒ $\frac{4}{35}$

grüne Rechtecke ⇒ $\frac{13}{35}$

gelbe Rechtecke ⇒ $\frac{17}{35}$

rote Quadrate ⇒ $\frac{35}{70} = \frac{1}{2}$

grüne Quadrate ⇒ $\frac{17}{70}$

gelbe Quadrate ⇒ $\frac{18}{70} = \frac{9}{35}$

28
$\frac{15}{30} = \frac{1}{2}$, also genau die Hälfte

29
a) $\frac{7}{16}$

b)

2 Brüche als Maßzahlen von Größen

Seite 40

1
$\frac{3}{4}$ t ≙ 750 kg / 750 kg < 880 kg
Nein, das Auto wiegt mehr

2
$1\frac{3}{4}$ kg ≙ 1750 g / 1750 g > 1700 g
Das ist weniger als $1\frac{3}{4}$ kg.

3
a) 15 min, 30 min, 45 min, 90 min, 165 min, 315 min
b) 50 cm, 25 cm, 75 cm, 150 cm, 425 cm, 750 cm

Brüche als Maßzahlen von Größen

4
a) 250 g, 500 g, 125 g, 625 g, 875 g, 3500 g
b) 500 kg, 100 kg, 800 kg, 1400 kg, 625 kg, 3750 kg, 7500 kg

Seite 41

5
a) 25 dm², 20 dm², 5 dm², 4 dm²
b) 250 ml, 500 ml, 125 ml, 1500 ml
c) 500 l, 100 l, 10 l, 50 l
d) 500 cm³, 250 cm³, 200 cm³

6
a) 100 kg b) 75 cm c) 125 ml
d) 75 a = 7500 m² e) 250 g

7
jeweils vom Boden aus gezählt:
a) bis zum 2. Teilstrich
b) bis zum 4. Teilstrich
c) bis zum obersten Teilstrich
d) bis zum 6. Teilstrich
e) bis zum 1. Teilstrich
f) bis zum 3. Teilstrich

8
a) 4 Gläser b) 2 Krüge c) 50 Gläser
d) 5 Gläser e) 10 Gläser f) 8 Tassen

9
a) $\frac{3}{4}$ h, $\frac{1}{3}$ h, $\frac{1}{10}$ h   b) $\frac{1}{4}$ d, $\frac{1}{8}$ d, $\frac{1}{3}$ d, $\frac{3}{4}$ d, $\frac{1}{24}$ d
c) $\frac{1}{3}$ a, $\frac{1}{4}$ a, $\frac{1}{12}$ a   d) $\frac{1}{8}$ t, $\frac{1}{5}$ t, $\frac{1}{10}$ t, $\frac{1}{20}$ t
e) $\frac{1}{5}$ m², $\frac{1}{20}$ m², $\frac{1}{25}$ m², $\frac{1}{50}$ m²

10
a) $\frac{1}{4}$ m = 25 cm   b) $\frac{2}{5}$ dm = 4 cm
c) $\frac{3}{8}$ km = 375 m   d) $1\frac{1}{2}$ cm = 15 mm
e) $\frac{5}{2}$ km = $2\frac{1}{2}$ km = 2500 m

11
a) 1 m²; $\frac{3}{4}$ m² = 75 dm²
b) 1 dm²; $\frac{2}{5}$ dm² = 40 cm²
c) 1 cm²; $\frac{4}{8}$ cm² = 50 mm²
d) 100 m² = 1 a; $\frac{1}{2}$ a = 50 m²
e) 10000 m² = 1 ha; $\frac{1}{4}$ ha = 25 a
f) 1 dm²; $\frac{67}{100}$ dm² = 67 cm²

13
a) $\frac{1}{5}$ kg = $\frac{1}{5}$ von 1000 g = 200 g
b) $\frac{3}{10}$ km = $\frac{3}{10}$ von 1000 m = 300 m
$\frac{1}{8}$ t = $\frac{1}{8}$ von 1000 kg = 125 kg
$\frac{2}{5}$ m = $\frac{2}{5}$ von 100 cm = 40 cm
c) $\frac{2}{3}$ h = $\frac{2}{3}$ von 60 min = 40 min
d) $\frac{2}{3}$ Jahr = $\frac{2}{3}$ von 12 Monaten = 8 Monate
$1\frac{1}{4}$ Tage = $1\frac{1}{4}$ von 24 h = 30 h
$1\frac{3}{4}$ Jahr = $1\frac{3}{4}$ von 12 Monaten = 21 Monate
e) $\frac{3}{10}$ cm² = $\frac{3}{10}$ von 100 cm² = 30 cm²
$\frac{3}{100}$ cm² = $\frac{3}{100}$ von 100 cm² = 3 cm²
f) $\frac{3}{5}$ m² = $\frac{3}{5}$ von 100 dm² = 60 dm²
$\frac{2}{25}$ ha = $\frac{2}{25}$ von 100 a = 8 a
g) $\frac{3}{4}$ min = $\frac{3}{4}$ von 60 s = 45 s
$5\frac{1}{2}$ min = $5\frac{1}{2}$ von 60 s = 330 s
h) $\frac{3}{20}$ l = $\frac{3}{20}$ von 1000 ml = 150 ml
$2\frac{1}{4}$ l = $2\frac{1}{4}$ von 1000 ml = 2250 ml

14
a)

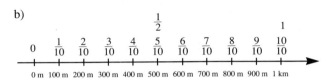

b)

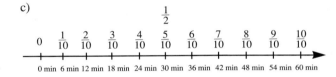

c)

Seite 42

15
a) $\frac{1}{10}$ dm   b) $\frac{1}{5}$ km   c) $\frac{3}{4}$ t   d) $\frac{1}{20}$ a
$\frac{1}{2}$ dm $\frac{7}{10}$ km $\frac{1}{20}$ t $\frac{2}{5}$ a
e) $\frac{1}{5}$ dm³   f) $\frac{1}{3}$ min   g) $\frac{1}{3}$ d   h) $\frac{2}{3}$ Jahr
$\frac{1}{4}$ dm³ $\frac{1}{12}$ h $\frac{3}{4}$ d $1\frac{1}{4}$ Jahr

16
a) 2750 g   b) 1300 m   c) 3200 kg
d) 1500 ml   e) 16 dm   f) 225 dm²

17
a) 150 m²   b) 1250 g   c) $1\frac{1}{3}$ a
d) 60 h   e) $1\frac{1}{2}$ d   f) 33 Mon

18
a) $5\frac{3}{4}$ min = 345 s   b) $2\frac{2}{8}$ km = 2250 m
c) $6\frac{2}{5}$ kg = 6400 g   d) $26\frac{9}{10}$ m = 269 dm
e) $4\frac{1}{8}$ l = 4125 ml   f) $3\frac{1}{20}$ ha = 305 a

19
a) 16.43 Uhr   b) 12.54 Uhr

20
a) 100 mg; 200 mg; 125 mg; 750 mg; 600 mg
b) 50 mg; 70 mg; 60 mg; 80 mg
c) 150 mg; 9 mg; 44 mg; 175 mg

21
a) 100 g Butter / 250 g Zucker / 400 g Mehl / 50 g Kakao
b) 250 g Mehl / 75 g Zucker / 750 g Kirschen / 50 g Fett

Brüche im Mittelalter
In der Geschichte der Mathematik nehmen Brüche eine besondere Stellung ein. Da ein Bruch im Gegensatz zu einem Ganzen nicht „faßbar" war, orientierte sich der Mensch an „handfesten" Brüchen, die beim Teilen entstehen: ein halber Laib Brot, ein halber Scheffel Getreide, ein Viertel eines Grundstücks usw. Mit Maßbrüchen dieser Art vor allem bei Gewichten und Rauminhalten ging der Mensch rechnend um. Dabei machte man es sich zur Hilfe, Bruchteile eines Maßes in Ganze eines Untermaßes zu verwandeln. So entstand die volkstümliche Viertelung des alten Getreidemaßes „Malter":
$\frac{3}{4}$ Malter sind 3 Simmer
$\frac{1}{2}$ Simmer sind 2 Kumpf
$\frac{1}{4}$ Kumpf ist ein Gscheid
Mit solch benannten Maßbrüchen blieb die Anschaulichkeit der Brüche gewahrt.
$1\frac{1}{2}$ Malter = 6 Simmer
$2\frac{1}{2}$ Simmer = 10 Kumpf
$3\frac{3}{4}$ Kumpf = 15 Gscheid
10 Simmer = $2\frac{1}{2}$ Malter
24 Gscheid = 6 Kumpf = $1\frac{1}{2}$ Simmer
20 Kumpf = 5 Simmer = $1\frac{1}{4}$ Malter

3 Bruchteile von beliebigen Größen

Seite 43

1
Afrika $\frac{1}{5} \triangleq$ 30 Mio km²
Europa $\frac{1}{15} \triangleq$ 10 Mio km²
Antarktis $\frac{1}{10} \triangleq$ 15 Mio km²
N-Amerika $\frac{4}{25} \triangleq$ 24 Mio km²
Asien $\frac{3}{10} \triangleq$ 45 Mio km²
S-Amerika $\frac{3}{25} \triangleq$ 18 Mio km²
Australien $\frac{4}{75} \triangleq$ 8 Mio km²

2
$\frac{2}{3}$ von 540 DM = $2 \cdot \frac{1}{3} \cdot$ 540 DM = 2 · 180 DM = 360 DM

Bruchteile von beliebigen Größen   43–44

3
a) 3 m; 150 g; 18 ha; 24 h
b) 4 m; 200 g; 24 ha; 32 h
c) 6 l; 27 kg; 33 m²; 42 m
d) 10 Pf; 2 DM; 3 DM; 12 DM
e) 8 DM; 10 DM; 12 DM; 14 DM
f) 2 km; 5 kg; 25 DM; 12 t
g) 6 km; 15 kg; 75 DM; 36 t
h) 100 l; 5 g; 4 dm²; 8 DM

4
a) $\frac{3}{7} \triangleq 30$ cm   b) $\frac{3}{8} \triangleq 90$ cm
c) $\frac{3}{5} \triangleq 150$ km   d) $\frac{3}{10} \triangleq 27$ cm

Seite 44

❑

…von	24 m	72 g	144 cm
$\frac{1}{3}$	8 m	24 g	48 cm
$\frac{2}{3}$	16 m	48 g	96 cm
$\frac{1}{4}$	6 m	18 g	36 cm
$\frac{3}{4}$	18 m	54 g	108 cm
$\frac{1}{6}$	4 m	12 g	24 cm
$\frac{5}{6}$	20 m	60 g	120 cm
$\frac{1}{12}$	2 m	6 g	12 cm
$\frac{5}{12}$	10 m	30 g	60 cm
$\frac{7}{12}$	14 m	42 g	84 cm

5
a) $\frac{3}{10} \triangleq 1200$ m²   b) $\frac{5}{8} \triangleq 1000$ m²
c) $\frac{3}{4} \triangleq 2700$ m²   d) $\frac{5}{8} \triangleq 1000$ m²

6
a) 12 s   b) 18 kg   c) 9 DM
d) 55 g   e) 18 DM   f) 45 DM

7
a) $\frac{3}{4}$ von

60 min	45 min
240 g	180 g
160 cm	120 cm

b) $\frac{2}{3}$ von

180 cm²	120 cm²
270 m³	180 m³
480 DM	320 DM

c) $\frac{5}{9}$ von

54 s	30 s
18 ha	10 ha
117 m	65 m

d) $\frac{2}{13}$ von

65 ha	10 ha
91 km	14 km
143 l	22 l

8
a) 1500 g   b) 10 500 kg   c) 2400 g
d) 250 dm²   e) 24 mm²   f) 60 cm²

9
a) 80 min   b) 50 min   c) 45 min
d) 2800 ml   e) 2100 ml   f) 64 ml

10
a) 6,30 DM   b) 0,60 DM
c) 0,20 DM   d) 1,80 DM

11
a) $\frac{1}{1} \triangleq 100$ g   b) $\frac{1}{1} \triangleq 4,00$ DM   c) $\frac{1}{1} \triangleq 280$ m

12
a) $\frac{1}{1} \triangleq 100$ m   b) $\frac{1}{1} \triangleq 135$ cm
c) $\frac{1}{1} \triangleq 25$ kg   d) 200 m²

Kommentar: Hier ist auf den Unterschied zur Berechnung des Bruchteils besonders zu achten. Die Operatoren im Zähler und Nenner sind so anzuwenden, daß durch den Zähler dividiert und mit dem Nenner multipliziert wird.

13
a) $\frac{1}{7}$ b) $\frac{1}{4}$ c) $\frac{1}{6}$ d) $\frac{1}{5}$

14
a) $\frac{2}{3}$ b) $\frac{3}{4}$ c) $\frac{5}{6}$
d) $\frac{3}{4}$ e) $\frac{3}{4}$ f) $\frac{3}{4}$

15
a) $\frac{6}{5}$ b) $\frac{6}{5}$ c) $\frac{10}{3}$
d) $\frac{3}{2}$ e) $\frac{5}{3}$ f) $\frac{9}{5}$

16

	Ganzes	Anteil	Bruchteil
a)	155	$\frac{4}{5}$	124
b)	128	$\frac{7}{8}$	112
c)	484	$\frac{2}{11}$	88
d)	50	$\frac{7}{10}$	35

17 ✱

a) $\frac{2}{3}$ von $\overline{AD} = \overline{AC}$ b) $\frac{3}{5}$ von $\overline{DI} = \overline{DG}$
c) $\overline{AG} = \frac{6}{10}$ von $\overline{AL}$ d) $\overline{BD} = \frac{1}{4}$ von $\overline{BK}$
e) $\overline{EG} = \frac{1}{3}$ von $\overline{EL}$ f) $\overline{BE} = \frac{3}{2}$ von $\overline{BD}$

Seite 45

18

a) 32 Obstbäume
b) 40 Obstbäume sind noch gesund

19

```
Wohnen     → 1200 DM              3600 DM
Ernährung  → 1080 DM            − 2760 DM
Kleidung   →  480 DM              840 DM
              2760 DM   Ja, es bleiben 840 DM übrig.
```

20

$\frac{4}{5}$ von 60 DM = 48 DM

21

$\frac{2}{3}$ von 4800 DM = 3200 DM
$\frac{1}{6}$ von 4800 DM = 800 DM
$\frac{1}{12}$ von 4800 DM = 400 DM
Die 4. Person gewann 400 DM.

22

Etwa 160 g gehen verloren.

23

Land: $\frac{3}{10}$ von 510 Mio km² → 153 Mio km²
Meer: $\frac{7}{10}$ von 510 Mio km² → 357 Mio km²

24

Die Umrechung 1 Zoll = 24 mm ist nicht ganz exakt, sie wurde hier aber verwendet, um das Rechnen zu erleichtern. Exakt: 1 Zoll = 2,54 mm

a) $\frac{1}{4}$ Zoll ≙ 6 mm   b) $\frac{3}{4}$ Zoll ≙ 18 mm
c) $1\frac{1}{2}$ Zoll ≙ 36 mm   d) $2\frac{2}{3}$ Zoll ≙ 64 mm
e) 62,4 cm × 30 mm

25

Im Oktober: 15 °C   im Januar: 5 °C

26

Er verfügt über 27 ha Ackerland; $\frac{7}{9}$ von 27 ha = 21 ha

27

$\frac{5}{6}$ sind 2400 m; Die gesamte Strecke beträgt 2880 m.

Bruchteile von beliebigen Größen

Die römischen Brüche

Die römischen Brüche sind ein besonders interessanter Hinweis darauf, daß Brüche an Maße gebunden sind. Selbst im Mittelalter war der Umgang mit solchen Brüchen nur den „Abacaisten" vorbehalten.

gekürzte Brüche	Zwölftel	lateinische Namen	Bedeutung der Namen	Zahlbezeichnung	Bedeutung der Zahlbezeichnung
	$\frac{12}{12}$	as		I	
	$\frac{11}{12}$	deunx	− 11 Unzen	S....	$\frac{1}{2} + 5$
$\frac{5}{6}$	$\frac{10}{12}$	de(se)xtans	$-\frac{1}{6}$ (As)	S....	$\frac{1}{2} + 4$
		dec(em)unx	10 Unzen		
		semis et triens	$\frac{1}{2} + \frac{1}{3}$		
$\frac{3}{4}$	$\frac{9}{12}$	dodraus	$-\frac{1}{4}$ (As)	S...	$\frac{1}{2} + 3$
$\frac{2}{3}$	$\frac{8}{12}$	bes = duo assis	2 As-Teile	S..	$\frac{1}{2} + 3$
	$\frac{7}{12}$	septunx	7 Unzen	S.	$\frac{1}{2} + 1$
$\frac{1}{2}$	$\frac{6}{12}$	semis	$\frac{1}{2}$ (As)	S (semis)	$\frac{1}{2}$
	$\frac{5}{12}$	quincunx	5 Unzen	.....	5
$\frac{1}{3}$	$\frac{4}{12}$	triens	$\frac{1}{3}$ (As)	....	4
$\frac{1}{4}$	$\frac{3}{12}$	quadrans	$\frac{1}{4}$ (As)	...	3
	$\frac{2}{12}$	sextans	$\frac{1}{6}$ (As)	..	2
	$\frac{1}{12}$	unica	Unze	.	1

Bei einer weiteren Unterteilung erkennt man, daß durch die Festlegung des Nenners nur „Zwölferzahlen" entstanden. Alle anderen Brüche waren nicht gebräuchlich und gehörten zu den „minutiae intellectuales":

As	1	$\frac{11}{12}$	...	$\frac{1}{12}$						$\frac{1}{288}$		$\frac{1}{2304}$
Unze		12	11	...	1	$\frac{1}{2}$	$\frac{1}{3}$	$\frac{1}{4}$	$\frac{1}{6}$	$\frac{1}{8}$	$\frac{1}{24}$	
Skrupel					24	12	8	6	4	3	1	$\frac{1}{2}$ $\frac{1}{4}$ $\frac{1}{6}$ $\frac{1}{8}$
Calcus							8	4	2	✕	1	

✕ = $\frac{1}{3}$ von $\frac{1}{2}$ Skrupel ≙ $\frac{1}{3}$ Obulus.

4 Brüche am Zahlenstrahl

Seite 46

1

Noch $\frac{3}{8}$ des Tanks, also ca. 15 Liter.

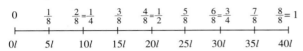

2

a) C b) B c) A

3

a) 0 $\frac{1}{3}$ $\frac{2}{3}$ 1 $\frac{4}{3}$ $\frac{5}{3}$ 2

b) 0 $\frac{1}{6}$ $\frac{2}{6}$ $\frac{3}{6}$ $\frac{4}{6}$ $\frac{5}{6}$ 1

c) 0 $\frac{1}{5}$ $\frac{2}{5}$ $\frac{3}{5}$ $\frac{4}{5}$ 1 $\frac{6}{5}$

d) 0 $\frac{1}{4}$ $\frac{2}{4}$ $\frac{3}{4}$ 1 $\frac{5}{4}$ $\frac{6}{4}$

Seite 47

Randspalte
Lösungswort: SCHNEEFLOCKE

4

a) A ≙ $\frac{1}{4}$ B ≙ $\frac{5}{8}$ C ≙ $\frac{9}{8}$

b) D ≙ $\frac{1}{10}$ E ≙ $\frac{4}{10} = \frac{2}{5}$ F ≙ $\frac{8}{10} = \frac{4}{5}$ G ≙ $1\frac{2}{10} = 1\frac{1}{5} = \frac{6}{5}$

c) H ≙ $\frac{1}{6}$ I ≙ $\frac{5}{6} = \frac{1}{2}$ K ≙ $1\frac{2}{6} = 1\frac{1}{3} = \frac{4}{3}$

d) L ≙ $\frac{1}{7}$ M ≙ $\frac{3}{7}$ N ≙ $\frac{9}{7} = 1\frac{2}{7}$ O ≙ $\frac{12}{7} = 1\frac{5}{7}$

e) P ≙ $\frac{3}{20}$ Q ≙ $\frac{8}{20} = \frac{2}{5}$ R ≙ $\frac{12}{20} = \frac{3}{5}$ S ≙ $\frac{18}{20} = \frac{9}{10}$

f) T ≙ $1\frac{1}{3} = \frac{4}{3}$ U ≙ $2\frac{2}{3}$ V ≙ $3\frac{1}{3}$

5

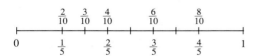

6

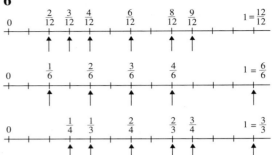

Vergleiche: $\frac{2}{12} = \frac{1}{6}$ | $\frac{3}{12} = \frac{1}{4}$ | $\frac{4}{12} = \frac{2}{6} = \frac{1}{3}$
$\frac{6}{12} = \frac{3}{6} = \frac{2}{4}$ | $\frac{8}{12} = \frac{4}{6} = \frac{2}{3}$ | $\frac{9}{12} = \frac{3}{4}$ | $1 = \frac{6}{6} = \frac{3}{3}$

7

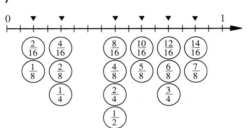

8

9

10

a) $\frac{3}{12} = \frac{1}{4} = \frac{2}{8}$ | $\frac{8}{12} = \frac{2}{3}$ | $\frac{9}{12} = \frac{6}{8}$

b) $\frac{2}{10} = \frac{1}{5}$ | $\frac{5}{10} = \frac{1}{2} = \frac{2}{4} = \frac{4}{8}$ | $\frac{6}{8} = \frac{3}{4}$

Brüche als Quotienten

11
a) $\frac{1}{2} = \frac{2}{4} = \frac{3}{6} = \frac{4}{8}$ b) $\frac{2}{3} = \frac{4}{6} = \frac{6}{9} = \frac{8}{12}$

c) $\frac{3}{4} = \frac{6}{8} = \frac{9}{12} = \frac{12}{16}$ d) $\frac{4}{5} = \frac{8}{10} = \frac{12}{15} = \frac{16}{20}$

12
a) $2\frac{1}{2}$ b) $\frac{1}{2}$ c) $\frac{4}{7}$

d) $\frac{5}{11}$ e) $\frac{10}{9}$ f) $1\frac{1}{4}$

13 ✳
a) der Zähler ist ein Vielfaches des Nenners oder gleich dem Nenner
b) Zähler ist größer als der Nenner
c) Nenner ist größer als der Zähler
d) Nenner ist mehr als doppelt so groß wie der Zähler
e) Nenner ist größer als das Dreifache des Zählers
f) Nenner ist kleiner als das Vierfache des Zählers

5 Brüche als Quotienten

Seite 48

1
Jeder erhält $\frac{1}{4}$ Tafel Schokolade, einen $\frac{3}{4}$ Apfel und $\frac{6}{4} = 1\frac{1}{2}$ Mandarinen.

2
a) $\frac{3}{5}$ $\frac{5}{7}$ $\frac{7}{9}$ $\frac{9}{11}$ $\frac{11}{13}$

b) $\frac{1}{17}$ $\frac{1}{103}$ $\frac{11}{501}$ $\frac{37}{1001}$

3
a) $2\frac{1}{3}$ b) $3\frac{1}{4}$ c) $3\frac{4}{7}$ d) $4\frac{6}{11}$

$2\frac{2}{3}$ $3\frac{1}{5}$ $2\frac{5}{13}$ $4\frac{8}{13}$

$3\frac{1}{3}$ $3\frac{1}{6}$ $1\frac{18}{19}$ $4\frac{2}{17}$

4
Jede Tafel wird in 5 Teile geteilt. Dann erhält jeder von jeder Tafel denselben Bruchteil.

5 ✳
a) Zuerst 2 Einheiten à 5 Kästchen, dann teilen

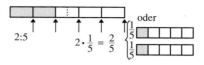

b) zuerst 3 Einheiten à 5 Kästchen, dann teilen

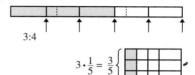

c) zuerst 3 Einheiten à 4 Kästchen, dann teilen

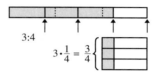

d) zuerst 2 Einheiten à 7 Kästchen, dann teilen

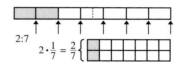

6
a) $\frac{8}{1} = 8$; $8 : 1$

b) $\frac{5}{1}$ $\frac{50}{1}$ $\frac{500}{1}$

Seite 49

7
$\frac{8}{4} = 2$ $\frac{15}{30} = 2$ $\frac{100}{10} = 10$ $\frac{6}{1} = 6$

$\frac{45}{15} = 3$ $\frac{15}{5} = 3$ $\frac{39}{13} = 3$ $\frac{133}{19} = 7$

$\frac{96}{12} = 8$ $\frac{1}{1} = 1$ $\frac{10}{10} = 1$

$\frac{32}{8} = 4$ $\frac{4}{2} = 2$

17 + 6 + 16 + 13 = 52

Erweitern und Kürzen

8
a) 3000 kg : 10 = 300 kg
   8000 kg : 20 = 400 kg
   5000 kg : 4 = 1250 kg

b) 900 cm² : 10 = 90 cm²
   400 cm² : 25 = 16 cm²
   600 cm² : 5 = 12 cm²

c) 300 l : 5 = 60 l
   700 l : 20 = 35 l
   500 l : 4 = 125 l

d) 3000 dm³ : 20 = 150 dm³
   17000 dm³ : 50 = 340 dm³
   8000 dm³ : 5 = 1600 dm³

9
a) 35 dm = 350 cm
d) 4250 g
g) 640 m²
k) 360 cm²
b) 3500 ml
e) 21 Mon
h) 775 a
l) 8250 cm²
c) 140 min
f) 525 dm²
i) 275 mm²
m) 5750 ml

10
Bei dieser Aufgabe bietet sich folgende Schülerselbstkontrolle an:
Verwandelt man das Ergebnis wieder in eine gemischte Zahl, so muß – bei richtiger Rechnung – wieder die ursprüngliche Zahl rauskommen.

a) $3\frac{1}{3} = 3 + \frac{1}{3} = 9 : 3 + 1 : 3 = (9 + 1) : 3 = \frac{10}{3}$
$3\frac{1}{4} = 3 + \frac{1}{4} = 12 : 4 + 1 : 4 = (12 + 1) : 4 = \frac{13}{4}$
$3\frac{1}{5} = 3 + \frac{1}{5} = 15 : 5 + 1 : 5 = (15 + 1) : 5 = \frac{16}{5}$
$3\frac{1}{6} = 3 + \frac{1}{6} = 18 : 6 + 1 : 6 = (18 + 1) : 6 = \frac{19}{6}$

b) $1\frac{1}{10} = 1 + \frac{1}{10} = 10 : 10 + 1 : 10 = (10 + 1) : 10 = \frac{11}{10}$
$3\frac{1}{10} = 3 + \frac{1}{10} = 30 : 10 + 1 : 10 = (30 + 1) : 10 = \frac{31}{10}$
$4\frac{1}{10} = 4 + \frac{1}{10} = 40 : 10 + 1 : 10 = (40 + 1) : 10 = \frac{41}{10}$
$5\frac{1}{10} = 5 + \frac{1}{10} = 50 : 10 + 1 : 10 = (50 + 1) : 10 = \frac{51}{10}$

c) $4\frac{2}{11} = 4 + \frac{2}{11} = 44 : 11 + 2 : 11 = (44 + 2) : 11 = \frac{46}{11}$
$4\frac{2}{13} = 4 + \frac{2}{13} = 52 : 13 + 2 : 13 = (52 + 2) : 13 = \frac{54}{13}$
$4\frac{2}{15} = 4 + \frac{2}{15} = 60 : 15 + 2 : 15 = (60 + 2) : 15 = \frac{62}{15}$
$4\frac{2}{17} = 4 + \frac{2}{17} = 68 : 17 + 2 : 17 = (68 + 2) : 17 = \frac{70}{17}$

d) $5\frac{4}{13} = 5 + \frac{4}{13} = 65 : 13 + 4 : 13 = (65 + 4) : 13 = \frac{69}{13}$
$6\frac{6}{15} = 6 + \frac{6}{15} = 90 : 15 + 6 : 15 = (90 + 6) : 15 = \frac{96}{15} = \frac{32}{5}$
$10\frac{7}{13} = 10 + \frac{7}{13} = 130 : 13 + 7 : 13 = (130 + 7) : 13 = \frac{137}{13}$
$11\frac{7}{11} = 11 + \frac{7}{11} = 121 : 11 + 7 : 11 = (121 + 7) : 11 = \frac{128}{11}$

11

$2\frac{3}{7}$	$1\frac{1}{7}$	$1\frac{1}{4}$	$4\frac{2}{5}$	$1\frac{6}{7}$	$2\frac{1}{4}$	$2\frac{2}{5}$	$3\frac{3}{4}$
$\frac{17}{7}$	$\frac{8}{7}$	$\frac{5}{4}$	$\frac{22}{5}$	$\frac{13}{7}$	$\frac{9}{4}$	$\frac{12}{5}$	$\frac{15}{4}$
F	U	S	S	B	A	L	L

12
a) $\frac{1}{10}$ von 3 DM = 30 Pf
b) $\frac{1}{20}$ von 6 DM = 30 Pf
c) $\frac{2}{4}$ von 1 m = 5 dm
d) $\frac{3}{10}$ von 1 DM = 30 Pf
e) $\frac{6}{20}$ von 1 DM = 30 Pf
f) $\frac{8}{3}$ von 1 h = 160 min

13

a) $\frac{3}{2}$	b) $\frac{67}{8}$	c) $\frac{47}{3}$	d) $\frac{247}{12}$
$\frac{9}{4}$	$\frac{52}{5}$	$\frac{181}{7}$	$\frac{649}{20}$
$\frac{10}{3}$	$\frac{88}{7}$	$\frac{385}{9}$	$\frac{1667}{30}$

14
a) Jeder bekommt $\frac{7}{8}$ kg
b) $\frac{7}{8}$ kg = 7 · 125 g = 825 g

15
Für 1 km etwa $\frac{1}{2}$ min = $\frac{1}{120}$ h = 30 s.

16
$\frac{2}{24}$ h = 120 : 24 min = 5 min
oder $\frac{2}{24}$ h = $\frac{1}{12}$ h = 60 : 12 min = 5 min

6 Erweitern und Kürzen

Seite 50

1

$\frac{3}{4} = \frac{6}{8} = \frac{12}{16}$

2

$6 \cdot \frac{1}{8} l = 3 \cdot (2 \cdot \frac{1}{8} l) = 3 \cdot \frac{1}{4} l = \frac{3}{4} l$

Erweitern und Kürzen

Seite 51

☐

	2	5	7	12	15
$\frac{2}{7}$	$\frac{4}{14}$	$\frac{10}{35}$	$\frac{14}{49}$	$\frac{24}{84}$	$\frac{30}{105}$
$\frac{3}{8}$	$\frac{6}{16}$	$\frac{15}{40}$	$\frac{21}{56}$	$\frac{36}{96}$	$\frac{45}{120}$
$\frac{5}{9}$	$\frac{10}{18}$	$\frac{25}{45}$	$\frac{35}{63}$	$\frac{60}{108}$	$\frac{75}{135}$
$\frac{4}{11}$	$\frac{8}{22}$	$\frac{20}{55}$	$\frac{28}{77}$	$\frac{48}{132}$	$\frac{60}{165}$
$\frac{3}{20}$	$\frac{6}{40}$	$\frac{15}{100}$	$\frac{21}{140}$	$\frac{36}{240}$	$\frac{45}{300}$
$\frac{7}{30}$	$\frac{14}{60}$	$\frac{35}{150}$	$\frac{49}{210}$	$\frac{84}{360}$	$\frac{105}{450}$
$\frac{4}{25}$	$\frac{8}{50}$	$\frac{20}{125}$	$\frac{28}{175}$	$\frac{48}{300}$	$\frac{60}{375}$

3
a) $\frac{6}{15} = \frac{2}{5}$ b) $\frac{4}{12} = \frac{1}{3}$ c) $\frac{4}{12} = \frac{2}{6} = \frac{1}{3}$

4
a) $\frac{1}{2} = \frac{2}{4} = \frac{3}{6} = \frac{4}{8}$ b) $\frac{1}{3} = \frac{2}{6} = \frac{3}{9}$
c) $\frac{1}{4} = \frac{2}{8} = \frac{4}{16}$ d) $\frac{1}{5} = \frac{2}{10} = \frac{4}{20}$
e) $\frac{1}{10} = \frac{10}{100} = \frac{100}{1000}$

5
a) $\frac{1}{5} = \frac{3}{15} = \frac{6}{30} = \frac{9}{45} = \frac{12}{60} = \frac{13}{65} = \frac{15}{75}$
b) $\frac{1}{7} = \frac{2}{14} = \frac{6}{42} = \frac{7}{49} = \frac{10}{70} = \frac{12}{84} = \frac{14}{98}$
c) $\frac{1}{9} = \frac{4}{36} = \frac{5}{45} = \frac{6}{54} = \frac{8}{72} = \frac{11}{99} = \frac{17}{153}$
d) $\frac{1}{12} = \frac{5}{60} = \frac{7}{84} = \frac{10}{120} = \frac{11}{132} = \frac{13}{156} = \frac{15}{180}$
e) $\frac{1}{15} = \frac{4}{60} = \frac{6}{90} = \frac{8}{120} = \frac{10}{150} = \frac{11}{165} = \frac{14}{210}$
f) $\frac{1}{20} = \frac{3}{60} = \frac{9}{180} = \frac{12}{240} = \frac{15}{300} = \frac{17}{340} = \frac{19}{380}$
g) $\frac{3}{10} = \frac{18}{60} = \frac{21}{70} = \frac{27}{90} = \frac{33}{110} = \frac{39}{130} = \frac{91}{170}$
h) $\frac{4}{11} = \frac{20}{55} = \frac{24}{66} = \frac{32}{88} = \frac{36}{99} = \frac{56}{154} = \frac{64}{176}$

6
a) mit 3   b) mit 4
c) mit 4   d) mit 3
e) mit 6   f) mit 5
g) mit 7   h) mit 8
i) mit 7

7
a) $\frac{2}{3} = \frac{6}{9}$ b) $\frac{3}{5} = \frac{12}{20}$ c) $\frac{7}{9} = \frac{56}{72}$
$\frac{3}{4} = \frac{12}{16}$ $\frac{5}{7} = \frac{35}{49}$ $\frac{9}{10} = \frac{81}{90}$

d) $\frac{2}{5} = \frac{10}{25}$ e) $\frac{4}{9} = \frac{24}{54}$ f) $\frac{7}{12} = \frac{84}{144}$
$\frac{3}{8} = \frac{24}{64}$ $\frac{6}{11} = \frac{54}{99}$ $\frac{8}{15} = \frac{96}{180}$

8
Aufgabe mit Selbstkontrolle.

a) 6 S   b) 35 H   c) 60 I
   32 C   18 L   88 T

d) 27 T   e) 72 C   f) 144 U
   56 S   130 H   143 H

Lösungswort: S C H L I T T S C H U H

9
a) $\left(\frac{1}{2}\right)$ b) $\left(\frac{3}{4}\right)$ c) $\left(\frac{5}{9}\right)$

$\frac{2}{4}$ $\frac{3}{6}$ $\frac{6}{8}$ $\frac{9}{12}$ $\frac{30}{54}$ $\frac{60}{108}$

$\frac{4}{8}$ $\frac{5}{10}$ $\frac{12}{16}$ $\frac{24}{32}$ $\frac{85}{153}$ $\frac{10}{18}$

d) $\left(\frac{9}{7}\right)$ e) $\left(\frac{1}{2}\right)$: $\frac{45}{90}, \frac{10}{20}$

$\frac{18}{14}$ $\frac{36}{28}$ $\left(\frac{3}{4}\right)$: $\frac{15}{20}, \frac{45}{60}, \frac{27}{36}, \frac{57}{76}$

$\frac{63}{49}$ $\frac{45}{35}$ $\left(\frac{5}{9}\right)$: $\frac{15}{27}, \frac{45}{81}$

$\left(\frac{9}{7}\right)$: $\frac{63}{49}, \frac{99}{77}$

Seite 52

10
a) $\frac{5}{10}; \frac{2}{10}; \frac{6}{10}; \frac{10}{10}; \frac{12}{10}; \frac{22}{10}$

b) $\frac{10}{20}; \frac{5}{20}; \frac{8}{20}; \frac{8}{20}; \frac{26}{20}; \frac{38}{20}$

c) $\frac{2}{100}; \frac{30}{100}; \frac{35}{100}; \frac{36}{100}; \frac{80}{100}; \frac{75}{100}$

d) $\frac{61}{1000}; \frac{44}{1000}; \frac{64}{1000}; \frac{140}{1000}; \frac{480}{1000}; \frac{450}{1000}$

Erweitern und Kürzen

11
a) $\frac{24}{36} = \frac{48}{72}$ b) $\frac{5}{6} = \frac{60}{72}$
c) $\frac{28}{63} = \frac{36}{81}$ d) $\frac{4}{6} = \frac{8}{12}$
e) $\frac{3}{5} = \frac{63}{105}$ f) $\frac{36}{64} = \frac{9}{16}$
g) $\frac{33}{88} = \frac{15}{40} = \frac{36}{96}$ h) $\frac{56}{40} = \frac{84}{60} = \frac{63}{45}$

12
a) $\frac{1}{2} = \frac{2}{4} = \frac{4}{8} = \frac{6}{12}$ b) $\frac{2}{3} = \frac{6}{9} = \frac{12}{18} = \frac{18}{27}$
$\frac{1}{4} = \frac{2}{8} = \frac{3}{12}$ $\frac{2}{9} = \frac{4}{18} = \frac{6}{27}$
$\frac{1}{4} = \frac{2}{8} = \frac{4}{16} = \frac{6}{24}$ $\frac{2}{3} = \frac{8}{12} = \frac{16}{24} = \frac{24}{36}$
$\frac{1}{8} = \frac{2}{16} = \frac{3}{24}$ $\frac{5}{12} = \frac{10}{24} = \frac{15}{36}$
$\frac{1}{8} = \frac{2}{16} = \frac{4}{32} = \frac{6}{48}$ $\frac{2}{3} = \frac{10}{15} = \frac{20}{30} = \frac{30}{45}$
$\frac{1}{16} = \frac{2}{32} = \frac{3}{48}$ $\frac{7}{15} = \frac{14}{30} = \frac{21}{45}$

c) $\frac{3}{4} = \frac{9}{12} = \frac{18}{24} = \frac{27}{36}$
$\frac{7}{12} = \frac{14}{24} = \frac{21}{36}$
$\frac{3}{5} = \frac{12}{20} = \frac{24}{40} = \frac{36}{60}$
$\frac{9}{20} = \frac{18}{40} = \frac{27}{60}$
$\frac{5}{6} = \frac{30}{36} = \frac{60}{72} = \frac{90}{108}$
$\frac{5}{36} = \frac{10}{72} = \frac{15}{108}$

13
a) $\frac{3}{6}$ und $\frac{2}{6}$ b) $\frac{6}{30}$ und $\frac{5}{30}$ c) $\frac{21}{28}$ und $\frac{16}{28}$
$\frac{4}{12}$ und $\frac{3}{12}$ $\frac{35}{42}$ und $\frac{6}{42}$ $\frac{50}{90}$ und $\frac{27}{90}$
$\frac{5}{20}$ und $\frac{4}{20}$ $\frac{24}{56}$ und $\frac{7}{56}$ $\frac{44}{99}$ und $\frac{54}{99}$

14
a) $\frac{9}{12}$ und $\frac{2}{12}$ b) $\frac{15}{18}$ und $\frac{2}{18}$ c) $\frac{2}{30}$ und $\frac{21}{30}$
$\frac{15}{20}$ und $\frac{6}{20}$ $\frac{5}{30}$ und $\frac{4}{30}$ $\frac{10}{24}$ und $\frac{21}{24}$
$\frac{27}{36}$ und $\frac{10}{36}$ $\frac{15}{40}$ und $\frac{14}{40}$ $\frac{8}{60}$ und $\frac{27}{60}$

15 –

16
a) $\frac{2}{5}; \frac{4}{5}; \frac{3}{7}; \frac{5}{8}; \frac{5}{9}$
b) $\frac{1}{3}; \frac{2}{5}; \frac{3}{4}; \frac{1}{8}; \frac{5}{7}$
c) $\frac{1}{3}; \frac{2}{3}; \frac{3}{5}; \frac{4}{7}; \frac{5}{9}$

17
a) $\frac{1}{3}; \frac{4}{5}; \frac{7}{10}; \frac{11}{15}; \frac{13}{19}$
b) $\frac{2}{3}; \frac{2}{5}; \frac{3}{7}; \frac{4}{9}; \frac{6}{12}$
c) $\frac{2}{7}; \frac{4}{5}; \frac{3}{8}; \frac{7}{11}; \frac{9}{13}$
d) $\frac{2}{3}; \frac{4}{7}; \frac{5}{8}; \frac{1}{9}; \frac{6}{10}$

18
a) $\frac{7}{9}$ b) $\frac{3}{5}$ c) $\frac{4}{16}$
$\frac{6}{9}$ $\frac{3}{5}$ $\frac{8}{24}$
$\frac{8}{9}$ $\frac{3}{5}$ $\frac{7}{18}$

19
Aufgabe mit Selbstkontrolle.
a) 10 R   b) 4 S   c) 15 R
6 I   9 E   13 A
3 E   5 N   13 D

Lösungswort: R I E S E N R A D

20
a) mit 2   b) mit 2   c) mit 4
mit 3   mit 3   mit 6
mit 5   mit 5   mit 15

Seite 53

	2	3	4	5	6
$\frac{24}{48}$	$\frac{12}{24}$	$\frac{8}{16}$	$\frac{6}{12}$	–	$\frac{4}{8}$
$\frac{30}{90}$	$\frac{15}{45}$	$\frac{10}{30}$	–	$\frac{6}{18}$	$\frac{5}{15}$
$\frac{60}{72}$	$\frac{30}{36}$	$\frac{20}{24}$	$\frac{15}{18}$	–	$\frac{10}{12}$
$\frac{90}{120}$	$\frac{45}{60}$	$\frac{30}{40}$	–	$\frac{18}{24}$	$\frac{15}{20}$
$\frac{84}{144}$	$\frac{42}{72}$	$\frac{28}{48}$	$\frac{21}{36}$	–	$\frac{14}{24}$
$\frac{100}{150}$	$\frac{50}{75}$	–	–	$\frac{20}{30}$	–
$\frac{240}{360}$	$\frac{120}{180}$	$\frac{80}{120}$	$\frac{60}{90}$	$\frac{48}{72}$	$\frac{40}{60}$

Erweitern und Kürzen

21
a) $\frac{10}{15} = \frac{2}{3}$ $\frac{14}{21} = \frac{2}{3}$ b) $\frac{9}{12} = \frac{3}{4}$ $\frac{15}{20} = \frac{3}{4}$
c) $\frac{16}{20} = \frac{4}{5}$ $\frac{28}{35} = \frac{4}{5}$ d) $\frac{10}{16} = \frac{5}{8}$ $\frac{25}{40} = \frac{5}{8}$
e) $\frac{12}{28} = \frac{3}{7}$ $\frac{18}{42} = \frac{3}{7}$ f) $\frac{21}{27} = \frac{7}{9}$ $\frac{49}{63} = \frac{7}{9}$

22
a) $=$ b) $=$ c) $\neq$ d) $\neq$ e) $\neq$
f) $\neq$ g) $=$ h) $\neq$ i) $=$

23
a) 20 m $= \frac{20}{1000}$ km $= \frac{1}{50}$ km
   80 m $= \frac{80}{1000}$ km $= \frac{2}{25}$ km
   260 m $= \frac{260}{1000}$ km $= \frac{13}{50}$ km
b) 5 kg $= \frac{5}{1000}$ t $= \frac{1}{2000}$ t
   25 kg $= \frac{25}{1000}$ t $= \frac{1}{40}$ t
   50 kg $= \frac{50}{1000}$ t $= \frac{1}{20}$ t
c) 18 s $= \frac{18}{60}$ min $= \frac{3}{10}$ min
   42 s $= \frac{42}{60}$ min $= \frac{7}{10}$ min
   56 s $= \frac{56}{60}$ min $= \frac{14}{15}$ min
d) 10 m² $= \frac{10}{100}$ a $= \frac{1}{10}$ a
   12 m² $= \frac{12}{100}$ a $= \frac{3}{25}$ a
   80 m² $= \frac{80}{100}$ a $= \frac{4}{5}$ a
e) 75 dm³ $= \frac{75}{1000}$ m³ $= \frac{3}{40}$ m³
   125 dm³ $= \frac{125}{1000}$ m³ $= \frac{1}{8}$ m³
   625 dm³ $= \frac{625}{1000}$ m³ $= \frac{5}{8}$ m³
f) 8 g $= \frac{8}{1000}$ kg $= \frac{1}{125}$ kg
   150 g $= \frac{150}{1000}$ kg $= \frac{3}{20}$ kg
   825 g $= \frac{825}{1000}$ kg $= \frac{33}{40}$ kg

24 ✳
a) $\frac{5}{6}$ und $\frac{7}{5}$ b) $\frac{2}{3}$ und $\frac{17}{33}$
   $\frac{25}{30}$ und $\frac{42}{30}$ $\frac{22}{33}$ und $\frac{17}{33}$
c) $\frac{4}{5}$ und $\frac{3}{4}$ d) $\frac{3}{7}$ und $\frac{3}{4}$
   $\frac{16}{20}$ und $\frac{15}{20}$ $\frac{12}{28}$ und $\frac{21}{28}$
e) $\frac{3}{4}$ und $\frac{5}{24}$ f) $\frac{2}{3}$ und $\frac{4}{5}$
   $\frac{18}{24}$ und $\frac{5}{24}$ $\frac{10}{15}$ und $\frac{12}{15}$

25 ✳
a) $\frac{1}{30}, \frac{7}{30}, \frac{11}{30}, \frac{13}{30}, \frac{17}{30}, \frac{19}{30}$
b) $\frac{2}{30}, \frac{4}{30}, \frac{8}{30}, \frac{14}{30}, \frac{16}{30}$
c) $\frac{3}{30}, \frac{5}{30}, \frac{9}{30}, \frac{21}{30}, \frac{27}{30}$
d) unlösbar

26

	zu Fuß	Fahrrad	Bus
6a:	$\frac{16}{32} = \frac{1}{2}$	$\frac{10}{32} = \frac{5}{16}$	$\frac{6}{32} = \frac{3}{16}$
6b:	$\frac{2}{28} = \frac{1}{14}$	$\frac{14}{28} = \frac{1}{2}$	$\frac{12}{28} = \frac{3}{7}$

27
Karin $\frac{10}{48} = \frac{5}{24}$ Bernd $\frac{14}{48} = \frac{7}{24}$
Rolf $\frac{8}{48} = \frac{1}{6}$ Stefanie $\frac{16}{48} = \frac{1}{3}$

28
China $\frac{1100}{5000} = \frac{1100:100}{5000:100} = \frac{11}{50}$
SU $\frac{275}{5000} = \frac{275:25}{5000:25} = \frac{11}{200}$
Indien $\frac{800}{5000} = \frac{800:100}{5000:100} = \frac{8}{50} = \frac{4}{25}$
USA $\frac{250}{5000} = \frac{250:250}{5000:250} = \frac{1}{20}$

29
$\frac{117}{195} = \frac{117:39}{195:39} = \frac{3}{5}$ $\frac{51}{85} = \frac{51:17}{85:17} = \frac{3}{5}$
Der Anteil der Schüler ist jeweils gleich groß.

30 ✳
a) Ja, immer durch 2.
b) Ja, da Teilerfremdheit vorliegt.
c) Nein, Gegenbeispiel $\frac{9}{15}$ usw.

7 Ordnen von Brüchen

Seite 54

1

$\frac{87}{100} \stackrel{\wedge}{=} 870\,g$ $\frac{5}{100} \stackrel{\wedge}{=} 50\,g$ $\frac{4}{100} \stackrel{\wedge}{=} 40\,g$
$\frac{3}{100} \stackrel{\wedge}{=} 30\,g$ $\frac{1}{100} \stackrel{\wedge}{=} 10\,g$

2

Kai $\frac{7}{8} = \frac{35}{40}$
Daniel $\frac{8}{10} = \frac{32}{40}$ $\Big\}$ $\frac{7}{8} > \frac{8}{10}$, also ist 7 von 8 besser als 8 von 10

3

a) $\frac{2}{4} < \frac{3}{4}$ b) $\frac{4}{7} < \frac{5}{7}$ c) $\frac{5}{3} < \frac{8}{3}$
$\frac{3}{5} < \frac{4}{5}$ $\frac{5}{9} > \frac{4}{9}$ $\frac{5}{4} < \frac{7}{4}$
$\frac{4}{7} < \frac{6}{7}$ $\frac{7}{10} > \frac{3}{10}$ $\frac{9}{4} < \frac{11}{4}$
$\frac{5}{8} > \frac{3}{8}$ $\frac{5}{12} < \frac{7}{12}$ $\frac{8}{5} > \frac{6}{5}$

4

a) $\frac{2}{3} < \frac{5}{6}$ b) $\frac{5}{6} > \frac{13}{18}$ c) $\frac{4}{5} < \frac{17}{20}$
$\frac{3}{4} > \frac{5}{8}$ $\frac{11}{12} > \frac{2}{3}$ $\frac{11}{27} < \frac{5}{9}$
$\frac{4}{5} > \frac{7}{10}$ $\frac{8}{15} > \frac{2}{5}$ $\frac{37}{40} > \frac{9}{10}$
$\frac{3}{8} > \frac{1}{4}$ $\frac{5}{14} > \frac{2}{7}$ $\frac{7}{12} < \frac{23}{36}$

Seite 55

5

a) $\frac{2}{3} < \frac{3}{4}$ b) $\frac{3}{8} < \frac{4}{9}$ c) $\frac{5}{9} < \frac{11}{15}$
$\frac{3}{5} > \frac{4}{7}$ $\frac{6}{11} < \frac{5}{9}$ $\frac{3}{10} > \frac{7}{25}$
$\frac{5}{6} < \frac{6}{7}$ $\frac{9}{10} < \frac{11}{12}$ $\frac{9}{16} < \frac{15}{24}$

6 ✱

a) $\frac{4}{4}, \frac{5}{4}, \frac{6}{4} > \frac{3}{4}$ b) $\frac{5}{11}, \frac{6}{11}, \frac{7}{11} > \frac{4}{11}$
c) $\frac{7}{12} < \frac{8}{12}, \frac{9}{12}, \frac{10}{12}$ d) $\frac{7}{8} > \frac{3}{4}, \frac{2}{4}, \frac{1}{4}$
e) $\frac{3}{5} > \frac{8}{15}, \frac{7}{15}, \frac{6}{15}$ f) $\frac{16}{18}, \frac{17}{18}, \frac{18}{18} > \frac{5}{6}$

g) $\frac{4}{9} > \frac{5}{12}, \frac{4}{12}, \frac{3}{12}$ h) $\frac{5}{8} < \frac{8}{12}, \frac{9}{12}, \frac{10}{12}$
i) $\frac{3}{15}, \frac{4}{15}, \frac{5}{15} > \frac{3}{20}$

Bei d) muß mit 2 erweitert werden, um dann im Zähler Zahlen zu suchen, die kleiner als 7 und durch 2 teilbar sind.
Bei e) und f) genügt einfaches Erweitern.
Bei g) müssen nach dem Erweitern im 2. Zähler durch 3 teilbare Zahlen gesucht werden, bei h) Zähler, die größer als 20 und durch 4 teilbar sind, bei i) Zähler, die größer als 9 und durch 4 teilbar sind.

7

a) $\frac{1}{3} < \frac{2}{3} < \frac{3}{3}$ b) $\frac{2}{7} < \frac{3}{7} < \frac{4}{7}$
c) $\frac{4}{12} < \frac{5}{12} < \frac{6}{12}$ d) $\frac{6}{15} < \frac{7}{15} < \frac{8}{15}$
e) $\frac{10}{9} < \frac{11}{9} < \frac{12}{9}$

8

a) $\frac{6}{13}$ b) $\frac{6}{9}, \frac{7}{9}$
c) $\frac{6}{12}, \frac{7}{12}, \frac{8}{12}, \frac{9}{12}, \frac{10}{12}$ d) $\frac{7}{11}, \frac{8}{11}$
e) $\frac{12}{15}, \frac{13}{15}, \frac{14}{15}$ f) $\frac{14}{10}, \frac{15}{10}, \frac{16}{10}$

9

a) $\frac{3}{8}\,t = 375\,kg$ b) $\frac{4}{5}\,kg = 800\,g$
$\frac{9}{20}\,t = 450\,kg$ $\frac{9}{10}\,kg = 900\,g$
$\frac{3}{8}\,t < \frac{9}{20}\,t$ $\frac{4}{5}\,kg < \frac{9}{10}\,kg$

c) $\frac{7}{25}\,km = 280\,m$ d) $\frac{1}{2}\,km = 500\,m$
$\frac{6}{20}\,km = 300\,m$ $\frac{11}{25}\,km = 440\,m$
$\frac{7}{25}\,km < \frac{6}{20}\,km$ $\frac{1}{2}\,km > \frac{11}{25}\,km$

e) $\frac{1}{3}\,h = 20\,min$ f) $\frac{1}{4}\,h = 15\,min$
$\frac{3}{10}\,h = 18\,min$ $\frac{7}{20}\,h = 21\,min$
$\frac{2}{5}\,h = 24\,min$ $\frac{4}{15}\,h = 16\,min$
$\frac{3}{10}\,h < \frac{1}{3}\,h < \frac{2}{5}\,h$ $\frac{1}{4}\,h < \frac{4}{15}\,h < \frac{7}{20}\,h$

Ordnen von Brüchen   55–56

10 ✏️

a) $\frac{2}{17} < \frac{3}{17} < \frac{9}{17} < \frac{10}{17}$

b) $\frac{7}{18}\left(\frac{14}{36}\right) < \frac{5}{9}\left(\frac{20}{36}\right) < \frac{23}{36} < \frac{2}{3}\left(\frac{24}{36}\right)$

c) $\frac{15}{32} < \frac{9}{16}\left(\frac{18}{32}\right) < \frac{5}{8}\left(\frac{20}{32}\right) < \frac{3}{4}\left(\frac{24}{32}\right)$

d) $\frac{41}{60} < \frac{11}{15}\left(\frac{44}{60}\right) < \frac{23}{30}\left(\frac{46}{60}\right) < \frac{4}{5}\left(\frac{48}{60}\right)$

e) $\frac{5}{8}\left(\frac{15}{24}\right) < \frac{17}{24} < \frac{3}{4}\left(\frac{18}{24}\right) = \frac{9}{12}\left(\frac{18}{24}\right)$

f) $\frac{5}{9}\left(\frac{20}{36}\right) < \frac{7}{12}\left(\frac{21}{36}\right) < \frac{11}{18}\left(\frac{22}{36}\right) < \frac{5}{6}\left(\frac{30}{36}\right)$

g) $\frac{5}{12}\left(\frac{30}{72}\right) < \frac{4}{9}\left(\frac{32}{72}\right) < \frac{13}{24}\left(\frac{39}{72}\right) < \frac{2}{3}\left(\frac{48}{72}\right)$

h) $\frac{9}{16}\left(\frac{27}{48}\right) < \frac{5}{8}\left(\frac{30}{48}\right) < \frac{5}{6}\left(\frac{40}{48}\right) < \frac{11}{12}\left(\frac{44}{48}\right)$

11

a) $\frac{28}{100}, \frac{21}{100}, \frac{65}{100}, \frac{90}{100}$
$\frac{21}{100} < \frac{7}{25} < \frac{13}{20} < \frac{9}{10}$

b) $\frac{12}{63}, \frac{28}{63}, \frac{21}{63}, \frac{36}{63}$
$\frac{4}{21} < \frac{1}{3} < \frac{28}{63} < \frac{4}{7}$

c) $\frac{15}{30}, \frac{20}{30}, \frac{24}{30}, \frac{21}{30}$
$\frac{1}{2} < \frac{2}{3} < \frac{7}{10} < \frac{4}{5}$

d) $\frac{18}{24}, \frac{20}{24}, \frac{15}{24}, \frac{14}{24}$
$\frac{7}{12} < \frac{5}{8} < \frac{3}{4} < \frac{5}{6}$

e) $\frac{60}{90}, \frac{15}{90}, \frac{20}{90}, \frac{27}{90}$
$\frac{1}{6} < \frac{2}{9} < \frac{3}{10} < \frac{2}{3}$

f) $\frac{112}{140}, \frac{100}{140}, \frac{110}{140}, \frac{105}{140}$
$\frac{5}{7} < \frac{3}{4} < \frac{11}{14} < \frac{4}{5}$

12

a) $\frac{1}{2} > \frac{1}{3} > \frac{1}{4} > \frac{1}{7} > \frac{1}{9} > \frac{1}{10}$

b) $\frac{1}{3} > \frac{1}{5} > \frac{1}{6} > \frac{1}{7} > \frac{1}{8} > \frac{1}{11}$

c) $\frac{2}{3} > \frac{2}{5} > \frac{2}{7} > \frac{2}{9} > \frac{2}{11} > \frac{2}{13}$

d) $\frac{9}{2} > \frac{9}{4} > \frac{9}{5} > \frac{9}{7} > \frac{9}{11} > \frac{9}{13}$

13

a) $\frac{9}{13} < \frac{9}{11} < \frac{9}{10} < \frac{9}{8}$

b) $\frac{10}{19} < \frac{10}{13} < \frac{10}{11} < \frac{10}{3}$

c) $\frac{13}{18} < \frac{13}{17} < \frac{13}{8} < \frac{13}{5}$

d) $\frac{16}{20} < \frac{16}{19} < \frac{16}{9} < \frac{16}{5}$

14

a) $\frac{1}{2}\left(\frac{4}{8}\right) > \frac{1}{3}\left(\frac{9}{27}\right)$

b) $\frac{1}{4}\left(\frac{10}{40}\right) < \frac{2}{5}\left(\frac{20}{50}\right)$

c) $\frac{3}{4}\left(\frac{6}{8}\right) > \frac{5}{8}\left(\frac{30}{48}\right)$

d) $\frac{1}{2}\left(\frac{15}{30}\right) < \frac{7}{12}\left(\frac{63}{108}\right)$

e) $\frac{2}{3}\left(\frac{12}{18}\right) > \frac{1}{15}\left(\frac{9}{135}\right)$

f) $\frac{2}{5}\left(\frac{16}{40}\right) < \frac{5}{7}\left(\frac{75}{100}\right)$

g) $\frac{3}{5}\left(\frac{60}{100}\right) < \frac{7}{10}\left(\frac{21}{30}\right) = \frac{7}{10}\left(\frac{14}{20}\right)$

h) $\frac{3}{5}\left(\frac{117}{195}\right) < \frac{7}{10}\left(\frac{70}{100}\right) < \frac{5}{6}\left(\frac{85}{102}\right)$

15 ✱

a) $\frac{1}{3}, \boxed{\frac{1}{2}}, \frac{2}{3}, \frac{3}{3}, \ldots$

b) $\frac{1}{5}, \boxed{\frac{1}{3}}, \frac{2}{5}, \frac{3}{5}, \boxed{\frac{2}{3}}, \frac{4}{5}, \frac{5}{5}$

c) $\frac{1}{6}, \boxed{\frac{1}{5}}, \frac{2}{6}, \frac{3}{6}, \boxed{\frac{3}{5}}, \frac{4}{6}, \frac{5}{6}, \frac{6}{6}$

16 ✱

a) $\frac{1}{2} > \frac{5}{12} > \frac{1}{3}$ b) $\frac{2}{3} < \frac{17}{24} < \frac{3}{4}$ c) $\frac{5}{6} > \frac{49}{60} > \frac{4}{5}$

d) $\frac{3}{4} > \frac{41}{56} > \frac{5}{7}$ e) $\frac{3}{8} < \frac{29}{72} < \frac{4}{9}$ f) $\frac{7}{10} < \frac{78/79}{110} < \frac{8}{11}$

Korrektur im Schülerbuch:
Die Skalierung auf dem 3. Zahlenstrahl ist falsch. Es dürfen nur 2 Zwischenstriche sein statt 3.

Seite 56

17 ✱

a) $\frac{3}{8} < \frac{4}{8} < \frac{5}{8} < \frac{6}{8} < \frac{7}{8}$

b) $\frac{3}{8} > \frac{3}{9} > \frac{3}{10} > \frac{3}{11} > \frac{3}{12}$

18 ✱

a) $\frac{7}{9} < \frac{15}{18}, \frac{16}{18}, \frac{17}{18} < 1$ b) $\frac{1}{3} < \frac{5}{12}, \frac{6}{12}, \frac{7}{12} < \frac{2}{3}$

c) $\frac{2}{3} > \frac{63}{96}, \frac{62}{96}, \frac{61}{96} > \frac{5}{8}$ d) $\frac{4}{5} < \frac{97}{120}, \frac{98}{120}, \frac{99}{120} < \frac{5}{6}$

e) $\frac{3}{4} > \frac{17}{24}, \frac{16}{24} > \frac{5}{8}$ f) $\frac{1}{6} > \frac{20}{126}, \frac{19}{126} > \frac{1}{7}$

19 ✱

a) Lösung: $\frac{69}{100}$

Kommentar: hier ist nicht daran gedacht, alle beteiligten Brüche auf einen HN zu erweitern (HN : 4200), sondern die Brüche abschätzen zu können.

$\frac{2}{3} \approx \frac{67}{100}$ und $\frac{7}{10} = \frac{70}{100}$

$\frac{3}{5} = \frac{60}{100}$ | $\frac{5}{8} \approx \frac{63}{100}$ | $\frac{6}{7} \approx \frac{86}{100}$ | $\frac{19}{30} \approx \frac{63}{100}$ | $\frac{69}{100}$

b) Lösungen: $\frac{4}{3}, \frac{7}{4}, \frac{10}{6}, \frac{19}{10}$

Kommentar: hier soll der Schüler entscheiden, ob die beteiligten Brüche größer als etwa $\frac{66}{100}$ und kleiner als 2 sind.

56–57 — Vermischte Aufgaben

20

a) $\frac{3}{5}\left(\frac{18}{30}\right) < \frac{5}{6}\left(\frac{25}{30}\right), \frac{7}{10}\left(\frac{21}{30}\right)$ ⎡$\frac{2}{3} = \frac{20}{30}$⎤

Antwort: $\frac{7}{10}$ ist nur $\frac{1}{30}$ von $\frac{2}{3}$ entfernt

b) $\frac{5}{6}\left(\frac{35}{42}\right), \frac{5}{7}\left(\frac{30}{42}\right), \frac{9}{14}\left(\frac{27}{42}\right)$ ⎡$\frac{2}{3} = \frac{28}{42}$⎤

Antwort: $\frac{9}{14}$ liegt nur $\frac{1}{42}$ von $\frac{2}{3}$ entfernt

c) $\frac{3}{4}\left(\frac{18}{24}\right), \frac{5}{8}\left(\frac{15}{24}\right), \frac{10}{12}\left(\frac{20}{24}\right)$ ⎡$\frac{2}{3} = \frac{16}{24}$⎤

Antwort: $\frac{5}{8}$ liegt nur $\frac{1}{24}$ von $\frac{2}{3}$ entfernt

d) $\frac{7}{9}\left(\frac{28}{36}\right), \frac{10}{12}\left(\frac{30}{36}\right), \frac{11}{18}\left(\frac{22}{36}\right)$ ⎡$\frac{2}{3} = \frac{24}{36}$⎤

Antwort: $\frac{11}{18}$ liegt nur $\frac{2}{36}$ von $\frac{2}{3}$ entfernt

21

Aufgabe mit roter Karte.

a) richtig   b) $\frac{11}{8} > \frac{11}{19}$ c) richtig

d) $\frac{8}{12} > \frac{4}{8}$ e) richtig   f) $\frac{15}{18} = \frac{10}{12}$

g) $\frac{60}{125} = \frac{24}{50}$ h) $\frac{12}{18} < \frac{60}{72}$ i) richtig

22

Aufgabe mit Selbstkontrolle.

$\frac{4}{28} = \frac{1}{7}$ (Z) → $\frac{13}{30}$ (I) → $\frac{9}{20}$ (R)
→ $\frac{18}{35}$ (K) → $\frac{12}{18} = \frac{2}{3}$ (U) → $\frac{20}{24} = \frac{5}{6}$ (S)

Lösungswort: ZIRKUS

23

Bei einem 12teiligen, da $\frac{1}{12} > \frac{1}{16}$

24

a) $\frac{5}{26} < \frac{5}{25}$, also in Klasse 6b

b) $\frac{20}{25}\left(\frac{80}{100}\right) < \frac{17}{20}\left(\frac{85}{100}\right)$, also bei Rainer

c) $\frac{180}{486} = \frac{20}{54} > \frac{152}{432} = \frac{19}{54}$, also ist in Tina's Schule der Anteil größer

25

$\frac{15}{28} = \frac{45}{84}$ $\frac{11}{21} = \frac{44}{84}$ ⇒ $\frac{15}{28} > \frac{11}{21}$

Nein, Rolf hat nicht recht!

26

$\frac{1}{3}, \frac{17}{50}, \frac{3}{10}$
$\frac{50}{150}, \frac{51}{150}, \frac{45}{150}$ ⎫ $\frac{17}{50} > \frac{1}{3} > \frac{3}{10}$

27

$\frac{192}{1200} = \frac{6720}{42000}$ | $\frac{225}{1500} = \frac{6300}{42000}$ | $\frac{329}{2100} = \frac{6580}{42000}$

Ergebnis: Sorte 1 hat den höchsten Zuckergehalt, da
$\frac{6720}{42000} > \frac{6580}{42000} > \frac{6300}{42000}$

28

$\frac{12}{800} = \frac{60}{4000}$ | $\frac{16}{1000} = \frac{64}{4000}$ | $\frac{10}{500} = \frac{4}{4000}$

Ergebnis: Am ersten Tag lag das beste Ergebnis vor, da
$\frac{12}{800} < \frac{16}{1000} < \frac{10}{500}$

8 Vermischte Aufgaben

Seite 57

1

a) $\frac{2}{3}$ b) $\frac{3}{5}$ c) $\frac{2}{6} = \frac{1}{3}$

d) $\frac{2}{4} = \frac{1}{2}$ e) $\frac{3}{8}$ f) $\frac{6}{12} = \frac{1}{2}$

2

a) $\frac{14}{30} = \frac{7}{15}$ b) $\frac{10}{24} = \frac{5}{12}$ c) $\frac{5}{12}$ d) $\frac{5}{13}$

3

a) 6 cm Streifen, davon 1 cm
b) 7 cm Streifen, davon 1 cm
c) 8 cm Streifen, davon 1 cm
d) 9 cm Streifen, davon 1 cm

4

a) $\frac{2}{3}$ b) $\frac{5}{9}$ c) $\frac{5}{8}$

d) $\frac{7}{16}$

Vermischte Aufgaben   *57–58*

5
a) $\frac{3}{4}$ kg = 750 g   b) $\frac{3}{4}$ dm² = 75 cm²
c) $\frac{3}{4}$ hl = 75 l   d) $\frac{3}{4}$ h = 45 min
e) $\frac{3}{4}$ l = 750 cm³   f) $\frac{3}{4}$ d = 18 h

6
a) 2 dm = $\frac{1}{5}$ m   b) $\frac{1}{10}$ h   c) $\frac{1}{4}$ Jahr
   45 cm = $4\frac{1}{2}$ dm $\frac{1}{15}$ h $\frac{7}{12}$ Jahr

7
a) 40 l, 20 l, 140 l, 8 l
b) 75 ha, 3 ha, 80 ha, 72 ha
c) 1 mg, 14 mg, 48 mg, 380 mg

8
a) $\frac{4}{5}$ von   b) $\frac{5}{8}$ von

10 kg	8 kg		32 l	20 l
25 kg	20 kg		200 l	125 l
95 kg	76 kg		656 l	410 l

9
a) $\frac{3}{8}$ von 3000 g = 1125 g   b) $\frac{8}{25}$ von 2000 m = 640 m
   $\frac{9}{10}$ von 4000 g = 3600 g $\frac{27}{50}$ von 4000 m = 2160 m
   $\frac{1}{12}$ von 9000 g = 750 g $\frac{31}{80}$ von 6000 m = 2325 m

10
a) $\frac{4}{12} = \frac{3}{9} = \frac{2}{6}$
b) $\frac{4}{7} = \frac{8}{14} = \frac{12}{21}$ | $\frac{5}{9} = \frac{10}{18} = \frac{15}{27}$
   $\frac{7}{12} = \frac{14}{24} = \frac{21}{36}$ | $\frac{8}{15} = \frac{16}{30} = \frac{24}{45}$

11
a) 70 dm²   b) 60 m²   c) 20 Pf   d) 2 Mon.
   35 dm²   90 m²   65 Pf   8 Mon.
   44 dm²   81 m²   76 Pf   10 Mon.

12
a) $\frac{3}{2}$ b) $\frac{8}{3}$ c) $\frac{25}{8}$ d) $\frac{69}{8}$
   $\frac{5}{4}$ $\frac{12}{5}$ $\frac{38}{9}$ $\frac{97}{10}$
   $\frac{7}{5}$ $\frac{20}{7}$ $\frac{53}{10}$ $\frac{116}{11}$

Seite 58

Randspalte:

$\frac{1}{2} = \frac{3}{6}$
$\frac{1}{3} = \frac{2}{6}$ $\Rightarrow$ 25 cm = $\frac{1}{6}$ $\triangleq$ Pfahllänge: 25 · 6 = 150 cm

13
a) $\frac{1}{2}$ b) $\frac{1}{3}$ c) $\frac{2}{3}$ d) $\frac{1}{4}$
   $\frac{1}{2}$ $\frac{1}{3}$ $\frac{2}{3}$ $\frac{3}{8}$
e) $\frac{5}{24}$ f) $\frac{4}{21}$ g) $\frac{7}{16}$ h) $\frac{64}{45} = 1\frac{19}{45}$
   $\frac{6}{31}$ $\frac{33}{50}$ $\frac{35}{104}$ $\frac{146}{121} = 1\frac{25}{121}$

14
a) $\frac{1}{3} = \frac{4}{12} = \frac{6}{18} = \frac{10}{30} = \frac{2}{6} = \frac{26}{78} = \frac{16}{48}$
b) $\frac{28}{12} = \frac{7}{3} = \frac{63}{27} = \frac{49}{21} = \frac{14}{6} = \frac{21}{9} = \frac{84}{36}$
c) $\frac{4}{5} = \frac{20}{25} = \frac{100}{125} = \frac{16}{20} = \frac{96}{120} = \frac{400}{500} = \frac{300}{375}$

15
a) $\frac{7}{14} = \frac{7:7}{14:7} = \frac{1}{2} = \frac{1\cdot 2}{2\cdot 2} = \frac{2}{4}$
b) $\frac{6}{8} = \frac{6:2}{8:2} = \frac{3}{4} = \frac{3\cdot 7}{4\cdot 7} = \frac{21}{28}$
c) $\frac{10}{25} = \frac{10:5}{25:5} = \frac{2}{5} = \frac{2\cdot 9}{5\cdot 9} = \frac{18}{45}$
d) $\frac{9}{24} = \frac{9:3}{24:3} = \frac{3}{8} = \frac{3\cdot 5}{8\cdot 5} = \frac{15}{40}$
e) $\frac{28}{40} = \frac{28:4}{40:4} = \frac{7}{10} = \frac{7\cdot 10}{10\cdot 10} = \frac{70}{100}$
f) $\frac{25}{60} = \frac{25:5}{60:5} = \frac{5}{12} = \frac{5\cdot 7}{12\cdot 7} = \frac{35}{84}$
g) $\frac{24}{42} = \frac{24:6}{42:6} = \frac{4}{7} = \frac{4\cdot 20}{7\cdot 20} = \frac{80}{140}$
h) $\frac{4}{68} = \frac{4:4}{68:4} = \frac{1}{17} = \frac{1\cdot 6}{17\cdot 6} = \frac{6}{102}$
i) $\frac{45}{72} = \frac{45:9}{72:9} = \frac{5}{8} = \frac{5\cdot 7}{8\cdot 7} = \frac{35}{56}$

16

a) $\frac{1}{3}, \frac{3}{8}, \frac{3}{10}, \frac{5}{12}$

b) $\frac{2}{5}, \frac{7}{20}, \frac{11}{24}, \frac{15}{40}, \frac{27}{100}$

17

a) $\frac{4}{10} < \frac{21}{50}, \frac{22}{50}, \frac{23}{50}, \frac{24}{50} < \frac{5}{10}$

b) $\frac{2}{3} < \frac{41}{60}, \frac{42}{60}, \frac{43}{60}, \frac{44}{60} < \frac{3}{4}$

c) $\frac{3}{4} < \frac{76}{100}, \frac{77}{100}, \frac{78}{100}, \frac{79}{100} < \frac{4}{5}$

d) $\frac{1}{4} > \frac{24}{100}, \frac{23}{100}, \frac{22}{100}, \frac{21}{100} > \frac{1}{5}$

e) $\frac{1}{20} < \frac{6}{100}, \frac{7}{100}, \frac{8}{100}, \frac{9}{100} < \frac{1}{10}$

f) $\frac{5}{6} < \frac{176}{210}, \frac{177}{210}, \frac{178}{210}, \frac{179}{210} < \frac{6}{7}$

18

a) $\frac{3}{5}$ b) $\frac{4}{7}$ c) $\frac{7}{9}$ d) $\frac{10}{15} = \frac{2}{3}$

e) $\frac{19}{30}$ f) $\frac{7}{8}$ g) $\frac{18}{32} = \frac{9}{16}$ h) $\frac{45}{80} = \frac{9}{16}$

19

a) $\frac{24}{15}$ b) $\frac{15}{20}$

20

$\frac{3}{4} = \frac{3 \cdot 12}{4 \cdot 12} = \frac{36 : 4}{48 : 4} = \frac{9}{12}$

21

Daran, ob der Nenner größer oder kleiner ist als das Doppelte des Zählers.

22

$\frac{3}{10}$ von 700 ml = 210 ml reiner Fruchtsaft; damit 490 ml Wasser.

23

$\frac{600}{2800} = \frac{3}{14} = \frac{12}{56}$; $\frac{250}{2800} = \frac{5}{56}$; $\frac{1950}{2800} = \frac{39}{56}$

für Miete;   für den Pkw;   bleibt übrig.

24

8352 $\xrightarrow{\cdot \frac{7}{3}}$ 19488,– DM Gesamtgewinn

:3 ↘ 2784 ↗ ·7

25

$\frac{9}{24} = \frac{3}{8}$ $\frac{3}{8}$ von 32 → 12 Mädchen sind in der Klasse 6b

26

$\frac{3}{4}$ kg geht in $2\frac{1}{4}$ kg ⇒ 3mal $\frac{3}{4}$ kg geht in $3\frac{3}{4}$ kg ⇒ 5mal

$\frac{3}{4}$ kg geht in $4\frac{1}{2}$ kg ⇒ 6mal

Sie benötigt insgesamt 14 Frischhaltebeutel.

Seite 59

27

B: $\frac{3}{250} \cdot 1000 = 12$ km   C: $\frac{4}{125} \cdot 1000 = 32$ km

D: $\frac{1}{20} \cdot 1000 = 50$ km   E: $\frac{17}{200} \cdot 1000 = 85$ km

F: $\frac{2}{5} \cdot 1000 = 400$ km

Zur Verdeutlichung der Streckenlängen bietet es sich an, die Schüler Nachbarorte/Städte nennen zu lassen, die in etwa die selbe Entfernung zum Schulort haben.

28

a) Pazifik: 180 Mio km²,

Atlantik $\frac{7}{24} \cdot 360$ Mio = 105 Mio km²

b) Indik: $\frac{1}{2} - \frac{11}{24} = \frac{1}{24}$

Die drei Ozeane sollten auf einer Weltkarte gezeigt werden.

29

Hornisgrinde: $\frac{23}{30} \cdot 1500 = 1150$ m Höhe

Hohenzollern: $\frac{17}{30} \cdot 1500 = 850$ m Höhe

Lemberg: $\frac{2}{3} \cdot 1500 = 1000$ m Höhe

Katzenbuckel: $\frac{2}{5} \cdot 1500 = 600$ m Höhe

Kaiserstuhl: $\frac{11}{30} \cdot 1500 = 550$ m Höhe

Das Bild zeigt den Hohenzollern (855), einen sogenannten Zengenberg vor dem SW-Trauf der Schwäbischen Alb bei Hechingen (Ba-Wü).
Die 1267 erstmals urkundlich belegte Stammburg der Hohenzollern, dem späteren Herrschergeschlecht von Preußen, verfiel nach wechselvoller Geschichte im Laufe des 18. Jh.

Vermischte Aufgaben

Erst um die Mitte des 19. Jh. wurde sie im Zuge der Rückbesinnung auf das deutsche Mittelalter in idealisierter, historisch allerdings verfälschter Form wieder aufgebaut.

30 ✳

a) $60 \xrightarrow{\cdot \frac{4}{3}} 80$
$\searrow_{:3} \nearrow \cdot 4$
20

b) $36 \xrightarrow{\cdot \frac{3}{2}} 54$
$\searrow_{:2} \nearrow \cdot 3$
18

c) $40 \xrightarrow{\cdot \frac{5}{2}} 100$
$\searrow_{:2} \nearrow \cdot 5$
20

d) $\frac{2}{10} \cdot 50 = 10$ e) $\frac{3}{2} \cdot 18 = 27$

f) $\frac{4}{3} \cdot 12 = 16$ g) $\frac{2}{5} \cdot 20 = 8$

Zum Knobeln
Aus der Vielzahl von Streichholz-Legeproblemen sind hier einige herausgegriffen.

Thema: Spiele für den Mathematikunterricht

Es ist sinnvoll, die hergestellten Materialien im Klassenraum zu lagern, um jederzeit die Möglichkeit zu haben, sie zur Übung, zur Differenzierung und vielleicht auch in Vertretungsstunden einsetzen zu können.
Auch für andere mathematische Themen und sogar Unterrichtsfächern können die Spielideen genutzt werden. Es müssen lediglich Kärtchen mit anderen Aufgaben (Spiel 3) oder Quartettkarten zu anderen Inhalten gebastelt werden.
Die hier vorgestellten Spiele stellen auch nur eine kleine Auswahl dar.
Pfiffige Schülerinnen und Schüler werden eigene Spielideen beisteuern.
Auch im Heft 43 „Spiele im Mathematikunterricht" der Zeitschrift *mathematiklehren* werden viele Anregungen gegeben.
Um die Belastung beim Basteln gering zu halten, sollten interessierte Lehrer und Lehrerinnen arbeitsteilig an das Herstellen von weiteren Spielen für den (Mathematik-)Unterricht herangehen.

III Rechnen mit Bruchzahlen

Es mag oberflächlich wirken, der Musik mit Bruchrechnung zu Leibe zu rücken. Immerhin erfaßt der Bruchbegriff aber einen Wesenszug der Musik, nämlich die Gewinnung der Zeitwerte aus gleichen Teilen eines Grundzeitmaßes.

Der abgebildete Anfang einer Oboenpartie aus einer Kantante von J.S. Bach soll nicht den Eindruck erwecken, der Komponist habe die Notenwerte zur Kontrolle durch Bruchrechnung in unserem Sinne addiert.

Auf dem Kompositions-Lochstreifen entstehen aus den horizontalen Lochabständen die Zeitwerte. Wenn man, wie es die Baßstimme und die Teilungsstriche nahelegen, einen $\frac{6}{8}$-Takt annimmt, erkennt man als Zeitwert u. a. $\frac{1}{2}, \frac{1}{8}, \frac{1}{16}, \frac{1}{8} + \frac{1}{16}$.

Wer in der Klasse einfaches Material bieten will, wird in jedem Liederbuch fündig. Hinzuweisen wäre auf die Schreibweise „C" für $\frac{4}{4}$, auf das Fehlen des Bruchstriches bei Angaben wie $\frac{3}{4}$, auf die Sonderrolle des Auftaktes, der sich mit dem Schlußtakt zu einem vollem Takt ergänzt. Man wird auch auf die Frage gefaßt sein müssen, warum $\frac{4}{4}$ nicht zu 1 und $\frac{6}{8}$ nicht zu $\frac{3}{4}$ gekürzt wird. Musikkundige Leserinnen und Leser werden aus ihrer Praxis zahlreiche gehaltvolle Beispiele für diesen fächerübergreifenden Aspekt finden.

1 Addieren und Subtrahieren gleichnamiger Brüche

Seite 64

1

$\frac{2}{12} + \frac{4}{12} + \frac{1}{12} = \frac{7}{12}$

2

$\frac{7}{20} + \frac{3}{20} + \frac{6}{20} + \square = \frac{20}{20} = 1$

$\frac{16}{20} + \square = \frac{20}{20}$

Es fehlen $\frac{4}{20} = \frac{1}{5}$

3
a) 5 Sechstel   b) 5 Fünftel = 1   c) 9 Siebtel = $1\frac{2}{7}$

4
a) 3 Zehntel   b) 4 Achtel = $\frac{1}{2}$ c) 2 Drittel

Seite 65

5
a) $\frac{3}{5}$ b) $\frac{4}{10} = \frac{2}{5}$ c) $\frac{10}{11}$
   $\frac{7}{8}$ $\frac{5}{7}$ $\frac{14}{15}$
   $\frac{8}{9}$ $\frac{11}{12}$ $\frac{20}{20} = 1$

6
a) $\frac{2}{4} = \frac{1}{2}$ b) $\frac{5}{8}$ c) $\frac{3}{12} = \frac{1}{4}$
   $\frac{1}{5}$ $\frac{3}{9} = \frac{1}{3}$ $\frac{3}{11}$
   $\frac{1}{7}$ $\frac{3}{10}$ $\frac{4}{15}$

7
a) $\frac{4}{10} + \frac{4}{10} = \frac{8}{10} = \frac{4}{5}$ b) $\frac{4}{4} + \frac{3}{4} = \frac{7}{4} = 1\frac{3}{4}$
c) $\frac{1}{5} + \frac{3}{5} = \frac{4}{5}$ d) $\frac{1}{3} + \frac{2}{3} = \frac{3}{3} = 1$
e) $\frac{4}{6} + \frac{1}{6} = \frac{5}{6}$ f) $\frac{5}{12} + \frac{1}{12} = \frac{6}{12} = \frac{1}{2}$

8
a) $\frac{8}{14} = \frac{4}{7}$ b) $\frac{19}{25}$ c) $\frac{34}{48} = \frac{17}{24}$
   $\frac{16}{18} = \frac{8}{9}$ $\frac{28}{30} = \frac{14}{15}$ $\frac{15}{85} = \frac{3}{17}$
   $\frac{6}{19}$ $\frac{12}{40} = \frac{3}{10}$ $\frac{29}{100}$

9
a) $0, \frac{3}{4}, 1\frac{1}{2}, 2\frac{1}{4}, 3, 3\frac{3}{4}, 4\frac{1}{2}, 5\frac{1}{4}$
b) $0, \frac{2}{3}, 1\frac{1}{3}, 2, 2\frac{2}{3}, 3\frac{1}{3}, 4, 4\frac{2}{3}$
c) $2\frac{9}{10}, 2\frac{1}{2}, 2\frac{1}{10}, 1\frac{7}{10}, 1\frac{3}{10}, \frac{9}{10}, \frac{5}{10}, \frac{1}{10}$

10
a) $\frac{3}{6} = \frac{1}{2}$ b) $\frac{6}{8} = \frac{3}{4}$ c) $\frac{4}{12} = \frac{1}{3}$
   $\frac{5}{10} = \frac{1}{2}$ $\frac{8}{12} = \frac{2}{3}$ $\frac{5}{15} = \frac{1}{3}$
   $\frac{6}{9} = \frac{2}{3}$ $\frac{12}{16} = \frac{3}{4}$ $\frac{16}{20} = \frac{4}{5}$
d) $\frac{5}{25} = \frac{1}{5}$ e) $\frac{40}{50} = \frac{4}{5}$ f) $\frac{36}{100} = \frac{9}{25}$
   $\frac{36}{40} = \frac{9}{10}$ $\frac{56}{84} = \frac{2}{3}$ $\frac{84}{96} = \frac{7}{8}$
   $\frac{27}{45} = \frac{3}{5}$ $\frac{64}{64} = 1$ $\frac{108}{144} = \frac{9}{12} = \frac{3}{4}$

11
a) $1\frac{1}{3}$ b) $1\frac{2}{9}$ c) $1\frac{6}{13}$
   $1\frac{1}{7}$ $1\frac{3}{11}$ $1\frac{8}{29}$
   $1\frac{4}{7}$ $1\frac{6}{11}$ $1\frac{36}{39} = 1\frac{12}{13}$

12
a) $\frac{6}{4} = 1\frac{1}{2}$ b) $1\frac{2}{10} = 1\frac{1}{5}$ c) $1\frac{10}{25} = 1\frac{2}{5}$
   $1\frac{2}{8} = 1\frac{1}{4}$ $1\frac{6}{12} = 1\frac{1}{2}$ $1\frac{16}{64} = 1\frac{1}{4}$

13
a) $\frac{6}{14}$ b) $\frac{5}{17}$ c) $\frac{7}{15}$
d) $\frac{17}{27}$ e) $\frac{35}{37}$ f) $\frac{25}{53}$; $\frac{51}{53}$

14
a) $2\frac{4}{5}$ b) $5\frac{6}{7}$ c) 6   d) 10
e) $4\frac{4}{8} = 4\frac{1}{2}$ f) $17\frac{4}{12} = 17\frac{1}{3}$

Addieren und Subtrahieren ungleichnamiger Brüche

15
a) $1\frac{2}{4} = 1\frac{1}{2}$ b) $3\frac{2}{10} = 3\frac{1}{5}$ c) $5\frac{5}{9}$

Bei d), e) und f) müssen die Minuenden zuerst umgewandelt werden:

d) $4\frac{1}{5} - 2\frac{2}{5} = 3\frac{6}{5} - 2\frac{2}{5} = 1\frac{4}{5}$

e) $3\frac{1}{6} - 1\frac{5}{6} = 2\frac{7}{6} - 1\frac{5}{6} = 1\frac{2}{6} = 1\frac{1}{3}$

f) $5\frac{3}{8} - 4\frac{5}{8} = 4\frac{11}{8} - 4\frac{5}{8} = \frac{6}{8} = \frac{3}{4}$

2 Addieren und Subtrahieren ungleichnamiger Brüche

Seite 66

1

$\frac{1}{2} + \frac{1}{4} + \frac{1}{8} = \frac{4}{8} + \frac{2}{8} + \frac{1}{8} = \frac{7}{8}$

Es bleibt $\frac{1}{8}$ übrig.

Der erste Sohn erhält $\frac{2}{8}$, also $\frac{1}{4}$ mehr als der zweite und $\frac{3}{8}$ mehr als der dritte.

2

a) $\frac{3}{4}$ b) $\frac{3}{6} = \frac{1}{2}$ c) $\frac{4}{12} = \frac{1}{3}$

$\frac{4}{6} = \frac{2}{3}$ $\frac{3}{8}$ $\frac{6}{10} = \frac{3}{5}$

d) $\frac{9}{12} = \frac{3}{4}$ e) $\frac{8}{9}$ f) $\frac{7}{15}$

$\frac{13}{14}$ $\frac{9}{12} = \frac{3}{4}$ $\frac{12}{15} = \frac{4}{5}$

3

a) $\frac{1}{4}$ b) $\frac{1}{8}$ c) $\frac{6}{12} = \frac{1}{2}$

$\frac{1}{6}$ $\frac{2}{9}$ $\frac{3}{8}$

d) $\frac{1}{8}$ e) $\frac{1}{6}$ f) $\frac{5}{16}$

$\frac{4}{12} = \frac{1}{3}$ $\frac{2}{15}$ $\frac{3}{12} = \frac{1}{4}$

Seite 67

Randspalte

$\frac{2}{3} = \frac{4}{6}$; $\frac{1}{2} = \frac{3}{6}$; $\frac{1}{6} = 2$ Stück

Eine ganze Tafel besteht aus $\frac{6}{6}$, also aus 12 Stückchen.

4

Die Streckenlänge 1 m ist in den Teilaufgaben unterschiedlich unterteilt.

a) $\frac{3}{4}$ m   b) $\frac{7}{10}$ m   c) $\frac{7}{12}$ m   d) $\frac{11}{10}$ m $= 1\frac{1}{10}$ m

5

a) $\frac{5}{6}$; $\frac{11}{12}$ b) $\frac{1}{12}$; $\frac{7}{12}$

6 ✲ ✎

a)
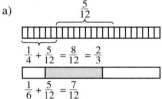

b)

c)

d)
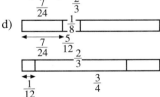

7

a) $\frac{7}{12}$ b) $\frac{11}{30}$ c) $\frac{17}{12} = 1\frac{5}{12}$

$\frac{9}{20}$ $\frac{13}{42}$ $\frac{19}{12} = 1\frac{7}{12}$

d) $\frac{27}{30} = \frac{9}{10}$ e) $\frac{13}{6} = 2\frac{1}{6}$ f) $\frac{53}{56}$

$\frac{39}{40}$ $\frac{41}{20} = 2\frac{1}{20}$ $\frac{49}{60}$

Addieren und Subtrahieren ungleichnamiger Brüche

8
a) $\frac{3}{6}=\frac{1}{2}$ b) $\frac{7}{24}$ c) $\frac{13}{20}$
   $\frac{5}{12}$ $\frac{5}{20}=\frac{1}{4}$ $\frac{8}{30}=\frac{4}{15}$
d) $\frac{5}{10}=\frac{1}{2}$ e) $\frac{9}{18}=\frac{1}{2}$ f) $\frac{29}{30}$
   $\frac{19}{20}$ $\frac{7}{14}=\frac{1}{2}$ $\frac{27}{36}=\frac{3}{4}$

9
a) $\frac{19}{24}$ b) $\frac{17}{42}$ c) $\frac{29}{72}$
   $\frac{35}{36}$ $1\frac{1}{36}$ $\frac{43}{45}$
d) $\frac{41}{60}$ e) $\frac{51}{60}=\frac{17}{20}$ f) $\frac{101}{144}$
   $1\frac{31}{72}$ $1\frac{31}{80}$ $\frac{104}{105}$

10
a)
$\frac{4}{15}$	$\frac{3}{5}$	$\frac{2}{15}$
$\frac{1}{5}$	$\frac{1}{3}$	$\frac{7}{15}$
$\frac{8}{15}$	$\frac{1}{15}$	$\frac{2}{5}$

b)
$\frac{2}{15}$	$\frac{3}{5}$	$\frac{4}{15}$
$\frac{7}{15}$	$\frac{1}{3}$	$\frac{1}{5}$
$\frac{2}{5}$	$\frac{1}{15}$	$\frac{8}{15}$

11
a) $\frac{1}{12}$ b) $\frac{1}{12}$ c) $\frac{3}{40}$
   $\frac{3}{10}$ $\frac{1}{24}$ $\frac{2}{36}=\frac{1}{18}$
d) $\frac{1}{10}$ e) $\frac{1}{20}$ f) $\frac{1}{24}$
   $\frac{1}{3}$ $\frac{2}{35}$ $\frac{16}{45}$

12
a) $\frac{7}{24}$ b) $\frac{1}{60}$ c) $\frac{1}{42}$
   $\frac{3}{20}$ $\frac{1}{48}$ $\frac{1}{72}$
d) $\frac{8}{45}$ e) $\frac{7}{50}$ f) $\frac{1}{100}$
   $\frac{7}{36}$ $\frac{1}{60}$ $\frac{1}{72}$

13
a) $\frac{1}{24}$ b) $\frac{25}{42}$ c) $\frac{8}{75}$
   $\frac{7}{30}$ $\frac{5}{72}$ $\frac{1}{72}$
d) $\frac{25}{84}$ e) $\frac{1}{54}$ f) $\frac{61}{500}$
   $\frac{49}{150}$ $\frac{7}{216}$ $\frac{1}{78}$

Seite 68

+	$\frac{1}{2}$	$\frac{2}{3}$	$\frac{3}{4}$	$\frac{4}{5}$
$\frac{1}{3}$	$\frac{5}{6}$	1	$1\frac{1}{12}$	$1\frac{2}{15}$
$\frac{2}{5}$	$\frac{9}{10}$	$1\frac{1}{15}$	$1\frac{3}{20}$	$1\frac{1}{5}$
$\frac{1}{6}$	$\frac{2}{3}$	$\frac{5}{6}$	$\frac{11}{12}$	$\frac{29}{30}$
$\frac{5}{6}$	$1\frac{1}{3}$	$1\frac{1}{2}$	$1\frac{7}{12}$	$1\frac{19}{30}$
$\frac{1}{7}$	$\frac{9}{14}$	$\frac{17}{21}$	$\frac{25}{28}$	$\frac{33}{35}$
$\frac{3}{7}$	$\frac{13}{14}$	$1\frac{2}{21}$	$1\frac{5}{28}$	$1\frac{8}{35}$
$\frac{5}{8}$	$1\frac{1}{8}$	$1\frac{7}{24}$	$1\frac{3}{8}$	$1\frac{17}{40}$
$\frac{7}{8}$	$1\frac{3}{8}$	$1\frac{13}{24}$	$1\frac{5}{8}$	$1\frac{27}{40}$

14
a) $\frac{27}{120}+\frac{7}{120}=\frac{34}{120}=\frac{17}{60}$; $\frac{25}{80}+\frac{55}{80}=\frac{80}{80}=1$; $\frac{37}{96}+\frac{56}{96}=\frac{93}{96}=\frac{31}{32}$
b) $\frac{17}{36}-\frac{9}{36}=\frac{8}{36}=\frac{2}{9}$; $\frac{55}{90}-\frac{29}{90}=\frac{26}{90}=\frac{13}{45}$; $\frac{55}{144}-\frac{12}{144}=\frac{43}{144}$
c) $\frac{33}{54}+\frac{30}{54}=\frac{63}{54}=1\frac{9}{54}=1\frac{1}{6}$; $\frac{124}{210}+\frac{129}{210}=\frac{253}{210}=1\frac{43}{210}$; $\frac{5}{270}+\frac{63}{270}=\frac{68}{270}=\frac{34}{135}$
d) $\frac{35}{225}-\frac{18}{225}=\frac{17}{225}$; $\frac{77}{84}-\frac{69}{84}=\frac{8}{84}=\frac{2}{21}$; $\frac{99}{192}-\frac{62}{192}=\frac{37}{192}$
e) $\frac{55}{132}+\frac{36}{132}=\frac{91}{132}$; $\frac{9}{144}+\frac{80}{144}=\frac{89}{144}$; $\frac{39}{104}+\frac{72}{104}=\frac{111}{104}=1\frac{7}{104}$
f) $\frac{72}{156}-\frac{13}{156}=\frac{59}{156}$; $\frac{77}{165}-\frac{60}{165}=\frac{17}{165}$; $\frac{153}{171}-\frac{152}{171}=\frac{1}{171}$

15
a) $1\frac{3}{4}$ b) $5\frac{5}{6}$ c) $3\frac{1}{3}$
   $1\frac{1}{2}$ $6\frac{7}{8}$ $1\frac{1}{9}$

16
a) $2\frac{3}{10}$ b) $6\frac{7}{15}$ c) $10\frac{5}{24}$
   $2\frac{1}{8}$ $13\frac{13}{20}$ $14\frac{10}{63}$
   $2\frac{1}{2}$ $7\frac{3}{14}$ $20\frac{49}{66}$

17
a) $\frac{11}{12}$ b) $\frac{28}{45}$ c) $4\frac{43}{45}$
   $\frac{9}{10}$ $2\frac{19}{35}$ $\frac{27}{28}$

Addieren und Subtrahieren ungleichnamiger Brüche   68–69

18 ✳

$\frac{2}{3} + \frac{3}{2} = \frac{13}{6} = 2\frac{1}{6}$; $\frac{3}{4} + \frac{4}{3} = \frac{25}{12} = 2\frac{1}{12}$; $\frac{4}{5} + \frac{5}{4} = \frac{41}{20} = 2\frac{1}{20}$

Allgemein: $\frac{a}{b} + \frac{c}{d} = \underline{2 + \frac{1}{b \cdot d}}$

Beweis:

$\frac{n}{n+1} + \frac{n+1}{n} = \frac{n^2 + (n+1)^2}{n^2 + n} = \frac{2n^2 + 2n + 1}{n^2 + n} = \frac{2(n^2 + n)}{n^2 + n} + \frac{1}{n^2 + n}$

$= 2 + \frac{1}{n \cdot (n+1)} = \boxed{2\frac{1}{n \cdot (n+1)}}$,

d.h., im Nenner steht das Produkt der beiden einzelnen

Nenner → $\frac{40}{41} + \frac{41}{40} = 2\frac{1}{40 \cdot 41} = 2\underline{\frac{1}{1640}}$

19

Aufgabe mit Selbstkontrolle.

$\frac{5}{12} + \frac{1}{3} = \frac{3}{4}$; $\frac{3}{7} + \frac{5}{21} = \frac{2}{3}$; $\frac{4}{3} + \frac{1}{6} = 1\frac{1}{2}$

$\frac{13}{5} + \frac{17}{10} = 4\frac{3}{10}$; $\frac{5}{8} + \frac{1}{4} = \frac{7}{8}$; $\frac{1}{9} + \frac{1}{3} = \frac{4}{9}$; $\frac{11}{15} + \frac{4}{5} = 1\frac{8}{15}$

M Ü N C H E N

20

a)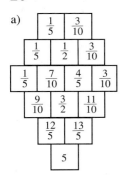

b)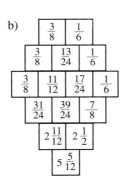

21 ✳ ✎

a) $\boxed{\frac{1}{3}}$ b) $\frac{2}{5}$ c) $\boxed{\frac{4}{9}}$ d) $\frac{3}{8}$

   $\boxed{\frac{2}{5}}$ $\boxed{\frac{1}{3}}$ $\boxed{\frac{2}{7}}$ $\frac{1}{6}$

22

a) $\boxed{\frac{4}{5}}$ b) $\boxed{\frac{2}{5}}$ c) $\boxed{\frac{5}{8}}$ d) $\frac{7}{10}$

   $\frac{6}{7}$ $\frac{3}{4}$ $\frac{5}{12}$ $\frac{7}{9}$

23

a)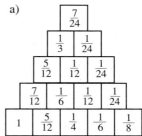

b) Pyramide:
- $\frac{7}{16}$
- $\frac{5}{8}$, $\frac{3}{16}$
- $\frac{7}{8}$, $\frac{2}{8}$, $\frac{1}{16}$
- $1\frac{1}{4}$, $\frac{3}{8}$, $\frac{7}{8}$, $\frac{1}{16}$
- $2\frac{1}{2}$, $1\frac{1}{4}$, $\frac{7}{8}$, $\frac{3}{4}$, $\frac{11}{16}$

Seite 69

☐

–	$\frac{2}{7}$	$\frac{3}{8}$	$\frac{1}{9}$	$\frac{3}{10}$
$\frac{1}{2}$	$\frac{3}{14}$	$\frac{1}{8}$	$\frac{7}{18}$	$\frac{1}{5}$
$\frac{2}{3}$	$\frac{8}{21}$	$\frac{7}{24}$	$\frac{5}{9}$	$\frac{11}{30}$
$\frac{4}{5}$	$\frac{18}{35}$	$\frac{17}{40}$	$\frac{31}{45}$	$\frac{1}{2}$
$\frac{5}{6}$	$\frac{23}{42}$	$\frac{11}{24}$	$\frac{13}{18}$	$\frac{8}{15}$
$\frac{7}{8}$	$\frac{33}{56}$	$\frac{1}{2}$	$\frac{55}{72}$	$\frac{23}{40}$
$\frac{8}{9}$	$\frac{38}{63}$	$\frac{37}{72}$	$\frac{7}{9}$	$\frac{53}{90}$
$\frac{9}{10}$	$\frac{43}{70}$	$\frac{21}{40}$	$\frac{71}{90}$	$\frac{3}{5}$
$\frac{10}{11}$	$\frac{48}{77}$	$\frac{47}{88}$	$\frac{79}{99}$	$\frac{67}{110}$

Randspalte ✳ ✎

$\boxed{\frac{5}{6}} - \boxed{\frac{11}{18}} = \boxed{\frac{2}{9}}$

24 ✳

a) $\frac{5}{8} + \boxed{\frac{12}{40}} \left(\frac{3}{10} \right) = \frac{37}{40}$ b) $\boxed{\frac{17}{30}} + \frac{4}{15} = \frac{5}{6}$

   $\frac{4}{9} + \boxed{\frac{15}{36}} \left(\frac{5}{12} \right) = \frac{31}{36}$ $\boxed{\frac{27}{50}} + \frac{3}{10} = \frac{21}{25}$

c) $\boxed{\frac{35}{60}} \left(\frac{7}{12} \right) + \frac{2}{5} = \frac{59}{60}$ d) $\frac{1}{5} + \boxed{\frac{17}{40}} = \frac{5}{8}$

   $\boxed{\frac{19}{56}} + \frac{3}{8} = \frac{5}{7}$ $\frac{4}{5} + \boxed{\frac{7}{60}} = \frac{11}{12}$

25

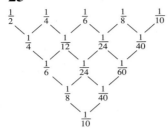

26

a) $\frac{4}{5} - \frac{7}{9} = \frac{1}{45}$ b) $\frac{7}{8} - \frac{2}{3} = \frac{5}{24}$

c) $\frac{2}{7} - \frac{3}{11} = \frac{1}{77}$ d) $\frac{7}{11} - \frac{5}{8} = \frac{1}{88}$

e) $\frac{9}{25} - \frac{4}{15} = \frac{7}{75}$ f) $\frac{6}{13} - \frac{4}{9} = \frac{2}{117}$

g) $\frac{7}{12} - \frac{11}{20} = \frac{1}{30}$ h) $\frac{2}{5} - \frac{8}{21} = \frac{2}{105}$

i) $\frac{19}{24} - \frac{7}{10} = \frac{11}{120}$

27

a) $\boxed{\frac{4}{5} - \frac{3}{10} = \frac{1}{2}} > \boxed{\frac{2}{3} - \frac{3}{8} = \frac{7}{24}} > \boxed{\frac{5}{6} - \frac{5}{8} = \frac{5}{24}} > \boxed{\frac{3}{4} - \frac{2}{3} = \frac{1}{12}}$

b) $\boxed{\frac{5}{6} - \frac{4}{9} = \frac{35}{90}} > \boxed{\frac{5}{9} - \frac{3}{10} = \frac{23}{90}} > \boxed{\frac{13}{18} - \frac{8}{15} = \frac{17}{90}} > \boxed{\frac{1}{20} - \frac{1}{30} = \frac{1}{60}}$

c) $\boxed{\frac{9}{10} - \frac{5}{12} = \frac{58}{120}} > \boxed{\frac{3}{8} - \frac{2}{15} = \frac{29}{120}} > \boxed{\frac{3}{4} - \frac{11}{20} = \frac{24}{120}} > \boxed{\frac{11}{12} - \frac{4}{5} = \frac{14}{120}}$

28

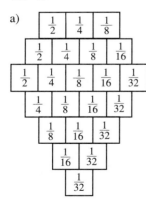

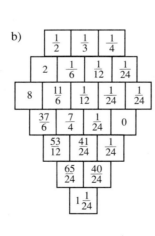

29

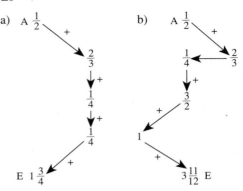

30

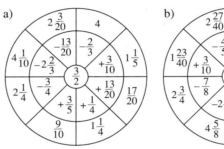

31

4 rote Quadrate $\triangleq \frac{4}{20}$

3 blaue Quadrate $\triangleq \frac{3}{15}$ $\}$ $\frac{12}{60} + \frac{12}{60} + \frac{10}{60} = \frac{34}{60}$

2 grüne Quadrate $\triangleq \frac{2}{12}$

Es bleiben $\frac{26}{60} = \frac{13}{30}$ des Rechtecks frei!

32

a)

$\frac{1}{2}$	$\frac{2}{5}$	$\frac{3}{4}$	$\frac{1}{4}$
$\frac{3}{20}$	$\frac{17}{20}$	$\frac{3}{10}$	$\frac{3}{5}$
$\frac{9}{20}$	$\frac{11}{20}$	$\frac{1}{5}$	$\frac{7}{10}$
$\frac{4}{5}$	$\frac{1}{10}$	$\frac{13}{20}$	$\frac{7}{20}$

$1\frac{9}{10}$ / $1\frac{9}{10}$

b)

$\frac{5}{8}$	$1\frac{1}{2}$	$1\frac{3}{4}$	$\frac{7}{8}$
$1\frac{7}{8}$	$\frac{3}{4}$	$\frac{1}{2}$	$1\frac{5}{8}$
1	$2\frac{1}{8}$	$1\frac{3}{8}$	$\frac{1}{4}$
$1\frac{1}{4}$	$\frac{3}{8}$	$1\frac{1}{8}$	2

$4\frac{3}{4}$

Rechengesetze der Addition. Rechenvorteile

Seite 70

33

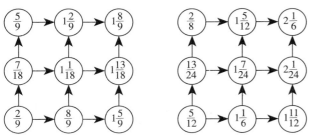

34

1 kg + $\frac{1}{2}$ kg + $\frac{1}{4}$ kg + $\frac{1}{5}$ kg = $1\frac{19}{20}$ kg = 1950 g

35

a) $\frac{1}{10}$ m ≙ 10 cm   b) $\frac{2}{10}$ m ≙ 20 cm   c) $\frac{1}{10}$ m ≙ 10 cm

36

$\frac{1}{25} + \frac{1}{20} + \frac{3}{5} = \frac{4+5+60}{100} = \frac{69}{100}$; $1 - \frac{69}{100} = \frac{31}{100}$

Hier kann im Unterrichtsgespräch herausgearbeitet werden, daß fast $\frac{1}{3}$ des Landes Wüste und Ödland sind.

37

($1\frac{1}{2}$ kg + $1\frac{1}{4}$ kg + $\frac{3}{4}$ kg) · 2 − $\frac{1}{10}$ kg = $6\frac{9}{10}$ kg

6900 g Marmelade

38

$3\frac{1}{2}$ l + $\frac{3}{4}$ l + $\frac{7}{10}$ l + $\frac{7}{10}$ l = $5\frac{13}{20}$ l → Gesamtmenge: 5650 ml

---

Knobelei

$\frac{1}{2}$ von 20 = 10 K; $\frac{1}{4}$ von 20 = 5 K; $\frac{1}{5}$ von 20 = 4 K;

10 + 4 + 5 = 19

Hintergrund: $\frac{1}{2} + \frac{1}{4} + \frac{1}{5} = \frac{19}{20}$, es fehlt also $\frac{1}{20}$ zu einem Ganzen. Damit sind 20 Kamele für eine ganzzahlige Aufteilung notwendig.

$\frac{10}{19} + \frac{5}{19} + \frac{4}{19} = 1$.

Die exakte Aufteilung nach dem Testament ist allerdings nicht eingehalten.

Die Abbildung zeigt hinter dem Reiter auf dem Dromedar die zur „Pyramidengruppe von Gise" (Ägypten) gehörende Chefrenpyramide (links) und Cheopspyramide (rechts).

Die quadratische Cheopspyramide ist mit 137 m Höhe (urspr.: 146,6 m) und 227,5 m Breite (urspr.: 230,38 m) die größte Pyramide Afrikas.

Die ägyptischen Gottkönige, die Pharaonen, ließen sich die Pyramiden schon zu Lebzeiten von einem Heer aus Sklaven als Grabmäler bauen.

(Näher kennen lernen werden die Schüler die Pyramiden in Klasse 7/Geschichte und Klasse 10/Mathematik.)

Kamele gehören zusammen mit den Dromedaren und anderen zur Familie der Camelidae. Kamele haben zwei Höcker, Dromedare nur einen.

In den Höckern wird Fett und nicht wie oft fälschlicherweise behauptet Wasser gespeichert. Dieses wird in speziellen zur Wasserspeicherung fähigen Zellen der Magenwände gespeichert. Dromedare eignen sich besonders als Last- und Reittiere in der Wüste, da sie äußerst genügsam sind und bis zu einer Woche ohne Wasser leben können. Gegen Sandstürme schützen sie sich durch das Verschließen der Nasenlöcher.

Derwisch: Angehöriger eines religiösen islamischen Ordens.

3 Rechengesetze der Addition. Rechenvorteile

Seite 71

1

$\frac{3}{8}$ l + $\frac{1}{4}$ l = $\frac{5}{8}$ l, ebenso $\frac{1}{4}$ l + $\frac{3}{8}$ l = $\frac{5}{8}$ l

2

a) $1\frac{1}{2}$; $1\frac{1}{2}$ b) $1\frac{2}{5}$; $1\frac{3}{4}$ c) $2\frac{1}{2}$; $2\frac{2}{5}$

3

a) $2\frac{1}{3}$; $3\frac{3}{5}$ b) $\frac{4}{6} = \frac{2}{3}$; $\frac{8}{8} = 1$

c) $\frac{18}{15} = \frac{6}{5} = 1\frac{1}{5}$; $\frac{6}{10} = \frac{3}{5}$

Seite 72

4

+	$\frac{1}{2}$	$\frac{1}{3}$	$\frac{1}{4}$	$\frac{1}{5}$
$\frac{1}{2}$	1	$\frac{5}{6}$	$\frac{3}{4}$	$\frac{7}{10}$
$\frac{1}{3}$	$\frac{5}{6}$	$\frac{2}{3}$	$\frac{7}{12}$	$\frac{8}{15}$
$\frac{1}{4}$	$\frac{3}{4}$	$\frac{7}{12}$	$\frac{1}{2}$	$\frac{9}{20}$
$\frac{1}{5}$	$\frac{7}{10}$	$\frac{8}{15}$	$\frac{9}{20}$	$\frac{2}{5}$

Das Vertauschungsgesetz erkennt man an der Symmetrie der Summenwerte bezüglich der Diagonale.

5

a) $1\frac{3}{8}$ b) $1\frac{1}{2}$ c) $1\frac{2}{3}$ d) $1\frac{1}{7}$ e) 1   f) $\frac{2}{3}$

6

a)

(I) Σ = $5\frac{11}{12}$

(II) Σ_{min} = $5\frac{7}{12}$

(III) Σ = $7\frac{1}{6}$

(IV) Σ = 7

(V) Σ = $6\frac{2}{3}$
(VI) Σ_{max} = $10\frac{5}{12}$
(VII) Σ = $8\frac{5}{6}$
(VIII) Σ = $7\frac{1}{12}$

b)

weitere Reihenfolge wie in a)

(I) Σ = $5\frac{2}{3}$ (II) Σ = $5\frac{37}{60}$ (III) Σ = $4\frac{7}{15}$

Σ_{min} = $4\frac{4}{15}$ (V) Σ = $4\frac{23}{30}$

Σ_{max} = $8\frac{43}{60}$ (VII) Σ = $6\frac{7}{15}$

Σ = $5\frac{1}{6}$ (VIII) Σ = $7\frac{7}{60}$

7

a) $1\frac{1}{3}$ b) $1\frac{3}{5}$ c) $1\frac{1}{2}$ d) $1\frac{3}{10}$ e) $2\frac{6}{7}$ f) 1

8

a) $2\frac{3}{4}$ b) $3\frac{2}{5}$ c) $4\frac{2}{7}$ d) $6\frac{3}{8}$ e) 7   f) 7

9

a) $\frac{7}{8}$ b) $\frac{7}{12}$ c) $\frac{23}{24}$ d) $1\frac{1}{12}$ e) $\frac{61}{36}$ = $1\frac{25}{36}$
f) $2\frac{13}{60}$ g) $2\frac{83}{120}$ h) $1\frac{29}{60}$

10

a) $\frac{23}{60}$ b) $\frac{1}{60}$ c) $1\frac{32}{45}$ d) $\frac{12}{25}$ e) $\frac{11}{18}$
f) $1\frac{19}{36}$ g) $2\frac{7}{24}$ h) $1\frac{19}{160}$

11

rechts herum: $\frac{3}{5} + \frac{1}{2} - \frac{1}{4} + \frac{3}{8} - \frac{4}{5} + \frac{3}{4} = 1\frac{7}{40}$

links herum: $\frac{3}{5} + \frac{3}{4} - \frac{4}{5} + \frac{3}{8} - \frac{1}{4} + \frac{1}{2} = 1\frac{7}{40}$

Seite 73

12

a) $6\frac{3}{4}$ b) 7   c) $10\frac{1}{2}$ d) $13\frac{3}{4}$
e) $7\frac{2}{10}$ = $7\frac{1}{5}$ f) 1   g) $3\frac{3}{10}$ h) $2\frac{9}{14}$

13

a) $7\frac{1}{2}$ b) $7\frac{2}{5}$ c) $7\frac{2}{3}$ d) $7\frac{1}{3}$
e) 4   f) $9\frac{2}{3}$ g) 10   h) 7

14

a) $2\frac{1}{5}$ b) $3\frac{3}{5}$ c) $5\frac{3}{4}$ d) $5\frac{3}{8}$
e) $5\frac{3}{8}$ f) $10\frac{1}{4}$ g) $6\frac{1}{2}$ h) $8\frac{1}{8}$

15

Aufgabe mit roter Karte.

a) $\frac{5}{8} - \left(\frac{1}{2} - \frac{1}{4}\right) = \frac{3}{8}$ b) $\frac{7}{8} - \left(\frac{1}{2} + \frac{1}{6}\right) = \frac{5}{24}$
c) $\frac{7}{9} - \left(\frac{5}{12} + \frac{1}{4}\right) = \frac{1}{9}$ d) $11\frac{1}{2} - \left(8\frac{2}{3} - \frac{5}{6}\right) = 3\frac{2}{3}$
e) $\left(5\frac{2}{3} - 3\frac{1}{2}\right) - \frac{5}{6} = 1\frac{1}{3}$

Bei e) bräuchte man bei Anwendung der Rechenregel „von links nach rechts" keine Klammer.

Rechengesetze der Addition. Rechenvorteile

16
a) $\frac{4}{6} + \frac{5}{6} + \frac{4}{8} = 2$
b) $\frac{1}{2} + 1 + \frac{3}{4} = 2\frac{1}{4}$
c) $1\frac{1}{4} + \frac{3}{36} = 1\frac{1}{3}$
d) $2\frac{5}{6} + \frac{11}{33} = 3\frac{1}{6}$
e) $\frac{6}{30} + \frac{29}{30} + \frac{2}{18} + \frac{5}{18} = \frac{35}{30} + \frac{7}{18} = \frac{7}{6} + \frac{7}{18} = \frac{28}{18} = 1\frac{5}{9}$
f) $\frac{35}{88} + \frac{40}{88} + \frac{13}{8} = \frac{75}{88} + \frac{143}{88} = \frac{218}{88} = 2\frac{21}{44}$

17

$\frac{1}{2} + \frac{3}{4} = 1\frac{1}{4}$

$1\frac{1}{4} + 2\frac{1}{8} = 3\frac{3}{8}$

$3\frac{3}{8} + \frac{7}{4} = 5\frac{1}{8}$

$5\frac{1}{8} - 2\frac{1}{24} = 3\frac{1}{12}$

$3\frac{1}{12} - \frac{5}{6} = 2\frac{1}{4}$

$2\frac{1}{4} + 2\frac{3}{4} = \boxed{5}$

$\frac{5}{6} + \frac{2}{3} = 1\frac{1}{2}$

$1\frac{1}{2} + \frac{11}{12} = 2\frac{5}{12}$

$2\frac{5}{12} - 1\frac{1}{2} = \frac{11}{12}$

$\frac{11}{12} + \frac{23}{24} = 1\frac{7}{8}$

$1\frac{7}{8} - \frac{9}{16} = 1\frac{5}{16}$

$1\frac{5}{16} + 2\frac{11}{16} = \boxed{4}$

Experimentieren mit Brüchen

a) $\frac{1}{2} - \frac{1}{3} = \frac{1}{6}$
$\frac{1}{3} - \frac{1}{4} = \frac{1}{12}$
$\frac{1}{4} - \frac{1}{5} = \frac{1}{20}$
$\frac{1}{5} - \frac{1}{6} = \frac{1}{30}$
$\vdots \quad \vdots \quad \vdots$

Der Zähler des Differenzwertes ist 1, der Nenner das Produkt der beiden Ausgangsnenner!

$\frac{1}{n} - \frac{1}{n+1} = \frac{1}{n(n+1)}$

b) $\frac{3}{4} - \frac{3}{5} = \frac{3}{20}$
$\frac{3}{6} - \frac{3}{7} = \frac{3}{42} = \frac{1}{14}$
$\frac{3}{7} - \frac{3}{8} = \frac{3}{56}$
$\frac{3}{8} - \frac{3}{9} = \frac{3}{72} = \frac{1}{24}$
$\frac{3}{9} - \frac{3}{10} = \frac{3}{90} = \frac{1}{30}$
$\vdots \quad \vdots \quad \vdots$

c) $\frac{10}{11} - \frac{9}{10} = \frac{1}{110}$
$\frac{9}{10} - \frac{8}{9} = \frac{1}{90}$
$\frac{8}{9} - \frac{7}{8} = \frac{1}{72}$
$\frac{7}{8} - \frac{6}{7} = \frac{1}{56}$
$\frac{6}{7} - \frac{5}{6} = \frac{1}{42}$
$\vdots \quad \vdots \quad \vdots$

$\frac{n}{n+1} - \frac{n-1}{n} = \frac{1}{n(n+1)}$

Der Zähler des Differenzwertes ist 3, der Nenner das Produkt der beiden Ausgangsnenner!

Der Zähler des Differenzwertes ist 1, der Nenner das Produkt der beiden Ausgangsnenner!

$1 + \frac{1}{2} = \frac{3}{2}$

$1 + \frac{1}{2} + \frac{1}{4} = 1\frac{3}{4}$

$1 + \frac{1}{2} + \frac{1}{4} + \frac{1}{8} = 1\frac{7}{8}$

Es kommt jeweils die Hälfte des vorhergehenden Summanden hinzu.
Der Summenwert nähert sich asymptotisch der Zahl 2.

$3 - 1 = 2 = \frac{2}{1}$

$3 - \left(1 + \frac{2}{3}\right) = 1\frac{1}{3} = \frac{4}{3}$

$3 - \left(1 + \frac{2}{3} + \frac{4}{9}\right) = \frac{8}{9}$

$3 - \left(1 + \frac{2}{3} + \frac{4}{9} + \frac{8}{27}\right) = \frac{16}{27}$

$3 - \left(1 + \frac{2}{3} + \frac{4}{9} + \frac{8}{27} + \frac{16}{81}\right) = \frac{32}{81}$

Zähler verdoppelt sich jeweils, Nenner dagegen verdreifacht sich.

$3 - \left(1 + \frac{2}{3} + \ldots + \left(\frac{2}{3}\right)^n\right) = 3 - \frac{1 - \left(\frac{2}{3}\right)^{n+1}}{1 - \frac{2}{3}} = 2 \cdot \frac{2n}{3^n}$

$\frac{3}{2} - 1 = \frac{1}{2}$

$\frac{3}{2} - 1 - \frac{1}{3} = \frac{1}{6}$

$\frac{3}{2} - 1 - \frac{1}{3} - \frac{1}{9} = \frac{1}{18}$

$\frac{3}{2} - 1 - \frac{1}{3} - \frac{1}{9} - \frac{1}{27} = \frac{1}{54}$

$\frac{3}{2} - 1 - \frac{1}{3} - \frac{1}{9} - \frac{1}{27} - \frac{1}{81} = \frac{1}{162}$

Nenner wird jeweils verdreifacht.

$\frac{3}{2} - \left(1 + \frac{1}{3} + \ldots + \frac{1}{3^n}\right) = \frac{1}{2 \cdot 3^n}$

$1 - \frac{1}{2} + \frac{1}{4} - \frac{1}{8} + \frac{1}{16} - \frac{1}{32} + \frac{1}{64} = \frac{43}{64}$

$1 - \frac{1}{2} + \frac{1}{4} - \frac{1}{8} + \frac{1}{16} - \frac{1}{32} + \frac{1}{64} - \frac{1}{128} = \frac{85}{128}$

Die Differenz zu $\frac{1}{2}$ nähert sich immer mehr dem Wert $\frac{1}{6}$ an.

Seite 74

18

a) (I) $1\frac{1}{3} + \frac{5}{6} - \frac{3}{9} + \frac{1}{2} + \frac{5}{6} = 3\frac{1}{6}$

   (II) $\frac{5}{6} + \frac{1}{2} + \frac{3}{9} - \frac{5}{6} + 1\frac{1}{3} = 2\frac{1}{6}$

b) (I) $\frac{1}{12} + 2\frac{2}{3} - 1\frac{1}{2} + \frac{5}{8} + 1\frac{3}{4} = 3\frac{7}{24}$

   (II) $1\frac{3}{4} + \frac{5}{8} + 1\frac{1}{2} - 2\frac{1}{3} + \frac{1}{12} = 1\frac{5}{8}$

19

a) $(2+4) + \left(\frac{1}{5} + \frac{7}{15}\right) + \frac{1}{10} = 6 + \left(\frac{20}{30} + \frac{3}{30}\right) = 6\frac{23}{30}$

b) $5\frac{1}{12} + \left(\frac{9}{8} + \frac{11}{24}\right) + \left(1\frac{3}{4} + \frac{3}{2}\right) = 5\frac{1}{12} + \frac{38}{24} + 3\frac{3}{4}$
$= \left(5\frac{1}{12} + \frac{19}{12}\right) + 3\frac{3}{4} = 5\frac{20}{12} + 3\frac{3}{4} = 6\frac{8}{12} + 3\frac{3}{12} = 9\frac{11}{12}$

c) $\left(1\frac{6}{7} + \frac{6}{7}\right) + \frac{4}{3} + \left(\frac{20}{21} + \frac{35}{42}\right) = 2\frac{5}{7} + \frac{4}{3} + \frac{75}{42}$
$= \left(2\frac{30}{42} + \frac{75}{42}\right) + \frac{4}{3} = 4\frac{21}{42} + \frac{4}{3} = 4\frac{1}{2} + \frac{4}{3} = 5\frac{5}{6}$

20

a) $1 - \left(\frac{1}{3} + \frac{1}{4} + \frac{1}{12}\right) = 1 - \frac{2}{3} = \frac{1}{3}$

b) $1 - \left(\frac{1}{2} + \frac{1}{8} + \frac{5}{6}\right) = 1 - \frac{15}{16} = \frac{1}{16}$

c) $2 - \left(\frac{1}{10} - \frac{1}{20} - \frac{1}{80}\right) = 2 - \frac{13}{80} = 1\frac{67}{80}$

d) $4 - \left(\frac{2}{3} + \frac{5}{6} + \frac{11}{24}\right) = 4 - \frac{47}{24} = 2\frac{1}{24}$

e) $3 - \left(\frac{1}{5} + \frac{3}{25} + \frac{7}{75}\right) = 3 - \frac{31}{75} = 2\frac{44}{75}$

f) $6\frac{1}{9} - \left(\frac{4}{9} + \frac{3}{4} + \frac{29}{36}\right) = 6\frac{1}{9} - 2 = 4\frac{1}{9}$

g) $12\frac{1}{6} - \left(\frac{8}{15} + \frac{11}{10} + \frac{4}{3}\right) = 12\frac{1}{6} - 2\frac{29}{30} = 9\frac{1}{5}$

h) $25 - \left(\frac{21}{25} + \frac{31}{50} + \frac{51}{75}\right) = 25 - 2\frac{7}{50} = 22\frac{43}{50}$

21

a) $\left(\frac{2}{4} + \frac{3}{4}\right) + \frac{2}{3} + \left(\frac{5}{6} - \frac{1}{6}\right) = \frac{5}{4} + \frac{4}{3} = 2\frac{7}{12}$

b) $\left(\frac{2}{5} + 1\frac{1}{5}\right) + \frac{7}{5} + \left(1 - \frac{9}{10}\right) = 1\frac{3}{5} + \frac{7}{5} + \frac{1}{10} = 3\frac{1}{10}$

c) $\left(1\frac{1}{3} + 2\frac{1}{3} - \frac{1}{3}\right) + \left(\frac{3}{6} + \frac{5}{6}\right) = 3\frac{1}{3} + \frac{8}{6} = 3\frac{1}{3} + 1\frac{1}{3} = 4\frac{2}{3}$

d) $\left(\frac{3}{100} + \frac{17}{100}\right) + \left(2\frac{1}{10} - 1\frac{1}{10}\right) + \frac{7}{10} = \frac{20}{100} + 1 + \frac{7}{10}$
$= 1 + \left(\frac{20}{100} + \frac{70}{100}\right) = 1 + \frac{90}{100} = 1\frac{9}{10}$

22

$3\frac{3}{4} t + 2\frac{1}{4} t + 3\frac{1}{4} t = 9\frac{1}{4} t$

23

$1\frac{1}{3} t + 2\frac{3}{4} t + 2\frac{1}{2} t + 1\frac{1}{6} t + 2\frac{3}{8} t = \left(1\frac{2}{6} t + 1\frac{1}{6} t\right)$
$+ \left(2\frac{6}{8} t + 2\frac{3}{8} t\right) + 2\frac{1}{2} t = \left(2\frac{1}{2} t + 2\frac{1}{2} t\right) + 5\frac{1}{8} t = 10\frac{1}{8} t$

Nein, das Ladegewicht von 12 t wird nicht überschritten.

24

$3\frac{1}{4} h + 2\frac{1}{2} h + \frac{5}{4} h + 1\frac{1}{6} h$ Üb: ≈ 8 h
$= 8\frac{1}{6} h = 8 h\ 10\ min$

25 ✽

Man setze, da alle drei Teilstücke gleich lang sind, als Maßzahl 1 →

	I. Tag		II. Tag		III. Tag	
	1 Teilstück	+	1 Teilstück	+	1 Teilstück	= 3 Teilstücke
	$1 + \frac{1}{3}$	+	$1 - \frac{1}{4}$	+	?	= 3 Teilstücke
	$1\frac{1}{3}$		$\frac{3}{4}$			
	$1\frac{4}{12}$	+	$\frac{9}{12}$	+	?	= 3 Teilstücke
	$2\frac{1}{12}$			+	?	= 3 Teilstücke
					?	$= 3 - 2\frac{1}{12}$
						$= \frac{11}{12}$ Teilstücke

Am letzten Tag bleiben der Frau noch $\frac{11}{12}$ der für diesen Tag geplanten Strecke!

Ägyptische Bruchrechnung

Unsere Kenntnisse über die ägyptische Bruchrechnung gehen im Wesentlichen auf den Papyrus Rhind zurück, den der ägyptische Schreiber Ahmes zwischen 1800 und 1600 v. Chr. von einem etwa 100 Jahre älteren Handbuch abschrieb.

Der englische Forscher Rhind erwarb in der Mitte des 19. Jahrhunderts die 5,5 m lange und 30 cm hohe Papyrusrolle und schenkte sie dem Britischen Museum London.

Die ägyptische Bruchrechnung kennt nur Stammbrüche (mit dem Zähler 1) und als einzigen Nichtstammbruch $\frac{2}{3}$, den Ergänzungsbruch zu $\frac{1}{3}$.

Der Stammbruch ist eine anschauliche Vorstellung des Bruches, da das Ganze in n-Teile „zerbrochen" wird; 1 Teil davon ist der Bruch $\frac{1}{n}$. Alle anderen Brüche wie $\frac{3}{7}$ werden auf Vielfache $3 \cdot \frac{1}{7}$ zurückgeführt.

Diese Bruchauffassung wird in der ägyptischen Bruchschreibweise deutlich:

Vervielfachen von Brüchen   74–76

$\frac{1}{12} = \overline{12}$, $\frac{1}{8} = \overline{8}$, wobei der Strich über der Zahl aus dem Zeichen für Teil („Mund") hervorgegangen ist.

Umgang mit Brüchen:
Tritt beim Rechnen ein einfacher Nichtstammbruch wie $\frac{3}{7}$ auf, so wird er zerlegt in $\frac{1}{7} + \frac{2}{7}$, in ägyptischer Schreibweise $\overline{7}\ \overline{\overline{7}}$.
Für alle Brüche $\frac{2}{n}$ mit dem ungeraden Nenner n = 1, 3, 5, ..., 101 besaßen die Ägypter feste Stammbruchzerlegungen wie etwa $\frac{2}{7} = \frac{1}{4} + \frac{1}{28}$.
Eine allgemeine Stammbruchzerlegung kann so erklärt werden: $\frac{2}{n} = \frac{2}{a \cdot b} = \frac{1}{n \cdot a} + \frac{1}{n \cdot b}$, dabei ist n = $\frac{a+b}{2}$.

Die Aufgabenstellung soll ohne jeden Algorithmus durchgeführt werden. Probieren steht im Vordergrund.

a) $\frac{3}{4} = \frac{1}{2} + \frac{1}{4}$ b) $\frac{5}{6} = \frac{1}{2} + \frac{1}{3}$ c) $\frac{3}{8} = \frac{1}{4} + \frac{1}{8}$
d) $\frac{7}{12} = \frac{3}{12} + \frac{4}{12} = \frac{1}{4} + \frac{1}{3}$ e) $\frac{5}{9} = \frac{9}{18} + \frac{1}{18} = \frac{1}{2} + \frac{1}{18}$
f) $\frac{11}{12} = \frac{6}{12} + \frac{3}{12} + \frac{2}{12} = \frac{1}{2} + \frac{1}{4} + \frac{1}{6}$
g) $\frac{17}{18} = \frac{9}{18} + \frac{6}{18} + \frac{2}{18} = \frac{1}{2} + \frac{1}{3} + \frac{1}{9}$
h) $\frac{19}{20} = \frac{10}{20} + \frac{5}{20} + \frac{4}{20} = \frac{1}{2} + \frac{1}{4} + \frac{1}{5}$

4 Vervielfachen von Brüchen

Seite 75

1

35 g · 3 = 105 g Pulverkaffee

$\frac{1}{5} l \cdot 3 = \frac{3}{5} l$ Sahne

$\frac{3}{8} l \cdot 3 = \frac{9}{8} l = 1\frac{1}{8} l$ Milch

$2\frac{1}{3}$ Eßlöffel · 3 = $\frac{21}{3}$ Eßlöffel = 7 Eßlöffel Zucker

$\frac{1}{4}$ Stange · 3 = $\frac{3}{4}$ Stange Vanille

2 Eigelb · 3 = 6 Eigelb

2

a) $\frac{2}{5} + \frac{2}{5} = \frac{4}{5}$
b) $\frac{3}{10} + \frac{3}{10} + \frac{3}{10} = \frac{9}{10}$
c) $\frac{1}{7} + \frac{1}{7} + \frac{1}{7} + \frac{1}{7} = \frac{4}{7}$
d) $\frac{1}{2} + \frac{1}{2} + \frac{1}{2} + \frac{1}{2} = 2$
e) $\frac{2}{3} + \frac{2}{3} + \frac{2}{3} + \frac{2}{3} = 2\frac{2}{3}$
f) $\frac{4}{5} + \frac{4}{5} + \frac{4}{5} + \frac{4}{5} + \frac{4}{5} = \frac{20}{5} = 4$
g) $\frac{5}{8} + \frac{5}{8} + \frac{5}{8} + \frac{5}{8} + \frac{5}{8} = \frac{25}{8} = 3\frac{1}{8}$
h) $\frac{3}{4} + \ldots + \frac{3}{4} = \frac{18}{4} = 4\frac{1}{2}$
i) $\frac{7}{9} + \ldots + \frac{7}{9} = \frac{49}{9} = 5\frac{4}{9}$

3

a) $\frac{4}{9}$ b) $\frac{7}{12}$ c) $\frac{6}{7}$ d) $\frac{10}{11}$
e) $\frac{8}{5} = 1\frac{3}{5}$ f) $\frac{36}{7} = 5\frac{1}{7}$ g) $\frac{16}{3} = 5\frac{1}{3}$ h) $\frac{21}{8} = 2\frac{5}{8}$
i) $\frac{63}{10} = 6\frac{3}{10}$ k) $\frac{4}{8} = \frac{1}{2}$ l) $\frac{30}{12} = 2\frac{1}{2}$ m) $\frac{36}{4} = 9$
n) $\frac{40}{6} = 6\frac{2}{3}$ o) $\frac{70}{8} = 8\frac{3}{4}$ p) $\frac{99}{12} = 8\frac{1}{4}$

4 ✏️

a) $\frac{3}{4} \rightarrow \frac{6}{4}, \frac{9}{4}, \frac{12}{4}, \frac{15}{4}$
   $1\frac{1}{2}, 2\frac{1}{4}, 3, 3\frac{3}{4}$
b) $\frac{3}{10} \rightarrow \frac{6}{10}, \frac{9}{10}, \frac{12}{10}, \frac{15}{10}$
   $\frac{3}{5}, \frac{9}{10}, 1\frac{1}{5}, 1\frac{1}{2}$
c) $\frac{5}{6} \rightarrow \frac{10}{6}, \frac{15}{6}, \frac{20}{6}, \frac{25}{6}$
   $1\frac{2}{3}, 2\frac{1}{2}, 3\frac{1}{3}, 4\frac{1}{6}$
d) $\frac{7}{11} \rightarrow \frac{14}{11}, \frac{21}{11}, \frac{28}{11}, \frac{35}{11}$
   $1\frac{3}{11}, 1\frac{10}{11}, 2\frac{6}{11}, 3\frac{2}{11}$
e) $\frac{4}{3} \rightarrow \frac{8}{3}, \frac{12}{3}, \frac{16}{3}, \frac{20}{3}$
   $2\frac{2}{3}, 4, 3\frac{1}{3}, 6\frac{2}{3}$
f) $\frac{5}{2} \rightarrow \frac{10}{2}, \frac{15}{2}, \frac{20}{2}, \frac{25}{2}$
   $5, 7\frac{1}{2}, 10, 12\frac{1}{2}$
g) $1\frac{1}{2} \rightarrow 3, 4\frac{1}{2}, 6, 7\frac{1}{2}$
h) $\frac{13}{9} \rightarrow \frac{26}{9}, \frac{39}{9}, \frac{52}{9}, \frac{65}{9}$
   $2\frac{8}{9}, 4\frac{1}{3}, 5\frac{7}{9}, 7\frac{2}{9}$
i) $\frac{35}{12} \rightarrow \frac{70}{12}, \frac{105}{12}, \frac{140}{12}, \frac{175}{12}$
   $5\frac{5}{6}, 8\frac{3}{4}, 11\frac{2}{3}, 14\frac{7}{12}$

5

a) 4, 9, 20, 13, $\frac{19}{2} = 9\frac{1}{2}$, $\frac{23}{3} = 7\frac{2}{3}$
b) 50, 75, 125, 95, 82, 150
c) 60, 150, 130, 66, 16, 35

Seite 76

6

a) 2   b) 6   c) 6
d) $\frac{30}{11} = 2\frac{8}{11}$ e) $\frac{9}{2} = 4\frac{1}{2}$ f) $\frac{5}{3} = 1\frac{2}{3}$
g) $\frac{35}{8} = 4\frac{3}{8}$ h) $\frac{39}{4} = 9\frac{3}{4}$ i) $\frac{22}{3} = 7\frac{1}{3}$

7
a) $1\frac{1}{2}$ kg
b) 3 kg
c) $\frac{28}{5}$ m $= 5\frac{3}{5}$ m
d) $\frac{16}{5}$ m $= 3\frac{1}{5}$ m
e) $\frac{9}{2}$ l $= 4\frac{1}{2}$ l
f) $8\frac{3}{4}$ l
g) $21\frac{1}{4}$ m²
h) 21 m²
i) $25\frac{1}{2}$ m²

8
a) $5 \cdot \frac{\boxed{2}}{7} = \frac{10}{7}$
b) $3 \cdot \frac{\boxed{4}}{5} = \frac{12}{5}$
c) $7 \cdot \frac{\boxed{7}}{20} = \frac{49}{20}$
d) $8 \cdot \frac{\boxed{7}}{15} = \frac{56}{15}$
e) $16 \cdot \frac{\boxed{3}}{35} = \frac{48}{35} = 1\frac{13}{35}$
f) $15 \cdot \frac{\boxed{5}}{16} = \frac{75}{16} = 4\frac{11}{16}$

9 ✻
a) $3 \cdot \frac{5}{\boxed{9}} = \frac{5}{3}$
b) $5 \cdot \frac{9}{\boxed{10}} = \frac{9}{2}$
c) $5 \cdot \frac{7}{\boxed{40}} = \frac{7}{8}$
d) $12 \cdot \frac{5}{\boxed{9}} = \frac{20}{3}$
e) $18 \cdot \frac{5}{\boxed{21}} = \frac{30}{7}$
f) $30 \cdot \frac{9}{\boxed{35}} = \frac{54}{7}$

10
Angegeben wird hier jeweils nur eine der möglichen Lösungen.
a) $7 \cdot \frac{\boxed{8}}{\boxed{11}} = \frac{56}{11}$
b) $11 \cdot \frac{7}{\boxed{12}} = \frac{77}{\boxed{12}}$
c) $8 \cdot \frac{6}{\boxed{7}} = \frac{\boxed{48}}{7}$
d) $\boxed{6} \cdot \frac{13}{15} = \frac{78}{\boxed{15}}$
e) $15 \cdot \frac{\boxed{7}}{\boxed{9}} = \frac{35}{3}$
f) $20 \cdot \frac{\boxed{9}}{14} = \frac{90}{\boxed{7}}$

11
a) Vervielfachen:
$\frac{1}{4} \cdot 4 = 1$; $\frac{3}{7} \cdot 4 = \frac{12}{7} = 1\frac{5}{7}$; $\frac{9}{16} \cdot 4 = \frac{9}{4} = 2\frac{1}{4}$;
$\frac{25}{34} \cdot 4 = \frac{50}{17} = 2\frac{16}{17}$; $\frac{52}{65} \cdot 4 = \frac{208}{65} = 3\frac{13}{65} = 3\frac{1}{5}$

Erweitern:
$\frac{1}{4} = \frac{4}{16}$; $\frac{3}{7} = \frac{12}{28}$; $\frac{9}{16} = \frac{36}{64}$; $\frac{25}{34} = \frac{100}{136}$; $\frac{52}{65} = \frac{208}{260}$

b) $\frac{1}{2} \cdot 15 = \frac{15}{2} = 7\frac{1}{2}$; $\frac{1}{3} \cdot 15 = 5$; $\frac{1}{5} \cdot 15 = 3$;
$\frac{3}{10} \cdot 15 = \frac{9}{2} = 4\frac{1}{2}$; $\frac{7}{12} \cdot 15 = \frac{35}{4} = 8\frac{3}{4}$.
$\frac{1}{2} = \frac{15}{30}$; $\frac{1}{3} = \frac{15}{45}$; $\frac{1}{5} = \frac{15}{75}$; $\frac{3}{10} = \frac{45}{150}$; $\frac{7}{12} = \frac{105}{180}$.

Ziel dieser Aufgabe muß weniger das Rechnen sein; vielmehr sollen die Schüler die beiden Rechenarten sowie die Unterschiede zwischen ihnen verbal beschreiben können.

12
a) 2mal, 4mal, 5mal, 10mal
b) 3mal, 4mal, 5mal, 8mal
c) 1mal, 5mal, 6mal, 10mal
d) 3mal, 24mal, 36mal, 21mal

13 ✻
a) $\frac{7}{8} \cdot 8 = 7$; $\frac{7}{8} \cdot 16 = 14$; $\frac{7}{8} \cdot 24 = 21$; ...

b) $\frac{3}{20} \cdot \boxed{7} = \frac{21}{20} = 1\frac{1}{20}$ $\frac{3}{20} \cdot \boxed{11} = 1\frac{13}{20}$
$\frac{3}{20} \cdot \boxed{8} = 1\frac{1}{5}$ $\frac{3}{20} \cdot \boxed{12} = 1\frac{4}{5}$
$\frac{3}{20} \cdot \boxed{9} = 1\frac{7}{20}$ $\frac{3}{20} \cdot \boxed{13} = 1\frac{19}{20}$
$\frac{3}{20} \cdot \boxed{10} = 1\frac{1}{2}$

c) $\frac{4}{9} \cdot 9 = 4$; $\frac{4}{9} \cdot 18 = 8$; $\frac{4}{9} \cdot 27 = 12$; ...

14

	20fach	25fach	75fach
$\frac{1}{5}$ mm	4 mm	5 mm	15 mm
$\frac{1}{10}$ mm	2 mm	$2\frac{1}{5}$ mm	$7\frac{1}{2}$ mm
$\frac{1}{15}$ mm	$1\frac{1}{3}$ mm	$1\frac{2}{3}$ mm	5 mm

Den Begriff der Zelle lernen die Schüler im Fach Biologie in Klasse 7 näher kennen.

15
Petra: $3 \cdot 1\frac{1}{2}$ h $= 4\frac{1}{2}$ h; Sven: $5 \cdot \frac{3}{4}$ h $= 3\frac{3}{4}$ h;
Petra trainiert eine $\frac{3}{4}$ h länger als Sven.

16
$9 \cdot 1\frac{1}{2}$ l $= 13\frac{1}{2}$ l

17
$5 \cdot \frac{7}{10}$ l $= 3\frac{1}{2}$ l

18
$(4 \cdot 6) \cdot \frac{3}{8}$ t $= 24 \cdot \frac{3}{8}$ t $= 9$ t

Teilen von Brüchen *77–78*

5 Teilen von Brüchen

Seite 77

1

$1l : 2 = \frac{1}{2} l$ Fruchtbowle; $\frac{1}{2} : 3 = \frac{1}{6} \rightarrow$ je $\frac{1}{6}$ Schüssel Schokoladencreme; $\frac{3}{2} : 2 = \frac{3}{4} \Rightarrow$ je $\frac{3}{4}$ Packung Chips.

2

a) $\frac{4}{3} : 2 = \frac{2}{3}$ b) $\frac{15}{6} : 3 = \frac{5}{6}$ c) $\frac{8}{3} : 4 = \frac{2}{3}$

d) $\frac{10}{7} : 5 = \frac{2}{7}$ e) $\frac{1}{4} : 6 = \frac{1}{24}$ f) $\frac{1}{5} : 7 = \frac{1}{35}$

3

a) $\frac{2}{5}, \frac{3}{11}, \frac{5}{13}$ b) $\frac{3}{10}, \frac{4}{14} = \frac{2}{7}, \frac{5}{19}$ c) $\frac{1}{7}, \frac{3}{20}, \frac{5}{37}$

d) $\frac{1}{6}, \frac{1}{12}, \frac{1}{20}$ e) $\frac{3}{28}, \frac{3}{20}, \frac{5}{24}$ f) $\frac{2}{20} = \frac{1}{10}, \frac{3}{32}, \frac{3}{40}, \frac{7}{36}$

Seite 78

□ ✳

:	2	· 5	12	20
$\frac{2}{5}$	$\frac{1}{5}$	$\frac{2}{25}$	$\frac{1}{30}$	$\frac{1}{50}$
$\frac{5}{9}$	$\frac{5}{18}$	$\frac{1}{9}$	$\frac{5}{108}$	$\frac{1}{36}$
$\frac{24}{7}$	$\frac{12}{7}$	$\frac{24}{35}$	$\frac{2}{7}$	$\frac{6}{35}$
$\frac{40}{41}$	$\frac{20}{41}$	$\frac{8}{41}$	$\frac{10}{123}$	$\frac{2}{41}$
$\frac{72}{85}$	$\frac{36}{85}$	$\frac{72}{425}$	$\frac{6}{85}$	$\frac{18}{425}$
$\frac{80}{111}$	$\frac{40}{111}$	$\frac{16}{111}$	$\frac{20}{333}$	$\frac{4}{111}$
$\frac{15}{144}$	$\frac{15}{288}$ ⇓ $\frac{5}{96}$	$\frac{3}{144}$ ⇓ $\frac{1}{48}$	$\frac{5}{576}$	$\frac{3}{576}$

4

a) $\frac{1}{3} \cdot \frac{1}{2} = \frac{1}{6}$ b) $\frac{1}{2} \cdot \frac{1}{2} = \frac{1}{4}$ c) $\frac{1}{4} \cdot \frac{1}{3} = \frac{1}{12}$

d) $\frac{1}{3} \cdot \frac{1}{4} = \frac{1}{12}$ e) $\frac{1}{5} \cdot \frac{1}{2} = \frac{1}{10}$ f) $\frac{1}{8} \cdot \frac{1}{3} = \frac{1}{24}$

5

a) $\frac{1}{4}$ b) $\frac{1}{8}$ c) $\frac{1}{24}$ d) $\frac{3}{7}$ e) $\frac{1}{14}$ f) $\frac{2}{21}$

g) $\frac{2}{33}$ h) $\frac{1}{33}$ i) $\frac{1}{33}$ k) $\frac{1}{80}$ l) $\frac{1}{75}$ m) $\frac{1}{78}$

6

a) $\frac{1}{18} \cdot 8 = \frac{4}{9}$ b) $\frac{1}{85} \cdot 15 = \frac{3}{17}$ c) $\frac{1}{30} \cdot 21 = \frac{7}{10}$

d) $\frac{1}{28} \cdot 24 = \frac{6}{7}$ e) $\frac{2}{33} \cdot 12 = \frac{8}{11}$ f) $\frac{9}{88} \cdot 8 = \frac{9}{11}$

g) $\frac{3}{34} \cdot 8 = \frac{12}{17}$ h) $\frac{1}{14} \cdot 9 = \frac{9}{14}$ i) $\frac{4}{85} \cdot 20 = \frac{16}{17}$

k) $\frac{1}{40} \cdot 26 = \frac{13}{20}$ l) $\frac{2}{95} \cdot 25 = \frac{10}{19}$ m) $\frac{5}{162} \cdot 30 = \frac{25}{27}$

7

a) $\frac{4}{5}, \frac{2}{5}, \frac{4}{15}, \frac{1}{5}, \frac{4}{25}, \frac{2}{15}$

b) $\frac{1}{4}, \frac{1}{8}, \frac{1}{16}, \frac{1}{32}, \frac{1}{64}$

c) $\frac{5}{18}, \frac{1}{6}, \frac{5}{36}, \frac{1}{12}, \frac{1}{54}$

d) $\frac{2}{15}, \frac{1}{15}, \frac{1}{30}, \frac{1}{60}, \frac{1}{150}$

8

a) $\frac{3}{4}$ kg $\cdot \frac{1}{2} = \frac{3}{8}$ kg = 375 g

b) $\frac{1}{2}$ h $\cdot \frac{1}{4} = \frac{1}{8}$ h = $7\frac{1}{2}$ min

c) $\frac{1}{2}$ km $\cdot \frac{1}{10} = \frac{1}{20}$ km = 50 m

d) $\frac{1}{5} l \cdot \frac{1}{8} = \frac{1}{40} l$ = 25 ml

e) $1\frac{1}{2}$ t $\cdot \frac{1}{3} = \frac{1}{2}$ t = 500 kg

f) $\frac{1}{2}$ h $\cdot \frac{1}{5} = \frac{1}{10}$ ha = 10 a

g) $\frac{1}{4}$ hl $\cdot \frac{1}{4} = \frac{1}{16}$ hl = $6\frac{1}{4} l$

9

a) $\frac{5}{12}$ m²   b) $\frac{7}{40}$ kg   c) $\frac{1}{16}$ t   d) $\frac{5}{8}$ m²

e) $\frac{1}{8}$ dm   f) $\frac{2}{11}$ ha   g) $\frac{17}{20}$ hl   h) $\frac{23}{64}$ t

10

a) $\frac{2}{3} : \boxed{3} = \frac{2}{9}$ b) $\frac{5}{6} : \boxed{4} = \frac{5}{24}$ c) $\frac{\boxed{5}}{7} : 4 = \frac{5}{28}$

d) $\frac{\boxed{2}}{13} : 9 = \frac{2}{117}$ e) $\frac{6}{7} : 5 = \frac{6}{35}$ f) $\frac{6}{\boxed{14}} : 5 = \frac{3}{35}$

11

Ziel der Aufgabe ist – wie schon bei Aufgabe 11, Seite 76 – weniger das Rechnen, als vielmehr die verbale

78-80   Multiplizieren von Brüchen

Beschreibung von gemeinsamen und unterschiedlichen Strukturmerkmalen der beiden Operationen.

a) $\frac{5}{45} : 5 = \frac{1}{45}$; $\frac{25}{90} : 5 = \frac{5}{90} = \frac{1}{18}$; $\frac{100}{135} : 5 = \frac{20}{135} = \frac{4}{27}$;
$\frac{185}{10} : 5 = \frac{37}{10}$

Kürzen mit 5:
$\frac{5}{45} = \frac{1}{9}$; $\frac{25}{90} = \frac{5}{18}$; $\frac{100}{135} = \frac{20}{27}$; $\frac{185}{10} = \frac{37}{2}$

b) $\frac{24}{32} : 8 = \frac{3}{32}$; $\frac{40}{88} : 8 = \frac{5}{88}$; $\frac{96}{72} : 8 = \frac{1}{6}$; $\frac{288}{112} : 8 = \frac{9}{28}$
$\frac{24}{32} = \frac{3}{4}$; $\frac{40}{88} = \frac{5}{11}$; $\frac{96}{72} = \frac{12}{9}$; $\frac{288}{112} = \frac{36}{14} = \frac{18}{7}$

12
a) $8\frac{3}{4}$ kg : 10 = $\frac{7}{8}$ kg   b) $7\frac{1}{2}$ kg : 10 = $\frac{3}{4}$ kg
c) $5\frac{3}{20}$ kg : 5 = $1\frac{3}{100}$ kg   d) $19\frac{1}{5}$ kg : 8 = $2\frac{2}{5}$ kg

13
$1\frac{1}{2}$ h : 5 = $\frac{3}{2}$: 5 = $\frac{3}{10}$ h $\triangleq$ 18 min
$1\frac{1}{2}$ h = 90 min; 90 min : 5 $\triangleq$ 18 min

14
Toni $3\frac{1}{2}$ km : 15 = $\frac{7}{2}$: 15 = $\frac{7}{30}$; $\frac{7}{30}$ km in 1 min
Heiner $5\frac{1}{4}$ km : 21 = $\frac{21}{4}$: 21 = $\frac{1}{4}$; $\frac{1}{4}$ km in 1 min
$\frac{7}{30} = \frac{14}{60}$ km pro Minute läuft Toni; $\frac{1}{4} = \frac{15}{60}$ km pro Minute läuft Heiner. Heiner läuft schneller als Toni.
Im Unterricht kann diskutiert werden, ob man diesen „geringen Unterschied" überhaupt sieht.
Die Berechnung ergibt dann, daß Heiner Toni auf 1000 m immerhin $16\frac{2}{3}$ m „abnimmt", also deutlich mehr, als ein Klassenzimmer lang ist.

6 Multiplizieren von Brüchen

Seite 79

1

$30 \cdot \frac{2}{5} = 12$; $12 \cdot \frac{1}{3} = 4$
Vier Schüler waren länger als einen Tag krank.

2

$\frac{3}{4} \cdot \frac{1}{5} = \frac{3}{20}$;

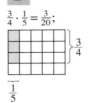

Der Anteil der Gemüsebeete am Gesamtgarten beträgt $\frac{3}{20}$.

3

a) mit 12 Kästchen
$\frac{2}{3} \cdot \frac{1}{4} = \frac{1}{6}$

b) mit 12 Kästchen
$\frac{3}{4} \cdot \frac{2}{3} = \frac{1}{2}$

c) mit 40 Kästchen
$\frac{1}{4} \cdot \frac{1}{10} = \frac{1}{40}$

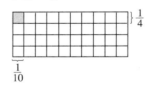

4
a) $\frac{1}{8}$ b) $\frac{4}{25}$ c) $\frac{3}{20}$ d) $\frac{12}{35}$ e) $\frac{9}{20}$ f) $\frac{8}{15}$ g) $\frac{8}{35}$ h) $\frac{10}{33}$

Seite 80

Randspalte
Adam Ries wurde 1492 in Staffelstein geboren und starb 1559 in Annaberg-Buchholz. Er wirkte als Rechenmeister und Hofarithmetikus u.a. in Zwickau, Erfurt und Annaberg, wo er ab 1528 auch Bergbeamter war.
Bekannt wurde er v.a. durch das Verfassen mehrerer Lehrbücher für das praktische Rechnen. Ihr lange Zeit

Multiplizieren von Brüchen

erheblicher Einfluß auf den Rechenunterricht an deutschen Schulen schlug sich auch in dem bekannten Spruch nieder: „Das macht nach Adam Riese...!"

Übersetzung der Quelle:

Multiplizieren in Gebrochenen
Die Zähler multipliziere miteinander / und auch die Nenner / so hast du es gemacht.
Deshalb $\frac{3}{4}$ mit $\frac{4}{5}$ wird $\frac{12}{20}$ oder $\frac{3}{5}$ Teil.
Willst du Ganze mit Gebrochenen multiplizieren / so brich die Ganzen mit Untersetzung von 1. Als dann multipliziere die oberen miteinander und auch die unteren.
Deshalb 24 mit $\frac{3}{7}$ setze $\frac{24}{1}$ mit $\frac{3}{7}$. Mach's fort wie oben / kommen $10\frac{2}{7}$ Teile. Willst du aber multiplizieren Ganze mit Ganzen und Gebrochenen / oder Ganze und Gebrochene / mit Ganzen und Gebrochenen / so resoluiere vorhin die Ganzen in Teile / und mach's darnach wie oben.
Deshalb $3\frac{2}{3}$ mit $\frac{3}{4}$, resoluiere Ganze in Teile, kommen $\frac{11}{3} \cdot \frac{15}{4}$.
Mach's nach Gesagten / so kommen $13\frac{3}{4}$ Teile.
Im Original von Adam Ries steht fehlerhaft statt $3\frac{3}{4}$ nur $\frac{3}{4}$.

5
a) $\frac{1}{20}$ b) $\frac{1}{3}$ c) $\frac{9}{56}$
   $\frac{1}{30}$ $\frac{1}{2}$ $\frac{49}{90}$
   $\frac{1}{42}$ $\frac{3}{5}$ $\frac{28}{25} = 1\frac{3}{25}$

6
a) $\frac{12}{35}$ b) $\frac{10}{77}$ c) $\frac{50}{63}$
   $\frac{5}{16}$ $\frac{5}{36}$ $\frac{84}{55} = 1\frac{29}{55}$
   $\frac{24}{35}$ $\frac{28}{45}$ $\frac{77}{72} = 1\frac{5}{72}$

7
a) $\frac{15}{8} = 1\frac{7}{8}$ b) $\frac{1}{2}$ c) $\frac{21}{80}$
   $\frac{27}{28}$ 2 $\frac{45}{77}$
   $\frac{1}{18}$ 2 $\frac{1}{6}$
d) $\frac{32}{25} = 1\frac{7}{25}$ e) 1 f) $\frac{3}{65}$
   $\frac{2}{3}$ $\frac{64}{51} = 1\frac{13}{51}$ $\frac{4}{9}$
   $\frac{6}{5} = 1\frac{1}{5}$ 1 $\frac{1}{4}$

8
a) $\frac{9}{20}$ b) $\frac{3}{20}$ c) $\frac{3}{5}$
   $\frac{3}{10}$ $\frac{3}{20}$ 12
   $\frac{6}{17}$ 4 $2\frac{2}{11}$
d) $\frac{1}{6}$ e) $\frac{3}{5}$ f) $\frac{35}{66}$
   $\frac{1}{12}$ $1\frac{13}{36}$ $\frac{6}{11}$
   $3\frac{8}{9}$ $2\frac{2}{5}$ $\frac{1}{2}$

9
a) $\frac{1}{2}l \cdot \frac{2}{3} = \frac{1}{3}l$ b) $\frac{3}{4}kg \cdot \frac{1}{3} = \frac{1}{4}kg$ c) $\frac{1}{2}l \cdot \frac{3}{4} = \frac{3}{8}l$
d) $\frac{3}{4}km \cdot \frac{4}{5} = \frac{3}{5}km$ e) $\frac{3}{4}h \cdot \frac{2}{3} = \frac{1}{2}h$

10
a) $\frac{1}{3}$ kg b) $\frac{7}{20}$ t c) $\frac{9}{8}$ km
d) $\frac{15}{2} = 7\frac{1}{2}$ m³ e) $1\frac{1}{8} l$ f) $\frac{15}{16}$ dm²

11
a) $\frac{28}{5} = 5\frac{3}{5}$ b) $\frac{48}{13} = 3\frac{9}{13}$ c) $\frac{55}{7} = 7\frac{6}{7}$
   $\frac{20}{7} = 2\frac{6}{7}$ $\frac{42}{11} = 3\frac{9}{11}$ $\frac{34}{3} = 11\frac{1}{3}$
   $\frac{20}{7} = 2\frac{6}{7}$ $\frac{32}{15} = 2\frac{2}{15}$ $\frac{32}{3} = 10\frac{2}{3}$

12
a) $\frac{1}{2} > \frac{1}{16}$ b) $\frac{10}{7} = 1\frac{3}{7} > \frac{25}{49}$
c) $\frac{7}{9} > \frac{4}{27}$ d) $1 > \frac{56}{225}$
e) $\frac{35}{3} = 11\frac{2}{3} < \frac{250}{9} = 27\frac{7}{9}$ f) $2\frac{1}{30} > 1$
g) $\frac{7}{18} > \frac{1}{54}$ h) $1\frac{5}{42} > \frac{5}{21}$
i) $4\frac{2}{3} > \frac{8}{3} = 2\frac{2}{3}$ k) $6\frac{5}{12} = \frac{77}{12} > \frac{5}{2} = 2\frac{1}{2}$

13
a) $\frac{8}{15} = \frac{4}{5} \cdot \frac{2}{3}$ b) $\frac{9}{20} = \frac{3}{4} \cdot \frac{3}{5}$ c) $\frac{10}{27} = \frac{5}{9} \cdot \frac{2}{9}$
d) $\frac{3}{14} = \frac{1}{2} \cdot \frac{3}{7}$ e) $\frac{10}{21} = \frac{2}{3} \cdot \frac{5}{7}$ f) $\frac{20}{99} = \frac{5}{11} \cdot \frac{4}{9}$

14
a) $\frac{20}{63}$ b) $\frac{1}{9}$ c) $\frac{5}{8}$
d) $\frac{12}{5}$ e) $\frac{6}{7}$ f) $\frac{7}{10} \cdot \frac{3}{4} = \frac{21}{40}$

80–81   Multiplizieren von Brüchen

15
a) $\frac{8}{10}$ b) $\frac{3}{4}$ c) $\frac{8}{12}$
d) $\frac{5}{8}$ e) $\frac{3}{4}$ f) $\frac{15}{26}$

20
a) $16\frac{1}{4}$ b) $10\frac{2}{3}$ c) $30\frac{6}{25}$ d) $101\frac{1}{99}$

21 –

Seite 81

22

·	$\frac{1}{6}$	$\frac{4}{5}$	$\frac{10}{11}$	$\frac{9}{25}$	$\frac{8}{13}$
$1\frac{1}{2}$	$\frac{1}{4}$	$1\frac{1}{5}$	$1\frac{4}{11}$	$\frac{27}{50}$	$\frac{12}{13}$
$5\frac{3}{4}$	$\frac{23}{24}$	$4\frac{3}{5}$	$5\frac{5}{22}$	$2\frac{7}{100}$	$3\frac{7}{13}$

·	$\frac{4}{5}$	$\frac{3}{7}$	$\frac{5}{9}$	$\frac{8}{11}$
$\frac{5}{2}$	2	$1\frac{1}{14}$	$1\frac{7}{18}$	$1\frac{9}{11}$
$\frac{7}{8}$	$\frac{7}{10}$	$\frac{3}{8}$	$\frac{35}{72}$	$\frac{7}{11}$
$\frac{16}{5}$	$2\frac{14}{25}$	$1\frac{13}{35}$	$1\frac{7}{9}$	$2\frac{18}{55}$
$\frac{1}{40}$	$\frac{1}{50}$	$\frac{3}{280}$	$\frac{1}{72}$	$\frac{1}{55}$
$\frac{3}{13}$	$\frac{12}{65}$	$\frac{9}{91}$	$\frac{5}{39}$	$\frac{24}{143}$
$\frac{10}{11}$	$\frac{8}{11}$	$\frac{30}{77}$	$\frac{50}{99}$	$\frac{80}{121}$
$\frac{22}{45}$	$\frac{88}{225}$	$\frac{22}{105}$	$\frac{22}{81}$	$\frac{16}{45}$

23
a) Das Ergebnis beträgt jeweils 1.
b) $\frac{4}{5} \cdot \frac{5}{4}$, $\frac{8}{7} \cdot \frac{7}{8}$, $6 \cdot \frac{1}{6}$, $\frac{8}{5} \cdot \frac{5}{8}$, $\frac{9}{9} \cdot 1$, $\frac{5}{8} \cdot 1\frac{3}{5}$

16
a) $\frac{5}{2} \cdot \frac{1}{9}$ oder $\frac{5}{4} \cdot \frac{2}{9}$ …   b) $\frac{7}{15} \cdot \frac{12}{8}$ oder $\frac{14}{15} \cdot \frac{12}{16}$ …
c) $\frac{3}{7} \cdot \frac{19}{17} = \frac{57}{119}$ d) $\frac{15}{1} \cdot \frac{2}{3} = 10$ oder $\frac{30}{2} \cdot \frac{2}{3} = 10$ …
e) $\frac{7}{5} \cdot 7 = \frac{49}{5}$ f) $\frac{13}{16} \cdot \frac{13}{16} = \frac{169}{256}$ oder $\frac{13}{8} \cdot \frac{13}{32} = \ldots$

24
a) $\frac{9}{20}$ b) $1\frac{1}{11} = \frac{12}{11}$ c) $2\frac{1}{2} = \frac{5}{2}$

17 ✱ ✎

Zähler	1	4	3	6	2	3	1
Nenner	2	5	8	7	5	5	3
2. Faktor	$\frac{8}{7}$	$\frac{8}{7}$	$\frac{8}{7}$	$\frac{8}{7}$	$\frac{3}{2}$	$\frac{3}{2}$	$\frac{3}{2}$
Ergebnis	$\frac{4}{7}$	$\frac{32}{35}$	$\frac{3}{7}$	$\frac{48}{49}$	$\frac{3}{5}$	$\frac{9}{10}$	$\frac{1}{2}$

25

a) 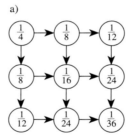   b)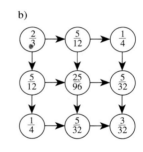

18
a) 22   b) 14   c) $30\frac{1}{3}$
d) 33   e) $26\frac{1}{2}$ f) $73\frac{1}{3}$

26

a) 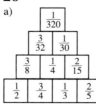   b)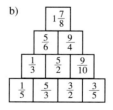

19
a) $\frac{2}{3}$ b) $4\frac{6}{7}$ c) $1\frac{1}{4}$ d) $2\frac{1}{2}$ e) $3\frac{7}{8}$ f) $2\frac{1}{3}$

c) 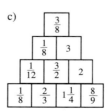   d)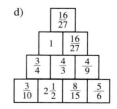

Dividieren von Brüchen

Seite 82

27

a) $\underbrace{\frac{7}{4} \cdot \frac{10}{7}} = 2\frac{1}{2}$ b) $\underbrace{\frac{2}{3} \cdot \frac{5}{8}} = \frac{5}{12}$

die 2 größten Brüche   die 2 kleinsten Brüche

c) $\frac{3}{4} \cdot \frac{7}{4} = \frac{21}{16} = 1\frac{5}{16}$

28

a) $\frac{4}{9}$ b) $\frac{25}{36}$ c) $\frac{49}{81}$ d) $\frac{4}{225}$

e) $\frac{64}{169}$ f) $\frac{81}{289}$ g) $\frac{121}{324}$ h) $\frac{576}{361}$ i) $72\frac{1}{4}$

29

a) $\frac{3}{8}$ m²   b) $\frac{1}{4}$ m²   c) $\frac{3}{20}$ m²

d) $\frac{3}{16}$ m²   e) $\frac{9}{16}$ m²   f) $\frac{27}{100}$ m²

30

$\frac{4}{7} \cdot \frac{2}{3} \cdot 42 = \frac{8}{21} \cdot 42 = 16 \Rightarrow 16$ km sind befahrbar.

31

$\frac{3}{5} \cdot \frac{5}{12} = \frac{1}{4}$; $\frac{1}{4}$ des Kontinents entfällt auf die Sahara.

32

$\frac{3}{5} \cdot \frac{2}{3} = \frac{2}{5}$; Anteil des Weizens an der gesamten Ernte: $\frac{2}{5}$.

33

$\frac{1}{3} \cdot \frac{1}{2} = \frac{1}{6}$; an Masern erkrankt sind $\frac{1}{6}$ der Klasse.

34

a) $\frac{3}{4} \cdot \frac{1}{2} = \frac{3}{8}$; Hans erhält $\frac{3}{8}$ des Gesamtgewinns.

b) $\frac{3}{8} \cdot 10\,000 = 3750$ DM

35

Rest: $\frac{2}{5}$; $\frac{5}{6}$ vom Rest $\Rightarrow \frac{5}{6} \cdot \frac{2}{5} = \frac{1}{3}$

$\frac{1}{3} \stackrel{\wedge}{=} 2$ m, $1 \stackrel{\wedge}{=} 6$ m.   Es waren 6 m Kabel.

36

a) Atlantik: $\frac{7}{10} \cdot \frac{3}{10} = \frac{21}{100}$ Pazifik: $1 - \frac{3}{10} - \frac{2}{10} = \frac{5}{10}$

Indik: $\frac{7}{10} \cdot \frac{1}{5} = \frac{7}{50}$ $\frac{7}{10} \cdot \frac{5}{10} = \frac{35}{100} = \frac{7}{20}$

b) $\frac{21}{100} \stackrel{\wedge}{=} 107\,100\,000$ km²

$\frac{14}{100} \stackrel{\wedge}{=} 71\,400\,000$ km²

$\frac{35}{100} \stackrel{\wedge}{=} 178\,500\,000$ km²

37

$\frac{1}{4} \cdot \frac{4}{9} = \frac{1}{9}$;

$\frac{1}{9}$ der Zimmer des Hotels sind Einzelzimmer mit Bad

$\frac{3}{4} \cdot \frac{4}{9} = \frac{1}{3}$;

$\frac{1}{3}$ der Zimmer des Hotels sind Einzelzimmer ohne Bad

$\frac{1}{2} \cdot \frac{5}{9} = \frac{5}{18}$;

$\frac{5}{18}$ der Zimmer des Hotels sind Doppelzimmer mit/ohne Bad

7 Dividieren von Brüchen

Seite 83

1

10 Gläser; 11 Gläser und einen Rest

2

$\frac{1}{4}$ in $\frac{3}{4}$ geht 3mal; $\frac{1}{2}$ in $\frac{3}{4}$ geht $1\frac{1}{2}$mal

3

a) 3mal   b) 10mal   c) 6mal
d) 3mal   e) 3mal   f) 2mal

4

a) $\frac{4}{3} = 1\frac{1}{3}$ b) $\frac{3}{14}$ c) $\frac{15}{32}$ d) $\frac{15}{14} = 1\frac{1}{14}$

$\frac{9}{8} = 1\frac{1}{8}$ $\frac{4}{9}$ $\frac{25}{6} = 4\frac{1}{6}$ $\frac{25}{16} = 1\frac{9}{16}$

$\frac{16}{15} = 1\frac{1}{15}$ $\frac{8}{15}$ $\frac{21}{10} = 2\frac{1}{10}$ $\frac{20}{27}$

Seite 84

☐

:	$\frac{3}{4}$	$\frac{4}{3}$	5	$3\frac{2}{3}$
$\frac{2}{3}$	$\frac{8}{9}$	$\frac{1}{2}$	$\frac{2}{15}$	$\frac{2}{11}$
$\frac{4}{7}$	$\frac{16}{21}$	$\frac{3}{7}$	$\frac{4}{35}$	$\frac{12}{77}$
$\frac{3}{8}$	$\frac{1}{2}$	$\frac{9}{32}$	$\frac{3}{40}$	$\frac{9}{88}$
$\frac{10}{11}$	$1\frac{7}{33}$	$\frac{15}{22}$	$\frac{2}{11}$	$\frac{30}{121}$
$1\frac{1}{2}$	2	$1\frac{1}{8}$	$\frac{3}{10}$	$\frac{9}{22}$
$2\frac{1}{3}$	$3\frac{1}{9}$	$1\frac{3}{4}$	$\frac{7}{15}$	$\frac{7}{11}$
$4\frac{1}{5}$	$5\frac{3}{5}$	$3\frac{3}{20}$	$\frac{21}{25}$	$1\frac{8}{55}$

5
a) $\frac{9}{16}$ b) $\frac{5}{7}$ c) 2
   $\frac{36}{49}$ $\frac{7}{5} = 1\frac{2}{5}$ 4
   $\frac{81}{121}$ $\frac{7}{9}$ $3\frac{1}{2}$

6 ✏
a) $\frac{27}{32}$ b) $\frac{2}{3}$ c) $\frac{21}{25}$
   $\frac{11}{18}$ 1 $\frac{8}{3} = 2\frac{2}{3}$
   $\frac{15}{28}$ $\frac{4}{7}$ $\frac{4}{5}$
d) $1\frac{1}{2}$ e) $1\frac{1}{27}$ f) $\frac{8}{9}$
   $\frac{27}{28}$ $1\frac{1}{4}$ $\frac{5}{9}$
   $1\frac{1}{8}$ $\frac{16}{33}$ $1\frac{1}{4}$

7 ✏
a) 3   b) $\frac{1}{4}$ c) $\frac{15}{32}$
   $\frac{6}{5} = 1\frac{1}{5}$ $\frac{4}{9}$ $\frac{25}{6} = 4\frac{1}{6}$
   $\frac{2}{3}$ $\frac{8}{15}$ $\frac{21}{10} = 2\frac{1}{10}$
d) $\frac{2}{9}$ e) $\frac{4}{9}$ f) $\frac{9}{10}$
   $\frac{3}{2} = 1\frac{1}{2}$ $\frac{9}{2} = 4\frac{1}{2}$ 9
   $\frac{12}{5} = 2\frac{2}{5}$ $\frac{3}{4}$ $2\frac{1}{10}$

8
a) 6   b) 56   c) $17\frac{1}{2}$ d) $3\frac{1}{2}$ e) $8\frac{1}{6}$ f) $43\frac{1}{3}$
   12   54 $\frac{20}{3} = 6\frac{2}{3}$ $5\frac{1}{4}$ 26 $21\frac{2}{3}$

9 –

10

a) $\frac{2}{3}$ $1\frac{1}{2}$ $\qquad\qquad$ $\frac{8}{15}$ $\frac{8}{7} = 1\frac{1}{7}$
   ↓   ↑   ↓   ↑
   $\frac{1}{2}$ $\frac{5}{7}$ $\frac{2}{5}$ $\frac{15}{14} = 1\frac{1}{14}$
   ↓   ↑   ↓   ↑
   $\frac{3}{4}$ → $\frac{2}{3}$ $\frac{2}{3}$ → $\frac{5}{6}$

b) $\frac{5}{8}$ → $\frac{5}{6}$ → $\frac{3}{4}$ $\qquad$ $\frac{3}{4}$ → $\frac{5}{6}$ → $\frac{9}{10}$
   ↓   ↓   ↓   ↓
   $\frac{3}{4}$ $\frac{4}{5}$ $\frac{2}{3}$ $\frac{7}{5}$
   ↓   ↓   ↓   ↓
   $\frac{5}{6}$ → $\frac{8}{9}$ → $\boxed{\frac{15}{16}}$ $\qquad$ $\frac{9}{8}$ → $\frac{7}{4}$ → $\boxed{\frac{9}{14}}$

11
a) $\frac{6}{49}$ b) $\frac{3}{20}$ c) $\frac{7}{12}$
   $\frac{1}{12}$ $\frac{3}{22}$ $\frac{9}{175}$
   $\frac{1}{15}$ $\frac{7}{10}$ $\frac{3}{82}$

12
a) $\frac{2}{3}, \frac{5}{4}, \frac{8}{7}, \frac{9}{8}, \frac{10}{9}$
b) $\frac{3}{10}, \frac{7}{15}, \frac{19}{20}, \frac{23}{25}, \frac{31}{36}$
c) 6, 15, 62, 95, 101
Das Ergebnis ist jeweils der Kehrbruch des Divisors.

13 ✱
a) $\frac{1}{2}$ mal   b) 4 mal   c) $\frac{2}{15}$ mal   d) $7\frac{1}{2}$ mal
e) $1\frac{5}{16}$ mal   f) $1\frac{13}{50}$ mal   g) $\frac{27}{70}$ mal   h) $7\frac{1}{2}$ mal
i) $1\frac{3}{10}$ mal

14
a) $\frac{3}{7}$ b) $\frac{1}{8}$ c) $\frac{1}{4}$ d) $\frac{1}{10}$ e) $\frac{7}{55}$ f) $\frac{1}{7}$

Dividieren von Brüchen

Seite 85

15
a) $1\frac{1}{2}$ b) $2\frac{2}{7}$ c) $1\frac{2}{7}$ d) $\frac{1}{2}$ e) $2\frac{1}{10}$ f) $1\frac{7}{9}$
   $\frac{5}{7}$ $\frac{13}{29}$ $2\frac{4}{5}$ 3   6 $4\frac{1}{2}$

16 ✱
a) $\frac{2}{5}$ b) $\frac{3}{2}$ c) $\frac{3}{7}$ d) $\frac{7}{3}$ e) $\frac{9}{2}$ f) $\frac{5}{8}$

Man läßt ganze Zahlen und die Zähler außer acht und dividiert den 2. Nenner durch den 1. Nenner.
$6\frac{1}{11} : 11\frac{1}{6} = \frac{6}{11}$
Beweis: $(m + \frac{1}{n}) : (n + \frac{1}{m}) = \frac{m \cdot n + 1}{n} : \frac{n \cdot m + 1}{m}$
$= \frac{(mn+1)}{n} \cdot \frac{m}{(nm+1)} = \underline{\underline{\frac{m}{n}}}$

17
a) 33 (Jahre)   b) 40 (Jahre)

18
a) $2\frac{1}{3}$mal b) 34mal c) $3\frac{1}{6}$mal d) 25mal
e) $1\frac{13}{32}$mal f) $3\frac{1}{4}$mal g) $1\frac{4}{37}$mal h) $\frac{45}{58}$mal

19
a) $18 > 9 > 4\frac{1}{2} > 2\frac{1}{4}$
b) $204 > 102 > 51 > 25\frac{1}{2}$

20

1	2	3	4	5
B	R	U	C	H
$2\frac{4}{13}$	$1\frac{1}{2}$	2	$\frac{5}{12}$	$\frac{8}{15}$

21 ✱ ✎
a) $\frac{1}{2}$ b) $\frac{2}{3}$ c) $\frac{2}{7}$ d) $\frac{10}{7}$
e) $\frac{63}{50}$ f) $2\frac{11}{12}$ g) $\frac{5}{6}$ h) $1\frac{4}{9}$

22 ✱ ✎
a) $2\frac{4}{25}$ b) $3\frac{5}{6}$ c) 12 d) $7\frac{1}{2}$
e) $\frac{3}{10}$ f) $\frac{5}{46}$ g) $\frac{12}{35}$ h) $\frac{7}{92}$

23 ✱ ✎
a) $\frac{16}{25}$ b) $\frac{27}{32}$ c) $1\frac{1}{2}$ d) $1\frac{1}{3}$ e) $2\frac{2}{3}$ f) $3\frac{3}{5}$

24
a) $\cdot \frac{9}{35}$ b) $\cdot \frac{10}{21}$ c) $\frac{3}{4}$ d) $\frac{8}{3}$

25
a) 2 b) 6 c) $\frac{5}{2}$ d) 3 e) 9 f) 1

26
a) $\ldots \frac{3}{2}$; 3; $4\frac{1}{2}$; 6; $7\frac{1}{2}$; $\boxed{9}$ ← $\frac{3}{4} : \frac{1}{12}$
b) $\ldots$22; 11; $5\frac{1}{2}$; $2\frac{3}{4}$; $1\frac{3}{8}$; $\boxed{\frac{11}{16}}$ ← $3\frac{2}{3} : \frac{16}{3}$

Seite 86

27 ✱
a) $\frac{1}{16} : \frac{1}{8} = \frac{1}{2}$ b) $2\frac{3}{8} : 6\frac{1}{3} = \frac{3}{8}$ c) $4\frac{3}{8} : 2\frac{1}{2} = 1\frac{3}{4}$

28

$8 : 8 = 1$	$8 : 8 = 1$	$8 : \frac{1}{2} = 16$	$\frac{1}{2} : 8 = \frac{1}{16}$
$8 : 4 = 2$	$4 : 8 = \frac{1}{2}$	$4 : \frac{1}{2} = 8$	$\frac{1}{2} : 4 = \frac{1}{8}$
$8 : 2 = 4$	$2 : 8 = \frac{1}{4}$	$2 : \frac{1}{2} = 4$	$\frac{1}{2} : 2 = \frac{1}{4}$
$8 : 1 = 8$	$1 : 8 = \frac{1}{8}$	$1 : \frac{1}{2} = 2$	$\frac{1}{2} : 1 = \frac{1}{2}$
$8 : \frac{1}{2} = 16$	$\frac{1}{2} : 8 = \frac{1}{16}$	$\frac{1}{2} : \frac{1}{2} = 1$	$\frac{1}{2} : \frac{1}{2} = 1$
$8 : \frac{1}{4} = 32$	$\frac{1}{4} : 8 = \frac{1}{32}$	$\frac{1}{4} : \frac{1}{2} = \frac{1}{2}$	$\frac{1}{2} : \frac{1}{4} = 2$
$8 : \frac{1}{8} = 64$	$\frac{1}{8} : 8 = \frac{1}{64}$	$\frac{1}{8} : \frac{1}{2} = \frac{1}{4}$	$\frac{1}{2} : \frac{1}{8} = 4$

Es bietet sich an, die Aufgabe zunächst als Hausaufgabe aufzugeben; im Unterrichtsgespräch sollten dann die „kuriosen" Ergebnisse aufgegriffen werden und Regeln abgeleitet werden.

29 ✱

$\frac{1}{2}; \frac{2}{3}; \frac{3}{5}; \frac{5}{8}; \frac{8}{13}; \frac{13}{21}; \frac{21}{34}$

allgemein: $\frac{1}{n}; \frac{n}{n+1}; \frac{n+1}{2n+1}; \frac{2n+1}{3n+2}; \frac{3n+2}{5n+3}$

Neuer Zähler ist die Summe der beiden vorhergegangenen Zähler, bei Nenner dasselbe.

30
a) $390 : 16\frac{1}{4} = 24$mal b) $5\frac{1}{4} : \frac{7}{8} = 6$mal

31
$20 : \frac{7}{10} = 28\frac{4}{7}$; 28 volle Flaschen, $\frac{4}{7}$ l bleiben übrig.

32
$730 : 18\frac{1}{4} = 40$ m

33
$800 : \frac{1}{16} = 12\,800$
$12\,800 \cdot 12\frac{1}{2} = 160\,000$,– DM

34
$25\frac{3}{4}$ t $- 15\frac{1}{4}$ t $= 10\frac{1}{2}$ t
$10\,500 : 8\frac{3}{4} = 1200$
$1200 \cdot 10 = 12\,000$ l
Der Tanklastzug hat 12 000 l Heizöl geladen.

35
$780 : 4\frac{1}{3} = 180$ (180 m³ pro h fließen zu)
$780 : 3\frac{1}{4} = 240$ (240 m³ pro h fließen ab)

36

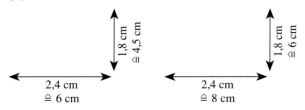

Die Bilder zeigen links den kleinen Fuchs und rechts den Schwalbenschwanz.

8 Rechengesetze der Multiplikation. Rechenvorteile

Seite 87

1
Maximilian: Björn:
$\frac{3}{4} \cdot \frac{1}{2} = \frac{3}{8}$ $\frac{1}{2} \cdot \frac{3}{4} = \frac{3}{8}$

Die beschenkten Kinder erhalten also jeweils $\frac{3}{8}$ einer ganzen Tafel.

2
a) $\frac{1}{8}$ b) $\frac{1}{20}$ c) $\frac{1}{16}$ d) $\frac{2}{3}$ e) $\frac{1}{12}$ f) $\frac{1}{14}$
g) $\frac{2}{25}$ h) $\frac{1}{14}$ i) $\frac{2}{21}$ k) $\frac{3}{7}$ l) $\frac{4}{21}$ m) $\frac{4}{9}$

3
a) $\frac{3}{20}$ b) $\frac{2}{35}$ c) $\frac{3}{7}$ d) $\frac{9}{25}$ e) $\frac{21}{32}$ f) $\frac{4}{9}$
g) $\frac{5}{18}$ h) $\frac{1}{4}$ i) $\frac{3}{16}$ k) $\frac{8}{85}$ l) $\frac{33}{130}$ m) $\frac{1}{20}$

Seite 88

Randspalte
$\frac{4}{5} : \frac{12}{25} = 1\frac{2}{3}$
$\frac{2}{3} \cdot 1\frac{1}{4} = \frac{5}{6}$

4
a) $\frac{6}{5} \cdot \frac{3}{2} \cdot \frac{4}{3} = \frac{12}{5} = 2\frac{2}{5}$ b) $\frac{10}{3} \cdot \frac{7}{4} \cdot \frac{8}{7} = \frac{20}{3} = 6\frac{2}{3}$
c) $\frac{5}{2} \cdot \frac{3}{2} \cdot \frac{7}{3} = \frac{35}{4} = 8\frac{3}{4}$ d) $\frac{23}{10} \cdot \frac{9}{7} \cdot \frac{10}{9} = \frac{23}{7} = 3\frac{2}{7}$

5

·	$\frac{1}{2}$	$\frac{2}{3}$	$\frac{3}{4}$	$\frac{4}{3}$
$\frac{1}{2}$	$\frac{1}{4}$	$\frac{1}{3}$	$\frac{3}{8}$	$\frac{2}{3}$
$\frac{2}{3}$	$\frac{1}{3}$	$\frac{4}{9}$	$\frac{1}{2}$	$\frac{8}{9}$
$\frac{3}{4}$	$\frac{3}{8}$	$\frac{1}{2}$	$\frac{9}{16}$	1
$\frac{4}{3}$	$\frac{2}{3}$	$\frac{8}{9}$	1	$\frac{16}{9} = 1\frac{7}{9}$

Verbindung der Rechenarten

6

△	○	△·○	○·△	△:○	○:△
$\frac{1}{2}$	$\frac{1}{5}$	$\frac{1}{10}$	$\frac{1}{10}$	$\frac{5}{2}=2\frac{1}{2}$	$\frac{2}{5}$
3	$\frac{2}{3}$	2	2	$\frac{9}{2}=4\frac{1}{2}$	$\frac{2}{9}$
$1\frac{1}{3}$	$1\frac{1}{4}$	$1\frac{2}{3}$	$1\frac{2}{3}$	$\frac{16}{15}=1\frac{1}{15}$	$\frac{15}{16}$

7
a) $\frac{2}{3} \cdot \frac{1}{7} = \frac{2}{21}$ und $\frac{8}{9} \cdot \frac{3}{28} = \frac{2}{21}$
b) $\frac{3}{32} \cdot \frac{8}{5} = \frac{3}{20}$ und $\frac{3}{4} \cdot \frac{1}{5} = \frac{3}{20}$
c) $\frac{2}{3} \cdot \frac{33}{4} = \frac{11}{2}$ und $2 \cdot 11\frac{1}{4} = \frac{11}{2}$
d) $\frac{5}{6} \cdot \frac{2}{35} = \frac{1}{21}$ und $\frac{1}{10} \cdot \frac{10}{21} = \frac{1}{21}$

8
a) $3\frac{3}{8} > \frac{8}{27}$ b) $\frac{5}{14} < 2\frac{4}{5}$ c) $\frac{4}{11} < 2\frac{3}{4}$
d) $2 > \frac{1}{2}$ e) $\frac{3}{7} < 2\frac{1}{3}$ f) $1\frac{1}{2} > \frac{2}{3}$

9
a) $\frac{2}{3} : \frac{4}{9} = \frac{3}{2}$ und $\frac{3}{4} : \frac{81}{32} = \frac{8}{27}$ b) $\frac{2}{5} : \frac{4}{15} = \frac{3}{2}$ und $\frac{8}{15} : 5 = \frac{8}{75}$

10
a) $\frac{9}{5} = \frac{9}{5}$ b) $5\frac{15}{32} > \frac{7}{8}$ c) $315 > 12\frac{3}{5}$
d) $\frac{1}{24} = \frac{1}{24}$ e) $\frac{2}{5} > \frac{5}{72}$

11
a) $\frac{5}{6} = \frac{5}{6}$ b) $\frac{4}{9} < 16$
c) $1\frac{71}{125} > \frac{4}{5}$ d) $\frac{15}{28} = \frac{15}{28}$

12
a) $\frac{1}{18}$ b) $\frac{9}{40}$ c) $\frac{1}{10}$ d) $1\frac{5}{6}$
e) $\frac{14}{5}$ f) $1\frac{1}{9}$ g) $2\frac{5}{14}$ h) $13\frac{1}{3}$

13 ✶ ✏
a) $\frac{1}{7}$ b) $\frac{1}{99}$ c) $20\frac{1}{4}$ d) $4\frac{5}{7}$ e) $\frac{6}{65}$ f) $\frac{15}{56}$

14 ✶ ✏
a) 1 b) $2\frac{13}{16}$ c) $\frac{3}{25}$ d) $\frac{81}{128}$ e) $\frac{8}{11}$ f) 39

9 Verbindung der Rechenarten

Seite 89

1
$\frac{7}{3} \cdot 2\frac{1}{2} + \frac{7}{3} \cdot 4 + \frac{7}{3} \cdot 5\frac{1}{2} = \frac{35}{6} + \frac{56}{6} + \frac{77}{6} = 28$ [DM]
$\frac{7}{3} \cdot (2\frac{1}{2} + 4 + 5\frac{1}{2}) = \frac{7}{3} \cdot 12 = 28$ [DM]

Im Unterrichtsgespräch sollte nach einem Vergleich der beiden Rechenwege herausgearbeitet werden, daß der zweite Weg erheblich schneller und weniger aufwendig ist.

Seite 90

2
a) $(\frac{1}{2} \cdot \frac{1}{3}) + (\frac{1}{2} \cdot \frac{1}{5}) = \frac{4}{15}$
b) $\frac{1}{2} \cdot (\frac{1}{3} + \frac{1}{5}) = \frac{1}{2} \cdot \frac{8}{15} = \frac{4}{15}$
c) $(\frac{3}{4} \cdot \frac{2}{5}) - (\frac{3}{4} \cdot \frac{1}{10}) = \frac{3}{10} - \frac{3}{40} = \frac{9}{40}$
d) $\frac{3}{4} \cdot (\frac{2}{5} - \frac{1}{10}) = \frac{3}{4} \cdot \frac{3}{10} = \frac{9}{40}$

3
a) $\frac{1}{2}$ b) $\frac{1}{5}$ c) $\frac{1}{4}$ d) $\frac{4}{5}$ e) $\frac{7}{4} = 1\frac{3}{4}$
f) $3\frac{1}{7}$ g) $\frac{7}{20}$ h) $\frac{5}{72}$ i) $\frac{5}{24}$ k) $\frac{11}{135}$

4
a) 5 b) 6 c) 3 d) 21 e) $\frac{3}{2} = 1\frac{1}{2}$
f) $\frac{20}{7} = 2\frac{6}{7}$ g) $\frac{49}{12} = 4\frac{1}{12}$ h) $\frac{44}{5} = 8\frac{4}{5}$

5
a) $5 \cdot \frac{6}{5} = 6$ b) $13 \cdot \frac{1}{14} = \frac{13}{14}$
c) $8 \cdot \frac{1}{6} = \frac{4}{3}$ d) $12 \cdot \frac{4}{15} = \frac{16}{5} = 3\frac{1}{5}$
e) $16 \cdot \frac{7}{8} = 14$ f) $18 \cdot \frac{11}{12} = \frac{33}{2} = 16\frac{1}{2}$
g) $1 \cdot 13 = 13$ h) $\frac{3}{4} \cdot \frac{1}{2} = \frac{3}{8}$

90–91   Verbindung der Rechenarten

6
a) $\frac{1}{3} + \frac{1}{5} = \frac{8}{15}$ b) $\frac{1}{4} + \frac{1}{5} = \frac{9}{20}$ c) $\frac{2}{5} + \frac{2}{15} = \frac{8}{15}$
d) $\frac{1}{8} + \frac{5}{12} = \frac{13}{24}$ e) $\frac{1}{4} - \frac{1}{8} = \frac{1}{8}$ f) $\frac{5}{3} - \frac{4}{5} = \frac{13}{15}$

7
a) $6 + 1 = 7$ b) $4 + 3 = 7$ c) $\frac{4}{3} + 5 = 6\frac{1}{3}$
d) $\frac{3}{5} + \frac{1}{15} = \frac{2}{3}$ e) $\frac{1}{7} + \frac{1}{8} = \frac{15}{56}$ f) $\frac{11}{50} + \frac{9}{50} = \frac{2}{5}$
g) $6 + 1 = 7$ h) $\frac{7}{2} - \frac{1}{4} = \frac{13}{4} = 3\frac{1}{4}$

8
a) $12 + 1 = 13$ b) $20 + 1 = 21$ c) $30 + 1 = 31$
d) $42 + 1 = 43$ e) $15 + 2 = 17$ f) $15 + 2 = 17$
g) $16 + 2 = 18$ h) $36 + 6 = 42$ i) $18 + \frac{4}{3} = 19\frac{1}{3}$

9
a) $\frac{5}{9} \cdot (9 + \frac{3}{5}) = 5\frac{1}{3}$ b) $\frac{5}{6} \cdot (6 + \frac{4}{5}) = 5\frac{2}{3}$
c) $\frac{3}{4} \cdot (2 + \frac{2}{3}) = 2$ d) $\frac{3}{2} \cdot (4 + \frac{2}{9}) = 6\frac{1}{3}$
e) $(3 + \frac{3}{5}) \cdot \frac{1}{6} = \frac{3}{5}$ f) $(8 + \frac{2}{3}) \cdot \frac{3}{2} = 13$
g) $\frac{3}{8} \cdot (8 + \frac{5}{6}) = 3\frac{5}{16}$ h) $(5 + \frac{7}{10}) \cdot 20 = 114$
i) $\frac{12}{25} \cdot (5 + \frac{5}{18}) = 2\frac{8}{15}$

10
a) $\frac{1}{3} \cdot (\frac{3}{4} + \frac{1}{4}) = \frac{1}{3} \cdot 1 = \frac{1}{3}$ Weg I
b) $\frac{4}{3} \cdot 1 = \frac{4}{3}$ beide Wege sind gleich günstig
c) $\frac{3}{5} \cdot \frac{2}{3} + \frac{3}{5} \cdot \frac{2}{3} = \frac{4}{5}$ Weg II
d) $\frac{8}{9} \cdot (\frac{3}{8} + \frac{2}{5}) = \frac{5}{9}$ Weg II

11 ✳
a) $\frac{4}{7} \cdot 1 = \frac{4}{7}$ b) $1 + \frac{4}{7} = 1\frac{4}{7}$
c) $2 \cdot \frac{7}{9} = \frac{14}{9} = 1\frac{5}{9}$ d) $\frac{33}{10} \cdot \frac{5}{11} = \frac{3}{2} = 1\frac{1}{2}$
e) $\frac{8}{9} \cdot \frac{27}{32} = \frac{3}{4}$ f) $\frac{1}{2} + \frac{7}{12} = 1\frac{1}{12}$
g) $\frac{4}{3} + \frac{5}{8} = \frac{47}{24} = 1\frac{23}{24}$ h) $\frac{35}{28} \cdot \frac{27}{35} = \frac{27}{28}$
i) $1 - \frac{1}{4} = \frac{3}{4}$ k) $5\frac{1}{3} \cdot \frac{7}{48} = \frac{7}{9}$

Seite 91

Randspalte
$\frac{1}{2} \cdot \frac{1}{3} + \frac{1}{4} = \frac{5}{12}$
$(\frac{1}{2} + \frac{1}{3}) \cdot \frac{1}{4} = \frac{5}{24}$ ← kleinster Wert
$\frac{1}{2} - \frac{1}{3} \cdot \frac{1}{4} = \frac{5}{12}$
$(\frac{1}{2} - \frac{1}{3}) : \frac{1}{4} = \frac{2}{3}$ ← größter Wert

12
a) $\frac{4}{10} + \frac{4}{14} = \frac{24}{35}$ b) $2 + \frac{6}{25} = 2\frac{6}{25}$
c) $1 + \frac{11}{14} = 1\frac{11}{14}$ d) $9 + 10 = 19$
e) $\frac{11}{14} - \frac{1}{2} = \frac{2}{7}$ f) $\frac{5}{2} \cdot \frac{17}{10} = \frac{17}{4} = 4\frac{1}{4}$
g) $\frac{1}{10} + \frac{1}{28} = \frac{19}{140}$ h) $\frac{5}{3} - \frac{4}{3} = \frac{1}{3}$

13
a) $3 \cdot 1 = 3$ b) $6 + 1 = 7$ c) $\frac{6}{5} \cdot 5 = 6$
d) $\frac{3}{2} \cdot 28 = 42$ e) $\frac{7}{8} \cdot 2 = \frac{7}{4} = 1\frac{3}{4}$ f) $\frac{4}{3} + 5 = 6\frac{1}{3}$
g) $\frac{7}{2} - \frac{1}{4} = \frac{13}{4} = 3\frac{1}{4}$ h) $13 \cdot \frac{1}{14} = \frac{13}{14}$

14
a) $2 + 12 + 5 = 19$ b) $\frac{5}{3} + \frac{7}{3} - \frac{8}{3} = 1\frac{1}{3}$
c) $\frac{11}{2} + \frac{17}{3} - \frac{7}{4} = 9\frac{5}{12}$ d) $\frac{3}{2} + \frac{1}{5} + \frac{16}{5} = 4\frac{9}{10}$
e) $9 + \frac{7}{3} + 4 = 15\frac{1}{3}$ f) $\frac{4}{7} + \frac{5}{7} + \frac{5}{6} = 2\frac{5}{42}$

15
a) $\frac{1}{7} \cdot 21 = 3$ b) $\frac{2}{3} \cdot 1\frac{1}{4} = \frac{5}{6}$
c) $\frac{5}{22} \cdot 11 = \frac{5}{2} = 2\frac{1}{2}$ d) $\frac{3}{13} \cdot 1 = \frac{3}{13}$

16
Aufgabe mit roter Karte.
Die verbesserten Fehler sind durch Einkreisungen markiert.
a) $\frac{1}{5} \odot \frac{3}{7} \oplus \frac{1}{5} \cdot \frac{4}{9}$ b) $\frac{1}{2} \cdot \frac{3}{4} + \boxed{\frac{1}{2}} \cdot \frac{4}{5}$
c) $\frac{2}{3} \boxed{\cdot \frac{1}{6}} - \frac{1}{4} \cdot \frac{1}{6}$ d) $\frac{2}{7} \odot \frac{1}{4} \oplus \frac{2}{7} \cdot \frac{4}{9}$

Verbindung der Rechenarten

17 ✱

a) $\frac{9}{25} \cdot \frac{10}{11} + \frac{2}{25} \cdot \frac{10}{11} = \frac{11}{25} \cdot \frac{10}{11} = \frac{2}{5}$

b) $\frac{2}{11} \cdot \frac{9}{13} + \frac{4}{11} \cdot \frac{9}{13} = \frac{6}{11} \cdot \frac{9}{13} = \frac{54}{143}$

c) $\frac{3}{19} \cdot \frac{7}{17} + \frac{14}{19} \cdot \frac{7}{17} = \frac{7}{17} \cdot \frac{17}{19} = \frac{7}{19}$

d) $3 \cdot 2 + 2 \cdot \frac{8}{15} = 2\left(3\frac{8}{15}\right) = 7\frac{1}{15}$

18

a) $\frac{2}{3} \cdot \frac{9}{4} + \frac{7}{5} \cdot \frac{3}{7} = \frac{3}{2} + \frac{3}{5} = \frac{21}{10} = 2\frac{1}{10}$

b) $\left(\frac{1}{3} + \frac{2}{5}\right) \cdot \left(\frac{1}{2} + \frac{1}{4}\right) = \frac{11}{15} \cdot \frac{3}{4} = \frac{11}{20}$

c) $\frac{1}{2} \cdot \frac{4}{5} + \frac{2}{3} = \frac{2}{5} + \frac{2}{3} = \frac{16}{15} = 1\frac{1}{15}$

d) $\left(\frac{2}{3} + \frac{1}{7}\right) \cdot \frac{7}{8} = \frac{17}{21} \cdot \frac{7}{8} = \frac{17}{24}$

e) $\left(\frac{3}{5} + \frac{3}{10}\right) : \frac{3}{4} = \frac{9}{10} \cdot \frac{4}{3} = \frac{6}{5} = 1\frac{1}{5}$

f) $\left(\frac{1}{5} + \frac{3}{10}\right) \cdot \left(\frac{2}{3} - \frac{1}{6}\right) = \frac{1}{2} \cdot \frac{1}{2} = \frac{1}{4}$

19

a) 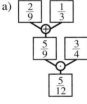   b)   c)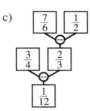

d)   e) 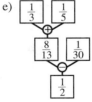   f)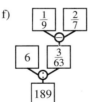

g) 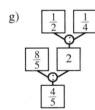   h)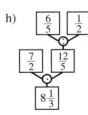

20

a) $\frac{7}{18}$ b) $1\frac{3}{20}$ c) $\frac{1}{2}$

d) $\frac{4}{5} - \frac{7}{10} = \frac{1}{10}$ e) $2\frac{7}{20}$ f) 10

Seite 92

Randspalte
Die vier „Zettel" sollen dazu dienen, die in den Aufgaben 22ff benötigten Begriffe Summe, Differenz, Produkt und Quotient über Beispiele zu definieren.

21

a) $\frac{3}{5} + 1\frac{2}{15} : 1\frac{9}{25} - \frac{9}{10} = \frac{8}{15}$ b) $1\frac{2}{3} + \frac{3}{7} \cdot 1\frac{1}{2} + \frac{11}{42} = 2\frac{4}{7}$

c) $1\frac{3}{4} : 8 + 9 : 1\frac{1}{3} = 6\frac{31}{32}$

22

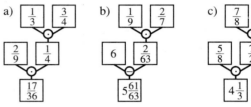

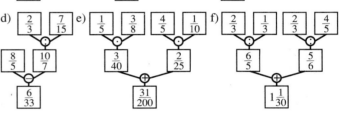

23

a) $\frac{3}{10} - \frac{1}{10} = \frac{1}{5}$ b) $\frac{5}{12} - \frac{3}{8} = \frac{1}{24}$

c) $\frac{11}{14} + \frac{3}{14} = 1$ d) $12 - 2 = 10$

e) $3\frac{4}{5} + 2\frac{4}{5} = 6\frac{3}{5}$ f) $9\frac{1}{6} - 6 = 3\frac{1}{6}$

24

a) $\frac{7}{18}$ b) $1\frac{1}{3}$ c) $\frac{7}{12}$ d) $\frac{9}{20}$ e) $\frac{29}{100}$ f) $\frac{5}{9}$

25

a) $3 - \frac{1}{20} = 2\frac{19}{20}$ b) $\frac{1}{2} - \frac{19}{84} = \frac{23}{84}$

c) $\frac{7}{5} - \frac{33}{35} = \frac{16}{35}$ d) $\frac{6}{5} - \frac{29}{30} = \frac{7}{30}$

e) $9 - 4\frac{11}{12} = 4\frac{1}{12}$ f) $\frac{11}{3} - 1\frac{7}{9} = 1\frac{8}{9}$

26

a) $9\frac{1}{10} : 2\frac{3}{5} = 3\frac{1}{2}$ b) $2 \cdot 5\frac{2}{15} + 5\frac{1}{15} = 15\frac{1}{3}$

c) $4\frac{2}{3} : 3\frac{7}{15} = 1\frac{9}{26}$

27

a) $\frac{1}{2} + \frac{1}{3} \cdot \frac{1}{4} = \frac{7}{12}$ $\frac{1}{2} + \frac{1}{3} : \frac{1}{4} = 1\frac{5}{6}$

$\frac{1}{2} \cdot \frac{1}{3} + \frac{1}{4} = \frac{5}{12}$ $\frac{1}{2} : \frac{1}{3} + \frac{1}{4} = 1\frac{3}{4}$

b) $\frac{1}{4} + \frac{1}{5} \cdot \frac{1}{6} = \frac{17}{20}$ $\frac{1}{4} + \frac{1}{5} : \frac{1}{6} = 1\frac{9}{20}$

$\frac{1}{4} \cdot \frac{1}{5} + \frac{1}{6} = \frac{13}{60}$ $\frac{1}{4} : \frac{1}{5} + \frac{1}{6} = 1\frac{5}{12}$

28

a) $\frac{1}{5} : \frac{3}{4} + \frac{4}{5} \cdot \frac{1}{5} = \boxed{\frac{32}{75}}$ $\frac{3}{8} : \frac{3}{4} + \frac{4}{5} \cdot \frac{3}{8} = \boxed{\frac{4}{5}}$

$\frac{4}{7} : \frac{3}{4} + \frac{4}{5} \cdot \frac{4}{7} = \boxed{1\frac{23}{105}}$ $\frac{3}{2} : \frac{3}{4} + \frac{4}{5} \cdot \frac{3}{2} = \boxed{3\frac{1}{5}}$

b) $\frac{7}{2} + \frac{1}{16} - \frac{5}{6} = \boxed{2\frac{35}{48}}$ $\frac{7}{2} + \frac{4}{9} - \frac{5}{6} = \boxed{3\frac{1}{9}}$

$2\frac{2}{3} + \frac{25}{4} = \boxed{8\frac{11}{12}}$ $2\frac{2}{3} + \frac{81}{16} = \boxed{7\frac{35}{48}}$

29 ✳

a) Beispiel: $\frac{3}{5} + \frac{2}{3} \cdot \frac{1}{6} = \frac{32}{45}$; $\left(\frac{3}{5} : \frac{2}{3}\right) + \frac{1}{6} = 1\frac{1}{15}$

b) $\frac{3}{5} + \frac{2}{3} : \frac{1}{6} = 4\frac{3}{5}$; $\left(\frac{3}{5} + \frac{2}{3}\right) : \frac{1}{6} = \frac{19}{15} \cdot 6 = \frac{38}{5} = 7\frac{3}{5}$

c) $\frac{3}{5} - \frac{2}{3} \cdot \frac{1}{6} = \frac{22}{45}$; $\left(\frac{2}{3} - \frac{3}{5}\right) \cdot \frac{1}{6} = \frac{1}{90}$

30

a) Summe; $1\frac{2}{5} \cdot 7 + \frac{4}{15} = 10\frac{1}{15}$

b) Differenz; $4\frac{3}{7} : \frac{5}{14} - 7\frac{3}{10} = 5\frac{1}{10}$

c) Differenz; $54 - 8\frac{5}{9} \cdot 2\frac{5}{11} = 54 - 21 = 33$

d) Summe; $2\frac{9}{10} + \frac{5}{12} : \frac{5}{24} = 4\frac{9}{10}$

31 ✳

a) Differenz; $\frac{5}{6} + \frac{2}{9} - \left(\frac{1}{3} - \frac{1}{4}\right) = 1\frac{1}{18} - \frac{1}{12} = \frac{35}{36}$

b) Summe; $\left(\frac{7}{5} - \frac{11}{40}\right) + \left(\frac{5}{9} - \frac{3}{8}\right) = 1\frac{1}{8} + \frac{13}{72} = 1\frac{11}{36}$

c) Quotient; $\left(\frac{1}{3} + \frac{1}{8}\right) : \left(\frac{5}{3} - \frac{3}{4}\right) = \frac{11}{24} : \frac{11}{12} = \frac{1}{2}$

d) Summe; $\frac{21}{8} \cdot \frac{4}{3} + \frac{25}{26} : \frac{5}{13} = 3\frac{1}{2} + 2\frac{1}{2} = 6$

e) Produkt; $\left(\frac{5}{12} + \frac{3}{5}\right) \cdot \left(2 - \frac{1}{61}\right) = 1\frac{1}{60} \cdot 1\frac{60}{61} = 2\frac{1}{60}$

Seite 93

32

$3\frac{1}{2} \cdot 2\frac{1}{2} - \left(1\frac{1}{2} + 2 \cdot \frac{9}{10}\right) + 1\frac{1}{2} = 8\frac{3}{4} - 3\frac{3}{10} + 1\frac{1}{2} = 5\frac{9}{20} + 1\frac{1}{2} = 6\frac{19}{20}$

Da der Kaufmann nur ganze m² verkauft, braucht Jasmins Vater 7 m² Tapete.

33 ✳

$1 - \frac{1}{2} \cdot \frac{1}{3} - \frac{1}{4} = 1 - \frac{1}{6} - \frac{1}{4} = \frac{7}{12}$ (läßt die Katze übrig)

$1 - \frac{1}{2} - \frac{1}{3} \cdot \frac{1}{4} = \frac{5}{12}$ (läßt der Hund übrig)

34

a) $\left(22\frac{1}{2} \cdot \frac{1}{4}\right) \cdot \frac{2}{5} = 2\frac{1}{4}$ ha Nadelbäume.

b) $\left(22\frac{1}{2} \cdot \frac{3}{4}\right) \cdot \frac{5}{9} = 9\frac{3}{8}$ ha Hackfrüchte.

35

7a: $1\frac{3}{4}$ t $+ 2\frac{1}{2}$ t $= 4\frac{1}{4}$ t   7b: $\frac{9}{10}$ t $+ 3\frac{1}{4}$ t $= 4\frac{3}{20}$ t

$4\frac{5}{20} - 4\frac{3}{20} = \frac{2}{20} = \frac{1}{10}$

Klasse 7a sammelt $\frac{1}{10}$ t = 100 kg mehr.

Das Bild zeigt die Langkofelgruppe (Dolomiten/Italien) vom Sellapaß (Sella ≙ Sattel) aus.
Von links nach rechts: Grohmannspitze (3126 m), Fünffingerspitze (2996 m) mit dem Daumen (rechter Felssporn), Langkofelscharte (2681 m), Langkofel (3178 m). Die Felsabstürze des Langkofels sind nahezu 1000 m (!) hoch.
Die Seilbahn führt vom Sellajoch zur Langkofelscharte hoch.
Im Vordergrund unterhalb von Scharte und Langkofel: die „Steinerne Stadt". Die Felsblöcke erreichen Höhen von 10–20 m.

36

$9\frac{1}{2}$ h $- \left(3\frac{1}{4}\text{ h} + 2\frac{1}{2}\text{ h}\right) = 9\frac{1}{2} - 5\frac{3}{4} = 3\frac{3}{4}$ h ≙ 3 h 45 min.

Es blieben $3\frac{3}{4}$ h, also 3 Stunden 45 Minuten, übrig.

37

$4\frac{1}{4} \cdot 21\frac{1}{5} = 90\frac{1}{10}$ (Er erhält 90,10 DM.)

Vermischte Aufgaben

38 ✳

a)

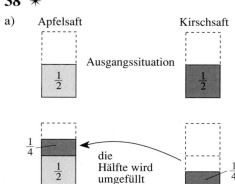

Apfelsaft — Kirschsaft — Ausgangssituation — die Hälfte wird umgefüllt — $\frac{1}{3}$ wird wieder zurückgegossen

$\frac{2}{3} \cdot \left(\frac{1}{4} + \frac{1}{2}\right) = \frac{1}{2}$ $\quad \frac{1}{4} + \frac{1}{3} \cdot \left(\frac{1}{4} + \frac{1}{2}\right) = \frac{1}{2}$

b) Anteil der Kirschsaftes im linken Krug: $\frac{1}{3}$
c) Anteil des Apfelsaftes im rechten Krug: $\frac{1}{3}$
Jeweilige Menge in Litern berechnet: $\frac{1}{3} \cdot \frac{1}{2} = \frac{1}{6}\,l$

39 ✳

$\frac{3}{4} - \frac{1}{2} = \qquad\qquad \frac{1}{4}$
$\frac{3}{4} \cdot \frac{8}{9} - \frac{1}{2} = \frac{2}{3} - \frac{1}{2} = \frac{1}{6}$
$\frac{2}{3} \cdot \frac{15}{16} - \frac{1}{2} = \frac{5}{8} - \frac{1}{2} = \frac{1}{8}$
$\frac{5}{8} \cdot \frac{24}{25} - \frac{1}{2} = \frac{3}{5} - \frac{1}{2} = \frac{1}{10}$
$\frac{3}{5} \cdot \frac{35}{36} - \frac{1}{2} = \frac{7}{12} - \frac{1}{2} = \frac{1}{12}$
$\frac{7}{12} \cdot \frac{48}{49} - \frac{1}{2} = \frac{4}{7} - \frac{1}{2} = \boxed{\frac{1}{14}}$

Der Nenner wächst in der Folge der geraden Zahlen an.

$\ldots \cdot \frac{99}{100} - \frac{1}{2} = \frac{1}{20}$

Allgemein ergibt sich $\frac{1}{2n}$, wenn n^2 die letzte Quadratzahl im Nenner ist.
Im Zähler steht das Produkt der Zahlen (k^2-1) für $k = 2$, ..., n. Wegen $k^2 - 1 = (k-1) \cdot (k+1)$ kommen im Zähler die Faktoren 3, 4, ..., $(n-1)$ in 2. Potenz, die Faktoren 1, 2, n, $(n+1)$ in 1. Potenz vor. Der Nenner enthält die Quadrate von 2, 3, ..., n. Damit ergibt sich nach Kürzen der Quotient $\frac{n+1}{2n}$, und es gilt $\frac{n+1}{2n} - \frac{1}{2} = \frac{1}{2n}$.

10 Vermischte Aufgaben

Seite 94

1

a) 1   b) $\frac{2}{3}$ c) $\frac{16}{13} = 1\frac{3}{13}$
   1       $\frac{3}{4}$ $\frac{36}{19} = 1\frac{17}{19}$
   1       $\frac{2}{5}$ $\frac{8}{5} = 1\frac{3}{5}$

d) $\frac{4}{9}$ e) $\frac{2}{11}$ f) $\frac{1}{8}$
   $\frac{1}{5}$ $\frac{7}{17}$ $\frac{3}{5}$
   $\frac{1}{2}$ $\frac{12}{23}$ $\frac{1}{5}$

2

a) $\frac{2}{5}$ b) $\frac{2}{9}$ c) $\frac{6}{32} = \frac{3}{16}$ d) $\frac{7}{15}$

e) $\frac{13}{19}$ f) $\frac{47}{45}$ g) $\frac{11}{27}$ h) $\frac{16}{44} = \frac{4}{11}$

3

a) $6\frac{2}{3}$ b) $2\frac{1}{2}$ c) $2\frac{3}{4}$
   $12\frac{2}{3}$ $3\frac{1}{4}$ $7\frac{4}{5}$
   $16\frac{4}{5}$ $2\frac{1}{5}$ $8\frac{19}{30}$

4

a) $\frac{3}{5}\,l$ b) $\frac{1}{25}$ kg   c) $\frac{5}{3}$ km $= 1\frac{2}{3}$ km
   $\frac{4}{5}\,l$ $\frac{1}{5}$ kg $\frac{4}{3}$ km $= 1\frac{1}{3}$ km
   $1\,l$ $\frac{1}{2}$ kg $1\frac{1}{5}$ km

5

$72\frac{1}{4}$ kg $- 58\frac{3}{4}$ kg $= 13\frac{1}{2}$ kg

6

$1 - 16 \cdot \frac{1}{20} = 1 - \frac{4}{5} = \frac{1}{5}$ (für Zufahrtswege)

7

a) $\frac{5}{8}$ b) $\frac{4}{25}$ c) $\frac{19}{24}$
   $\frac{11}{12}$ $\frac{1}{21}$ $\frac{25}{36}$
   $\frac{7}{9}$ $\frac{2}{33}$ $\frac{41}{45}$

94–95 Vermischte Aufgaben

d) $\frac{1}{12}$ e) $1\frac{49}{198}$ f) $\frac{17}{60}$

$\frac{7}{48}$ $1\frac{20}{57}$ $\frac{1}{15}$

$\frac{11}{70}$ $1\frac{49}{144}$ $\frac{37}{204}$

8
a) $\frac{9}{12} = \frac{3}{4}$ b) $\frac{12}{20} = \frac{3}{5}$ c) $\frac{15}{40} = \frac{3}{8}$
d) $\frac{3}{18} = \frac{1}{6}$ e) $\frac{21}{36} = \frac{7}{12}$ f) $\frac{35}{56} = \frac{5}{8}$

9
a) $1\frac{19}{20} \cdot 2 = 3\frac{9}{10}$ m   b) $\frac{4}{5}$ m $\cdot 4 = \frac{16}{5} = 3\frac{1}{5}$ m
c) $4\frac{14}{15}$ dm   d) $5\frac{1}{10}$ m

10
a) $\frac{1}{3} \to \frac{5}{6} \to 1\frac{1}{3} \to 1\frac{5}{6} \to 2\frac{1}{3} \to 2\frac{5}{6} \to 3\frac{1}{3} \to 3\frac{5}{6} \to 4\frac{1}{3}$
$\to 4\frac{5}{6} \to 5\frac{1}{3}$
b) $10 \to 9\frac{1}{3} \to 8\frac{2}{3} \to 8 \to 7\frac{1}{3} \to 6\frac{2}{3} \to 6 \to 5\frac{1}{3} \to$
$\to 4\frac{2}{3} \to 4 \to 3\frac{1}{3} \to 2\frac{2}{3} \to 2 \to 1\frac{1}{3} \to \frac{2}{3} \to 0$

11
a) $6\frac{9}{11}$ b) $9\frac{1}{2}$ c) $\frac{3}{11}$
$6\frac{2}{3}$ $5\frac{4}{7}$ $\frac{31}{30} = 1\frac{1}{30}$
$8\frac{9}{13}$ $\frac{5}{8}$ $3\frac{13}{100}$
d) $13\frac{13}{18}$ e) $19\frac{5}{27}$ f) $7\frac{61}{104}$
$1\frac{1}{8}$ $1\frac{16}{35}$ $1\frac{125}{156}$
$\frac{7}{12}$ $1\frac{33}{85}$ $18\frac{47}{165}$

Seite 95

12
a) $\frac{1}{2} > \frac{1}{4}$
b) $\frac{7}{15} < \frac{7}{12}$
c) $\frac{54}{20} > \frac{49}{20}$
d) $\frac{2}{63} < \frac{5}{63}$
e) $\frac{7}{6} = \frac{7}{6}$
f) $\frac{1}{42} < \frac{3}{40}$

13 ✶

a)

$\frac{1}{4}$	3	2	$\frac{13}{4}$
$3\frac{1}{2}$	$1\frac{3}{4}$	$\frac{11}{4}$	$\frac{1}{2}$
$\frac{15}{4}$	$\frac{3}{2}$	$2\frac{1}{2}$	$\frac{3}{4}$
1	$\frac{9}{4}$	$\frac{5}{4}$	4

Magische Summe: $8\frac{1}{2}$

b)

$\frac{1}{12}$	1	$\frac{2}{3}$	$1\frac{1}{12}$
$\frac{7}{6}$	$\frac{7}{12}$	$\frac{11}{12}$	$\frac{1}{6}$
$1\frac{1}{4}$	$\frac{1}{2}$	$\frac{5}{6}$	$\frac{1}{4}$
$\frac{1}{3}$	$\frac{3}{4}$	$\frac{5}{12}$	$\frac{4}{3}$

Magische Summe: $2\frac{5}{6}$

c)

8	$\frac{3}{2}$	1	$\frac{13}{2}$
$2\frac{1}{2}$	5	$\frac{11}{2}$	4
$4\frac{1}{2}$	3	$3\frac{1}{2}$	6
2	$7\frac{1}{2}$	7	$\frac{1}{2}$

Magische Summe: 17

d)

$\frac{9}{5}$	$1\frac{3}{10}$	$1\frac{7}{10}$	$\frac{3}{5}$
$\frac{7}{10}$	$\frac{8}{5}$	$\frac{6}{5}$	$1\frac{9}{10}$
$\frac{4}{5}$	$\frac{3}{2}$	$\frac{11}{10}$	2
$2\frac{1}{10}$	1	$\frac{7}{5}$	$\frac{9}{10}$

Magische Summe: $5\frac{2}{5}$

14
a) $\frac{3}{4} - \frac{5}{28} = \frac{4}{7}$ b) $\frac{3}{5} - \frac{1}{5} = \frac{2}{5}$
   $+$ $+$ $+$ $+$ $+$ $+$
   $\frac{23}{60} - \frac{13}{84} = \frac{8}{35}$ $\frac{13}{18} - \frac{2}{9} = \frac{1}{2}$
   $\frac{17}{15} - \frac{1}{3} = \frac{4}{5}$ $\frac{119}{90} - \frac{19}{45} = \frac{9}{10}$

✶

Aufgabe mit roter Karte.

$\frac{1}{8} + \frac{1}{24} + \frac{1}{5} + \frac{7}{12} + \frac{1}{10} = 1\frac{1}{20}$

Der Summenwert ist $\frac{1}{20}$ zu hoch. Welcher Bruch kann nun – durch Änderung einer einzigen Ziffer – um $\frac{1}{20}$ vermindert werden?

$\frac{1}{10} - \frac{1}{20} = \frac{1}{20}$ Also statt $\frac{1}{10}$ wäre $\frac{1}{20}$ richtig.

16
a) $1\frac{9}{11}$ b) $1\frac{5}{9}$ c) $2\frac{7}{8}$ d) $2\frac{4}{21}$
e) $1\frac{10}{11}$ f) $4\frac{5}{13}$ g) $1\frac{3}{7}$ h) $1\frac{3}{8}$

17
a) $\frac{9}{6} + 1\frac{1}{2} - \frac{1}{2} + \frac{7}{12} = 2\frac{1}{2} + \frac{7}{12} = 3\frac{1}{12}$
b) $2\frac{11}{60}$
c) $2\frac{43}{48}$
d) $5\frac{41}{100}$

Vermischte Aufgaben   95–96

18
a) $3\frac{13}{36}$ b) $2\frac{1}{4}$ c) $7\frac{19}{30}$ d) $3\frac{47}{60}$ e) $3\frac{7}{60}$

19 ✻
a) $\frac{19}{63}$ b) $1\frac{49}{50}$ c) $\frac{551}{2431}$ d) $\frac{8}{21}$ e) $\frac{101}{222}$ f) $\frac{331}{2205}$

20 ✻
a) $1 + \frac{7}{60} + \frac{25}{3600} = \frac{4045}{3600} \left(= 1\frac{89}{720}\right)$
b) $1 + \frac{1}{60} + \frac{1}{360} = 1\frac{37}{360} = \frac{3970}{3600} \left(= 1\frac{37}{360}\right)$
c) $4 + \frac{40}{60} + \frac{15}{3600} = \frac{16815}{3600} \left(= \frac{3363}{720} = \frac{1121}{240} = 4\frac{161}{240}\right)$
d) $\frac{7}{60} + \frac{50}{3600} = \frac{470}{3600} \left(= \frac{47}{360}\right)$
e) $6 + \frac{30}{60} = \frac{23400}{3600} \left(= 6\frac{1}{2}\right)$
f) $\frac{1}{60} = \frac{60}{3600}$
g) $\frac{1}{3600}$
h) $3 + \frac{5}{60} + \frac{2}{3600} \left(= 3\frac{151}{1800}\right) = \frac{11102}{3600} = \frac{5551}{1800}$
i) $2 + \frac{22}{60} + \frac{22}{3600} = \frac{8542}{3600} \left(= \frac{4271}{1800} = 2\frac{671}{1800}\right)$

Seite 96

21
a) $1\frac{3}{4}$ m · 4 = 7 m
b) $\frac{4}{5}$ dm · 4 = $3\frac{1}{5}$ dm
c) $1\frac{1}{4}$ dm · 12 = 15 dm
d) $\frac{1}{4}$ m · 4 + $\frac{7}{10}$ m · 4 + $1\frac{1}{2}$ m · 4 = $9\frac{4}{5}$ m

22
a) $\frac{8}{15}$ b) $\frac{4}{5}$ c) $\frac{7}{20}$ d) $9\frac{1}{2}$ e) $3\frac{3}{4}$ f) $4\frac{9}{40}$
   $\frac{63}{500}$ $\frac{4}{7}$ $\frac{2}{7}$ $34\frac{2}{3}$ $5\frac{1}{11}$ $8\frac{1}{15}$
   $\frac{40}{99}$ $\frac{4}{3}=1\frac{1}{3}$ $\frac{3}{13}$ 86   6 $12\frac{8}{9}$

23
a) $\frac{3}{8}$ kg   b) $\frac{3}{8}$ kg   c) $1\frac{1}{9}$ m
d) $\frac{2}{3}$ t   e) $2\frac{4}{5}$ km   f) $\frac{3}{4}$ m³

24
a) $\frac{21}{32}$ b) $\frac{3}{4}$ c) $\frac{1}{8}$ d) $4\frac{7}{8}$ e) $1\frac{1}{14}$ f) $\frac{10}{33}$
   $1\frac{1}{2}$ $\frac{4}{7}$ $\frac{8}{45}$ 14 $\frac{32}{33}$ $\frac{1}{2}$
   $\frac{9}{14}$ $\frac{5}{8}$ $\frac{4}{21}$ 24 $\frac{2}{3}$ $\frac{4}{5}$

25
a) $\frac{2}{5}$ b) $\frac{4}{5}$ c) $1\frac{3}{5}$ d) $1\frac{4}{7}$ e) $1\frac{1}{3}$ f) $\frac{3}{4}$

26
a) $\frac{12}{11} = 1\frac{1}{11}$ b) $\frac{8}{3} = 2\frac{2}{3}$ c) $\frac{7}{6} = 1\frac{1}{6}$ d) $\frac{9}{10}$
e) $\frac{2}{5}$ f) $\frac{3}{40}$ g) $\frac{7}{8}$ h) $\frac{5}{17}$

27
a) ·   b) ·   c) :   d) :
e) +   f) −   g) −   h) +

28
a) $\left(\frac{1}{3} \cdot 3\right) \cdot \frac{5}{6} = \frac{5}{6}$
b) $\left(\frac{2}{3} \cdot \frac{3}{4}\right) \cdot \frac{1}{2} = \frac{1}{4}$
c) $4 \cdot \left(\frac{6}{7} \cdot \frac{14}{3}\right) = 16$
d) $1\frac{3}{5} \cdot \left(\frac{3}{4} \cdot 2\right) = 2\frac{2}{5}$
e) $1\frac{1}{3} \cdot \left(\frac{9}{10} \cdot \frac{5}{27}\right) = \frac{2}{9}$
f) $\left(\frac{2}{5} \cdot \frac{5}{2}\right) \cdot \frac{1}{4} = \frac{1}{4}$

29
a) 1   b) 2   c) 3   d) 4

30
a) 8 + 2 = 10
b) $9 - \frac{4}{3} = 7\frac{2}{3}$
c) $6 - \frac{1}{2} = 5\frac{1}{2}$
d) $\frac{7}{8} - \frac{3}{4} = \frac{1}{8}$
e) 42 − 40 = 2
f) $\frac{33}{16} \cdot \frac{2}{3} = \frac{11}{8} = 1\frac{3}{8}$
g) $4\frac{1}{3} : 13 = \frac{1}{3}$
h) $1\frac{1}{4} : 1\frac{1}{4} = 1$

31
a) 1   b) 1   c) 1

Seite 97

32
a) $\left(\frac{7}{4}+\frac{5}{9}\right)-\left(\frac{3}{4}+\frac{5}{6}\right)=\frac{13}{18}$
b) $\left(\frac{17}{3}-\frac{7}{5}\right)-\left(\frac{3}{4}+\frac{5}{6}\right)=2\frac{41}{60}$
c) $\left(\frac{1}{2}+\frac{4}{5}+\frac{13}{6}\right)-\left(\frac{3}{4}+\frac{5}{6}\right)=1\frac{53}{60}$
d) $\left(\frac{46}{24}-\frac{9}{60}\right)-\left(\frac{3}{4}+\frac{5}{6}\right)=\frac{11}{60}$
e) $\frac{2}{3}\cdot\frac{11}{4}-\left(\frac{3}{4}+\frac{5}{6}\right)=\frac{1}{4}$

33
$980 \cdot \frac{2}{7} = 280$ Schüler kommen mit dem Bus zur Schule
$980 \cdot \frac{1}{4} = 245$ Schüler kommen mit dem Rad zur Schule
$980 - (280 + 245) = 455$ Schüler kommen zu Fuß zur Schule

34
$1200 \cdot \frac{47}{100} = 564$ Bürger stimmten für Partei A
$1200 \cdot \frac{34}{100} = 408$ Bürger stimmten für Partei B
$1200 - (564 + 408) = 288$ Bürger stimmten für Partei C

35 ✱
a) $1 - \frac{1}{4} - \frac{1}{5} - \frac{1}{8} - \frac{1}{10} = \frac{13}{40}$ Restanteil
b) $3400 \cdot \frac{27}{40} = 2295\ l$
c) $8320 \cdot \frac{27}{40} = 5616\ l$

36
$\frac{1}{2}$ kg $\cdot \frac{3}{2} = \frac{3}{4}$ kg Rindfleisch
$\frac{1}{4}$ kg $\cdot \frac{3}{2} = \frac{3}{8}$ kg Kartoffeln
$\frac{3}{4}$ kg $\cdot \frac{3}{2} = 1\frac{1}{8}$ kg Gemüse
50 g $\cdot \frac{3}{2} = 75$ g Fett
25 g $\cdot \frac{3}{2} = 37\frac{1}{2}$ g Mehl
$\frac{1}{2}\ l \cdot \frac{3}{2} = \frac{3}{4}\ l$ Brühe
$\frac{1}{8}\ l \cdot \frac{3}{2} = \frac{3}{16}\ l$ saure Sahne

37
a) $\frac{3}{4}$ ist mehr, und zwar $\frac{15}{20} - \frac{14}{20} = \frac{1}{20}\ l$
$\frac{1}{20}\ l \,\hat{=}\, 50$ ml mehr.
b) $\frac{7}{10} : \frac{1}{10} = 7$ Gläser; $\frac{15}{20} : \frac{1}{10} = 7\frac{1}{2}$ Gläser

38

	Tunnels	freie Strecken	Geländeeinschn.	Dämme	Brücken	
Länge in km	26	4	40	24	6	100
Anteil	$\frac{13}{50}$	$\frac{2}{50}$	$\frac{2}{5}$	$\frac{6}{25}$	$\frac{3}{50}$	= 1

39 ✱
Ja, man kann: $4 \cdot \frac{3}{4}\ l + 3 \cdot \frac{2}{3}\ l = 5\ l$

Thema: Bruchrechnung nach Noten

Viele Schülerinnen und Schüler wissen vermutlich nicht, wie Noten- und Pausenwerte zu bestimmen sind. Sie werden auch ganz erstaunt sein, daß die Takte eines Musikstückes fast immer denselben Wert haben.
Die Taktwerte können die Schülerinnen und Schüler durch Addition errechnen. Kürzen ist hierbei sinnlos. Ob es sich um einen $\frac{3}{4}$- oder $\frac{6}{8}$-Takt handelt, kann nicht entschieden werden, wenn nur ein kurzer Ausschnitt aus dem Musikstück gezeigt wird.

Seite 98

1

Die Noten- bzw. Pausenwerte werden schrittweise halbiert. Bei den Notenwerten gilt folgendes:
- Die ganze Note ist hohl und ohne Hals.
- Die halbe Note ist hohl mit Hals.
- Die $\frac{1}{4}$-Note ist voll und mit Hals.
- Die $\frac{1}{8}$-Note ist voll und mit Hals und mit einem Fähnchen.
- Jede weitere Halbierung wird durch ein weiteres Fähnchen gekennzeichnet.

Bei den Pausenwerten gilt folgendes:
- Die ganze Pause hängt oben an der Notenlinie.
- Die halbe Pause befindet sich oberhalb der Notenlinie.
- Die $\frac{1}{4}$-Pause hat ein spezielles Zeichen.
- Die $\frac{1}{8}$-Pause ist ein Schrägstrich mit einem Häkchen.
- Jede weitere Halbierung wird durch ein weiteres Häkchen gekennzeichnet.

2

a) $\frac{6}{8}$ b) $\frac{4}{4}$

3

a) $\xi\left(\frac{1}{4}\right)$ b) $\xi\left(\frac{1}{4}\right)$ c) $\xi\left(\frac{1}{8}\right)$ d) $\xi\left(\frac{1}{8}\right)$

4

Korrektur im Schülerbuch:
Bei der Berechnung des Notenwertes ergibt sich $\frac{3}{8}$ statt $\frac{3}{4}$

a) $1 + \frac{1}{2} \cdot 1 = 1\frac{1}{2}$ b) $\frac{1}{2} + \frac{1}{2} \cdot \frac{1}{2} = \frac{3}{4}$
c) $\frac{1}{16} + \frac{1}{2} \cdot \frac{1}{16} = \frac{3}{32}$ d) $\frac{1}{4} + \frac{1}{2} \cdot \frac{1}{4} = \frac{3}{8}$

5

a) $1 + \frac{1}{2} \cdot 1 + \frac{1}{4} \cdot 1 = 1\frac{3}{4}$
a) $\frac{1}{2} + \frac{1}{2} \cdot \frac{1}{2} + \frac{1}{4} \cdot \frac{1}{2} = \frac{7}{8}$
a) $\frac{1}{8} + \frac{1}{2} \cdot \frac{1}{8} + \frac{1}{4} \cdot \frac{1}{8} = \frac{7}{32}$

6

a) $\frac{3}{4}$ b) $\frac{4}{4}$ c) $\frac{4}{4}$ d) $\frac{6}{8}$ e) $\frac{3}{2}$ f) $\frac{4}{4}$

Seite 99

7

a) $\frac{7}{8}$ b) $\frac{4}{4}$ c) $\frac{9}{8}$ d) $\frac{9}{4}$

8

a) $\frac{3}{4}, \frac{4}{4}, \frac{6}{8}, \frac{6}{8}$

b) Leise rieselt der Schnee; O du fröhliche; Stille Nacht; Süßer die Glocken nie klingen

9

Zur Information: p bedeutet piano (leise).

1. Takt: $9 \cdot \frac{1}{8} = \frac{9}{8}$
2. Takt: $\frac{3}{8} + 3 \cdot \frac{1}{8} + \frac{1}{4} + \frac{1}{8} = \frac{9}{8}$
3. Takt: $\frac{1}{8} + 4 \cdot \frac{1}{16} + 3 \cdot \frac{1}{8} + \frac{1}{4} + \frac{1}{8} = \frac{9}{8}$
4. Takt: $3 \cdot \frac{1}{8} + \frac{3}{8} + 3 \cdot \frac{1}{8} = \frac{9}{8}$

10

a) $3 \cdot \frac{5}{7}$ s $= \frac{15}{7}$ s $= 2\frac{1}{7}$ s

b) 1 Viertelnote in $\frac{60}{120}$ s $= \frac{1}{2}$ s

   4 Viertelnoten in $4 \cdot \frac{1}{2}$ s $= 2$ s

c) 1 Viertelnote in $\frac{60}{112}$ s $= \frac{15}{28}$ s

   $\frac{6}{8}$-Takt dauert $3 \cdot \frac{15}{28}$ s $= \frac{45}{28}$ s $= 1\frac{17}{28}$ s

d) 1 Viertelnote in $\frac{1}{2}$ s (siehe b): für die $\frac{1}{16}$-Note braucht der Klarinettist $\frac{1}{2}$ s $: 4 = \frac{1}{8}$ s.

IV Geometrische Figuren

Der Kreis ist die ideale ebene Figur. Euklid erklärt den Kreis als Flächenstück und als Linie mit Hilfe der Streckenkongruenz, also durch den Radius. Zu dieser Definition passen der Hexenring und die Kreisbögen, auf denen Hände und Füße bei Drehbewegungen geführt werden.

Das keltische Observatorium von Stonehenge ist kreisförmig im Grundriß, weil alle Beobachtungsrichtungen gleichberechtigt sind; hier liegt die Symmetrie des Kreises zugrunde.

Eine völlig andere, im Buch nicht angesprochene Eigenschaft charakterisiert ebenfalls den Kreis: die Konstanz der Krümmung, also (vereinfacht gesagt) die gleich große Drehung bezogen auf gleich große Wege. Daher bewegt sich ein Fahrzeug mit fest eingeschlagener Lenkung auf einem Kreis.

Unter allen Kurven gleicher Länge umschließt der Kreis die Fläche größten Inhalts. Es mag erstaunen, daß der exakte Beweis dieser höchst plausiblen Tatsache erst im 19. Jh. erbracht wurde.

1 Kreis

Seite 102

1

Statt mit dem Zirkel im Buch zu werkeln, sollte man einen Papierstreifen benutzen, auf den die Skala übertragen ist.
Es ist klar, daß nicht die Entfernung von Ortsrand zu Ortsrand zu messen ist. Wie bei den amtlichen Entfernungsangaben auf Verkehrsschildern gelten die Ortsmitten, in der Karte durch Punkte markiert.

Weniger als 50 km von Idar-Oberstein entfernte Orte:
Bad Kreuznach
Kaiserslautern
Neunkirchen
Wittlich
Simmern

Etwa 100 km von Idar-Oberstein entfernt:
Frankfurt, Darmstadt, Heidelberg

2

Hier darf und soll probiert werden, ohne „geometrisch perfekte" Kreise zu erwarten.

Seite 103

3

Häufiger als Kreise sieht man Kreisbögen.
b) v.a. Ballspielfelder
Wurfsport

4

Es entsteht eine konzentrische Figur, bei der die Abstände zwischen den Kreisen immer gleich groß sind.

7
a) 4 Punkte: (8/4), (14/10), (8/16), (2/10)
b) 12 Punkte: (8/5), (11/6), (12/7), (13/10),
   (12/13), (11/14), (8/15), (5/14),
   (4/13), (3/10), (4/7), (5/6)

Wäre der Kreismittelpunkt der Punkt (0/0), so erhielte man die Koordinaten als ganzzahlige Lösungen der Gleichung $x^2 + y^2 = 36$ bzw. $x^2 + y^2 = 25$.

8

b) Faulingen und Calben
c) Dollbach, Eselheim, Glotzbrunn, Hintermond, Irrhof

Mit Zirkel und Buntstift
Bei den Bandornamenten empfiehlt es sich, zunächst sehr dünn zu zeichnen und die richtigen Überschneidungen durch Radieren herzustellen.

Seite 104

9

Die Skala wird auf einen Papierstreifen übertragen und bis zur Marke 20 verlängert.
Der wirkliche Schwenkkreis liegt horizontal. Sein Mittelpunkt liegt auf der Mittelachse des Turms, sein Radius ist der Abstand dieser Achse vom herabhängenden Seil.
a) 19 m
b) Der größtmögliche Schwenkkreis entsteht, wenn der Arm in die Waagerechte gedreht wird. Sein Radius ist etwa 21 m.

10

F-Stadt

Winkel

11

a)
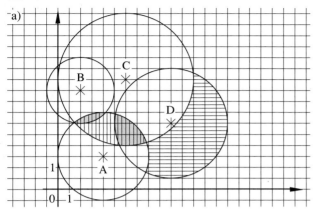

b) Es gibt kein solches Gebiet.
c)
Empfangsgebiete	Schraffur
nur D	≡
A und C, nicht B	‖‖
drei Sender	▪

12

$\overline{AB}$ und $\overline{AC}$ sind Radien des linken Kreises.
$\overline{BA}$ und $\overline{BC}$ sind Radien des rechten Kreises.
Da die Strecken $\overline{AB}$ und $\overline{BA}$ gleich und damit gleich lang sind, sind auch $\overline{AC}$ und $\overline{BC}$ gleich lang.

13

In Relation zu den kleinen Pfennigen erscheint der Zehner größer als in Relation zu den Zweimarkstücken.

14

Hier handelt es sich um Wahrnehmungstäuschungen:
a) Die rote Figur ist tatsächlich ein Quadrat
b) Beide Kreise sind gleich groß.

15

Zunächst könnte es scheinen, man müsse 5 Zehner wegnehmen. Nimmt man aber aus der mittleren Reihe einen Zehner weg und schiebt die 4 übrigen so, daß man die Zehner der zwei anderen Reihen „auf Lücke" legen kann, passen 14 Zehner in das Rechteck.

2 Winkel

Seite 105

1

Der näher an der Kreuzung befindliche Radfahrer ist im Rückspiegel nicht zu sehen. Zusätzliche Weitwinkelspiegel sind leider noch nicht vorgeschrieben.

2

Beim Hund stehen die Augen seitlich, beim Mensch vorne, beim Frosch oben.

Seite 106

3

Es ist darauf zu achten, daß die Kennzeichnung der Schenkel mit dem Drehsinn erfolgt.

4

	α	β	γ	δ
a)	BAC	CBA	ACB	–
b)	BAD	CBA	DCB	ADC
c)	CAB	ABC	BCA	–
d)	DAB	ABC	BCD	CDA

Da die Bezeichnung zyklisch um die Drei- bzw. Vierecke herumläuft, genügt es, je einen Winkel zu ermitteln; die übrigen ergeben sich durch zyklische Vertauschung der Buchstaben.

5

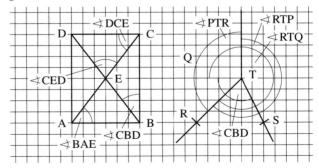

6 ✶

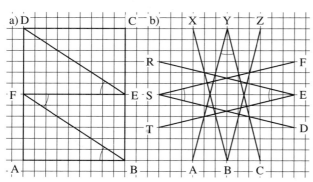

7

Um keine unangemessene Schwierigkeit zu erzeugen, gehen alle Lichtstrahlen vom markierten Mittelpunkt der Lampe aus. Der Schatten paßt ganz auf die Hauswand.

8

Vgl. das zu Aufgabe 7 Gesagte. Der Schatten des ersten Schuppens ist etwas mehr als 6 K hoch, der des zweiten etwas weniger als 6 K.

3 Winkelmessung

Seite 107

1

Das Flußpferd

2

Diese Winkelscheiben können später, bei Lerneinheit 4 „Einteilung der Winkel" wieder eingesetzt werden.

Seite 108

3

d) ist am größten,   g) am kleinsten.

5

a) 34°   b) 53°   c) 104°
d) 158° e) 60°   f) 121°

7

	α	β	γ	δ
a)	55°	60°	65°	–
b)	54°	52°	74°	–
c)	67°	93°	107°	93°
d)	74°	76°	97°	113°

Alle Winkelmaße sind auf Ganze gerundet.

8 ✏

$\alpha = 53°$, $\beta = 82°$, $\gamma = 34°$, $\delta = 27°$, $\varepsilon = 37°$

Seite 109

10

a) 30 min   b) 15 min
c) 5 min   d) 10 min
e) 2 min

Nur bei allzu strenger Sichtweise handelt es sich hier und in Aufgabe 11 um Dreisatzaufgaben!

11

a) 120° b) 90°   c) 36°   d) 30°
e) 6°   f) 1,5° g) 4,5° h) 1°

Einteilung der Winkel | 109–111

> **Winkel auf der Erde. Das Gradnetz**
>
> Die Kreisbögen, die Mainz mit dem Äquator bzw. mit dem Nordpol verbinden, haben Winkel von 50° bzw. 90° − 50° = 40°. Mainz liegt also näher am Nordpol als am Äquator.
> Der Nordpol ist durch 90° nördlicher Breite, der Südpol durch 90° südlicher Breite gekennzeichnet. Eine Längenangabe ist nicht sinnvoll.
>
> Eine hierher passende Aufgabe der Unterhaltungsmathematik:
> Jemand geht 1 km nach S, 1 km nach O, 1 km nach W und kommt damit zum Ausgangspunkt zurück. Wo begann der Weg?
> Eine Antwort ist bekannt: Im Nordpol.
> Diese ist aber nicht vollständig. Es gibt einen südlichen Breitenkreis (ohne ganzzahligen Gradwert), der 1 km lang ist. Jeder Punkt, der 1 km nördlich dieses Kreises liegt, wird nach dem vorgeschriebenen Weg wieder erreicht.
> Auf Breitenkreisen von $\frac{1}{2}$ km, $\frac{1}{3}$ km, …kann man 2, 3 …Runden drehen. Daher gibt es noch weitere Startpunkte!

12
19°

13
Zusatzaufgabe mit sehr hohem Zeitaufwand.

14 ✻
Von links nach rechts sind 6 rechtsgekrümmte und 4 linksgekrümmte Kurvenstücke zu durchfahren. Das ergibt insgesamt eine Rechtsdrehung (also im Uhrzeigersinn) um $(6 - 4) \cdot \frac{1}{12} \cdot 360° = 60°$.
Andere Lösung: Man verlängert das Anfangs- und das Endstück so, daß die Richtungsgeraden zum Schnitt kommen. Sie schließen einen Winkel von 60° ein.

15
∢AMB = 70°, ∢BMC = 67°, ∢CMD = 46°, ∢DME = 123°, ∢EMA = 54°
Die Winkelsumme beträgt 360°. Geringfügige Abweichungen durch Ableseungenauigkeiten sind möglich.

4 Einteilung der Winkel

Seite 110

1
Das Achteck hat Winkel von 60° und 210°. Das Quadrat mit achteckigem Ausschnitt hat neben den 90°-Winkel innere (also innerhalb der Figur liegende) Winkel von 300° und 150°. Die 60°-Winkel entstehen wegen der Symmetrie aus zwei 30°-Winkeln. Sie werden durch die 300°-Winkel zu 360° ergänzt. Messen muß man nur den 150°-Winkel, wodurch man auch den 210°-Winkel erhält. Offenbar ist dies einfacher als die umgekehrte Reihenfolge.
(Wäre die Winkelsumme im Viereck bekannt, müßte man keinen einzigen Winkel messen.)

Seite 111

5
a) α, β, γ spitz b) α, β spitz; γ stumpf
c) α, γ spitz; β stumpf
d) α, β spitz; γ rechter Winkel

6
Es ist darauf zu achten, daß die Winkel in der richtigen Drehrichtung gezeichnet werden.

7
a) 110° b) 148°
c) 70°   d) 215°

8
a) 35°   b) 32°
c) 30°   d) 60°

11 ✻
In a), b) und c) sind die Winkel an geeigneten Randgeraden ablesbar. In d) ist es günstiger, den horizontalen Pfeil so zu übertragen, daß er mit dem anderen einen überstumpfen Winkel bildet.
a) 45°   b) 135°   c) 333°   d) 207°

13

NO: 45°, spitz;   SO: 135°, stumpf;
SW: 225°, überstumpf;   NW: 315°, überstumpf

5 Zylinder. Kegel. Kugel

Seite 112

Der Gaskessel ist grob besehen ein Zylinder, genauer betrachtet ein Prisma.

Der abgebildete Vulkan gehört zur Art der Stratovulkane. Durch die Art der Explosion sowie die Kombination von Lavaergüssen mit Lockermaterialauswurf entstehen relativ regelmäßige Kegel, deren Spitzen durch den zentralen Krater gekappt werden.
Bildet sich eine Caldera, so können neue Ausbrüche zum Aufbau meist kleinerer (Neben-)Krater führen (Bsp.: Vesuv).

Mitte der achtziger Jahre entstand im Nordosten von Paris der „Parc de la Villette", ein Erholungs- und Freizeitpark mit kultureller Funktion.
Abgebildet ist das scheinbar in einem Wasserbecken schwimmende Kugelkino „La Géode". Der Kugelbau hat einen Durchmesser von 36 m und besteht aus poliertem Chromnickelstahl.
Im Inneren des Kinos wird die Halbkugel zur 1000 m² großen 172-Grad-Leinwand mit 12-Kanal-Stereoton, auf der Dokumentarfilme gezeigt werden, die extra mit einem Spezielkamerasystem gedreht werden (müssen).
Im Unterricht können anhand der Bilder Form, Benennung und mathematische Definition der drei Körper erarbeitet werden.
Die Abweichungen von der Idealform können dabei zur Stabilisierung des Begriffs (Definition) beitragen, sollten aber nicht allzusehr vertieft werden.

Seite 113

2 und 3

Die Aufgaben sollen den Bezug zwischen der Lebensumwelt der Schüler und der mathematischen Definition herstellen.

4

Nur auf Körper mit Netz (abwickelbare Körper) läßt sich ein Blatt Papier (also ein Stück der Ebene) faltenlos aufkleben.

5

Aus dem Rechteck wird ein dickes oder ein dünnes zylindrisches Rohr. Dasselbe gilt für das Parallelogramm. (Es ist also genau genommen unkorrekt, von „dem" Netz eines Zylinders zu sprechen.) Klebt man beim Parallelogramm die mit a bezeichneten Seiten zusammen, so werden aus der Klebekante und den roten Strecken Schraubenlinien, aus den blauen Strecken werden Kreise.
In der Praxis sind Zylinder aus Pappe, wie sie für Verpackungen und zum Aufwickeln von Küchenpapier benutzt werden, aus Parallelogrammen aufgewickelt, was man sehr schön sehen kann, wenn man den Trägerzylinder einer Küchenrolle genauer betrachtet. Eine geradlinige Klebekante wäre nämlich zu leicht eindrückbar.

7

Je kleiner bei gleichem Radius der Öffnungswinkel des Kreisausschnittes ist, desto spitzer wird der Kegel.

8

links: Chinese
rechts: Clown

Drehsymmetrische Figuren

Seite 114

9 ✳

„Was links fehlt oder übersteht, muß rechts überstehen oder fehlen." (Entsprechend für oben und unten.)
Die Ränder müssen also verschiebungsgleich sein. Bei a) und c) läßt sich also ein Zylindermantel herstellen. Bei b) und d) geht es nicht; denn wenn auch die Ränder zusammenpassen (in dieser Beziehung unterscheiden sich b) und d) noch), so bleiben doch Kerben und Anhängsel.

10

a) Zylinder
b) Kegel
c) Kugel
d) Zylinder
e) Kegel
f) Kugel
g) Doppelkegel
h) Zylinder mit aufgesetztem Kegel
i) Zylinder mit aufgesetztem Kegel und angehängtem „Rundwandzylinder"

Der Körper ist für die Schüler und Schülerinnen dieser Klassenstufe schwer zu beschreiben. Es sollten daher Formulierungen ausreichend sein, die das Prinzip des Körpers erfassen.

11

Eine Schraubenlinie wird sichtbar, die bei enger Wicklung sogar mehrfach umläuft. Legt man übrigens die gerollte Folie auf den Overheadprojektor, bildet sich die Schraubenlinie als Wellenlinie ab; es handelt sich um eine Sinuslinie.

12

Man könnte von einer Halsbandkurve sprechen.
Anders als die Schraubenlinie (Aufgabe 11) schraubt sich die Kurve nicht zur Kegelspitze hinaus. Wenn man die Folie enger zusammenrollt, überschneidet sich die Kurve.

13

Im zweiten Fall ist der Grundkreis (viel) zu groß; einen solchen Kegel kann es gar nicht geben.

14

a) ja
b), c) Weder Kegel noch Kugel lassen sich in zwei Kegel bzw. Kugeln zerlegen. Von einem Kegel läßt sich aber ein Kegel abschneiden (übrig bleibt ein Kegelstumpf), während das Entsprechende bei einer Kugel unmöglich ist.

15

Die Wellenlänge ist eine Sinuslinie (vgl. Aufgabe 11).

6 Drehsymmetrische Figuren

Seite 115

1

Für die Bearbeitung der Aufgabe im Unterricht benötigt man eine Schablone mit der die Bewegungen durchgeführt werden können und einen kongruenten Grundriß im Heft, der als Urfigur dient.
Aus unterrichtsorganisatorischen Gründen sollte man die Herstellung der Figuren als Hausaufgabe aufgeben.
Bei den Drehungen um 45°, 90°, 135°,... kommt die Bildfigur wieder mit der Urfigur zur Deckung.

2

Steuerrad: 30°
Blüte: 72°
Mühlstein: 45°

3

Es entsteht ein regelmäßiges (also drehsymmetrisches) Achteck.

Seite 116

4

Hier bieten sich folgende Fragen zur Bearbeitung an:
– Wie groß ist jeweils der Symmetriewinkel?
– Wie oft kommt bei einer Volldrehung die Bildfigur mit der Urfigur wieder zur Deckung?
– Beantworte die Fragen für das Hasenfenster!

5

Die Symmetriewinkel sind Vielfache von
a) 90°   b) 60°.

6

Die Teilung geschieht mit Hilfe der Winkel; entsprechend erhält man als Symmetriewinkel die Vielfachen von
a) $360° : 12 = 30°$
b) $360° : 10 = 36°$
c) $360° : 15 = 24°$.

7

a) 8   b) 12
c) 15 d) 18
e) 24

8

Auf das genaue Größenverhältnis zwischen dem großen Kreis und den Halbkreisen kommt es hier nicht an.

9 ✳

Hier ist die Färbung zu berücksichtigen.
Der kleinste Symmetriewinkel ist
a) 60°   b) 120°
c) 45°   d) 90°.

10 ✎

Jedes
a) zweite
b) dritte
c) vierte
d) sechste
Dreieck ist mit derselben Farbe zu färben. Zwei Farben genügen.

11 ✳ ✎

Symmetriewinkel und Symmetrieachsen sind
a) Vielfache von 90°; 2 Mittellinien und 2 Diagonalen.
b) Vielfache von 60°; 3 Diagonalen und 3 Verbindungsgeraden von Seitenmitten, alle durch das Drehzentrum gehend.
c) Vielfache von 36°; 5 Diagonalen, die identisch sind mit den 5 Verbindungsgeraden der Seitenmitten des einen mit denen des anderen Fünfecks, alle durch das Drehzentrum gehend.
d) 180° und 360°; die eingezeichnete Diagonale und diejenige Verbindungsgerade von Seitenmitten, die durch das Drehzentrum geht und auf der eingezeichneten Diagonalen senkrecht steht.

7 Drehung

Seite 117

1

	gegen den Uhrzeigersinn	im Uhrzeigersinn
Schalter	45°	$360° - 45° = 315°$
Rundkopfschraube	45°, $180° + 45° = 225°$	$180° - 45° = 135°$, $360° - 45° = 315°$
Kreuzschlitzschraube	45°, $90° + 45° = 135°$, $180° + 45° = 225°$, $270° + 45° = 315°$	45° 135° 225° 315°

Die angegebenen Drehungen können teilweise durch räumliche oder technische Beschränkungen verhindert sein. Dasselbe gilt für Drehungen um Winkel von 360° und mehr.
Während man bei Schalter und Rundkopfschraube die Drehung im Uhrzeigersinn eventuell (wie in der Tabelle vorgeführt) durch Subtraktion bequemer findet als durch direkte Überlegung, gilt dies bei der Kreuzschlitzschraube nicht.
Die Frage ist absichtlich etwas heimtückisch gestellt, so als ob die Drehung eindeutig bestimmt sei. Eine vollständige Antwort ist weniger wichtig als die Einsicht, daß wegen der unterschiedlichen Symmetrie unterschiedliche Möglichkeiten vorhanden sind.

Drehung

2

Die Erde dreht sich bekanntlich etwa 365mal im Normaljahr. Vom Nordpol aus betrachtet dreht sich die Erde gegen den Uhrzeigersinn. (Daß dieser Drehsinn zum mathematisch positiven erklärt wurde, ist ein Beispiel für „Eurozentrismus".) Vom Südpol aus gesehen dreht sich die Erde demnach im Uhrzeigersinn.
Man könnte noch darauf zu sprechen kommen, daß die Sonne im Osten aufgeht; die Schattengrenze wandert von Ost nach West.

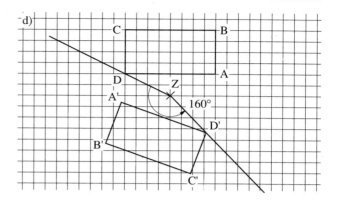

Seite 118

3

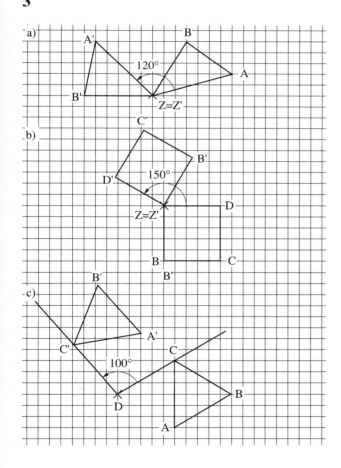

4

Die Konstruktion von Drehbildern ist in der Regel recht mühsam. Daher ist es zu begrüßen, wenn die Schülerinnen und Schüler bei der Halbdrehung selbst auf einfachere Lösungswege stoßen, nämlich das Zählen von Kästchen (soweit es sich um Gitterpunkte handelt) oder das Punktspiegeln mit Hilfe des Geodreiecks.

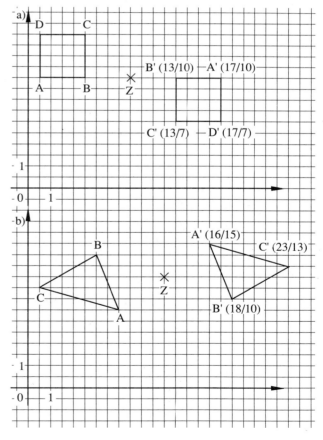

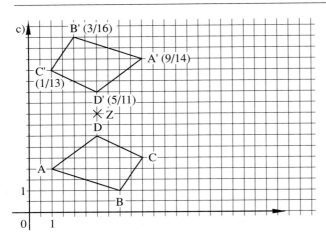
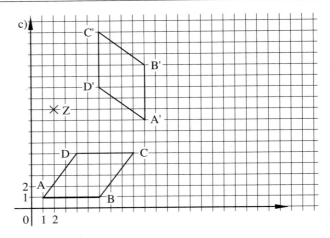

5

Die speziellen bzw. speziell liegenden Figuren geben die Möglichkeit, nicht jeden Bildpunkt einzeln konstruieren zu müssen.

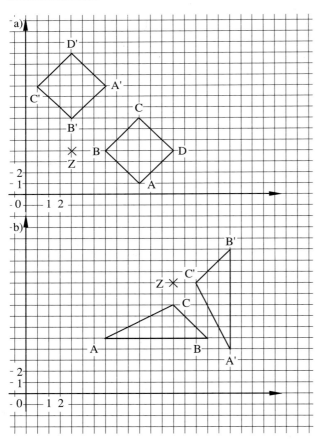

6

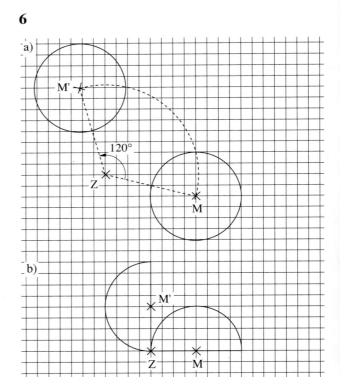

Vermischte Aufgaben 118–120

7

Hier ist nur die Vorstellungskraft gefordert.
Bei Vierteldrehung um R geht das linke Rechteck in das rechte über. Die Punkte P und Q sind keine Drehzentren. Wie die Abbildung zeigt, gibt es noch ein weiteres Drehzentrum. Dieser Punkt S liegt aber so weit von P entfernt, daß P nur bei schlechtem Hinsehen für ein Drehzentrum gehalten werden kann. (Selbst als Zusatzfrage dürfte dieser Sachverhalt aber zu schwierig sein.)

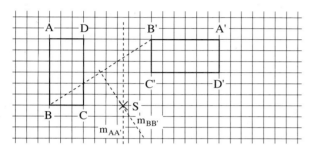

8 ✱

Die Erde dreht sich pro Stunde um $\frac{360°}{24} = 15°$.

6 Vermischte Aufgaben

Seite 119

Die 7 Muster sind Realisierungen aller möglichen Typen von Bandornamenten. Ihre Symmetriegruppen werden erzeugt von einer Translation und (in der Reihenfolge vom einfachsten Ornament aus genannt)
1) keiner weiteren Deckabbildung
2) der Spiegelung an der Mittellinie
3) der Spiegelung an einer Senkrechten
4) einer Punktspiegelung
5) Spiegelungen an der Mittellinie und einer Senkrechten
6) einer Schubspiegelung
7) einer Schubspiegelung und der Spiegelung an einer Senkrechten

Seite 120

8
a) $\alpha = \gamma = 101°$, $\beta = \delta = 79°$
b) $\alpha = \gamma = 120°$, $\beta = \delta = 60°$
c) $\alpha = \delta = 164°$, $\beta = \varepsilon = 104°$, $\gamma = \varphi = 92°$

9

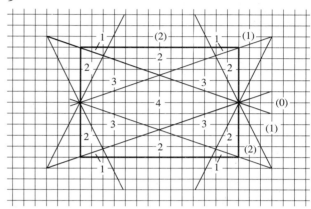

Die Abb. ist es des Platzes wegen in einfacher Größe gehalten. Jede Überschreitung einer Grenzlinie zwischen zwei Lichtkegeln ändert die Anzahl der beleuchteten Scheinwerfer um 1.
Die eingeklammerten Zahlen weisen auf Zusatzfragen hin; etwa: Wo in der Nähe des Platzrandes bleibt es dunkel?
In der Praxis werden selbstverständlich breiter abstrahlende Scheinwerfer benutzt.

10
Toter Winkel
Hier bietet sich das Anknüpfen von Verkehrserziehung an; z.B. die Erörterung von Gefahren, in die sich fahrradfahrende Schüler begeben, wenn sie in den Toten Winkel von Autos (z.B. im Bereich von Ampelanlagen) hineinfahren.

11 ✱
a) 42 m
b) 24 m

12

b) c)

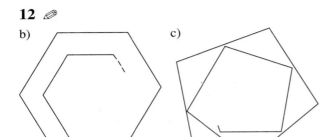

13 ✻ ✐

Der Streckenzug besteht aus 13 Strecken. Die 2 cm lange Strecke überkreuzt die 3 cm lange.

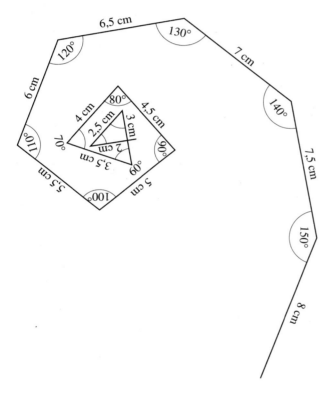

Seite 121

Randspalte
a) Halbkugel, Zylinder, Kegel
b) Doppelkegel
c) Prisma, Pyramide (angenähert)

14 ✻

Bei gleichem Radius entscheidet der Winkel des Kreisausschnitts: Je kleiner der Winkel, desto höher der Kegel. Daher ist Kegel 4 höher als Kegel 1 und Kegel 2 höher als Kegel 3. Die Kegel 2 und 4 haben Netze von gleichem Öffnungswinkel. Jetzt entscheidet der Radius: Kegel 4 ist am höchsten.
Entsprechend ergibt sich, daß Kegel 3 am niedrigsten wird.

15

a) 6 Teile, alle Schnittflächen sind Kreise
b) 6 Teile, alle Schnittflächen sind Halbkreise
c) 4 Teile, alle Schnittflächen sind Halbkreise
d) 8 Teile, alle Schnittflächen sind Viertelkreise

Die Schnittflächen von Bild a) sind ähnlich, die der anderen drei Bilder kongruent.

Vermischte Aufgaben

16 ✳

a) Zylinder: Die Schnittebenen enthalten die Achse und stehen aufeinander senkrecht: es entstehen vier „Scheite".
Es gibt noch weitere Möglichkeiten: Die erste Schnittebene enthält die Achse, die zweite ist parallel zur Grundfläche und halbiert die Höhe. Es entstehen vier Halbzylinder von halber Höhe. Die zweite Schnittebene muß nicht parallel zur Grundfläche liegen; es genügt, wenn sie auf der ersten Schnittebene senkrecht steht und die Höhe halbiert. So entstehen vier halbierte Zylinderhufe.
Es ist klar, daß die dritte Möglichkeit von den Schülerinnen und Schülern kaum gefunden werden kann. Sie könnte aber – wie die anderen Zerschneidungen – am Modell gezeigt werden.
Beim Kegel legt man die Schnittebenen senkrecht zueinander durch die Achse.
Die beiden anderen oben im Zylinder beschriebenen Möglichkeiten scheiden hier aus.

b) Die drei Schnittebenen können die Achse enthalten und 60°-Winkel einschließen. Es entstehen 6 Zylinderscheite.
Enthalten zwei aufeinander senkrecht stehende Ebenen die Achse und halbiert die dritte Ebene den Zylinder parallel zur Grundfläche, so entstehen 8 Zylinderscheite halber Höhe.
Geht eine Ebene durch die Achse und dritteln die anderen zwei den Zylinder parallel zur Grundfläche, zerfällt er in 6 Halbzylinder mit gedrittelter Höhe.
Schließlich kann man den Zylinder auch in vier Zylinder mit geviertelter Höhe zerschneiden.
Als Schnittflächen kommen Rechtecke, Kreise, Halb-, Viertel- und Sechstelkreise vor.

17

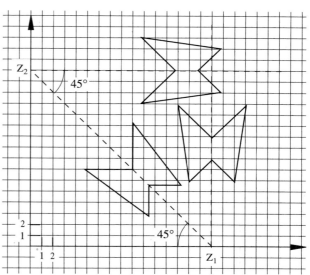

18

Die Spitzen der zwei Pfeile müssen vom Drehzentrum gleich weit entfernt sein. Dies trifft nur für Z_2 zu.

121 Vermischte Aufgaben

19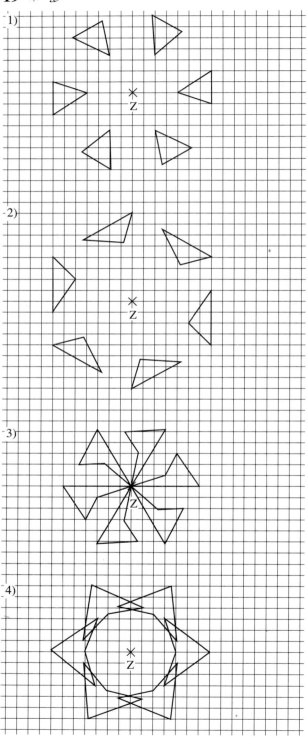

Thema: Jetzt geht's rund

Auf den Themenseiten wird der Kreis in unterschiedlichem Zusammenhang behandelt. Die Schülerinnen und Schülern können zeichnen, basteln und den Kreis in vielen realen Gegenständen entdecken.

Seite 122

2
Die Abbildungen zeigen:
Rechts vorbeifahren, Gebot für Fußgänger und Radfahrer, Verbot der Überschreitung von 50 km/h.

3
Die Abbildungen zeigen:
Tunesien, Japan, Brasilien

4
Mit dem Stock wird der Mittelpunkt markiert. Der zweite Stock wird am konstant langen Faden (Radius) gehalten und kennzeichnet die Kreislinie.

5
Notwendige Materialien:
Schere, Zirkel, Pappe, Wolle

6
Notwendige Materialien:
Schere, Zirkel, bunte Pappe, Band, Holzstäbchen

Seite 123

Geometrie und Architektur
Hier kommt es vor allem auf die Genauigkeit an. Es ist zu empfehlen, zuerst mit Bleistift zu arbeiten und anschließend mit Farbstift nachzuziehen.
Das Zeichnen des Spitzbogenfensters, des Vierpaß und des Dreipaß ist zeitaufwendig.

V Dezimalbrüche

1 Dezimalschreibweise

Seite 126

1

Die Schüler sollen möglichst viele Dezimalbrüche aus ihrer Lebensumwelt finden.

2

$\frac{4}{10} = 40$ cm $\frac{3}{100} = 3$ cm $\frac{5}{1000} = 5$ mm

Seite 127

☐

0,4; 0,4; 0,4; 0,4
0,5; 0,05; 0,005; 0,0005
0,66; 0,606; 0,066; 0,666
0,07; 0,77; 7,77; 77,77
0,088; 8,08; 8,8; 8,808

3
a)   571,5
b)   334,09
c)   0,416
d)   7707,7077
e)   12210,04
f)   38000,0001
g)   12345,6789

4

	H	Z	E	z	h	t	zt
a)		3	9	8	6		
b)	5	2	6				
c)	4	1	2	5	4	1	
d)				7	8	1	
e)			9	7	2	5	
f)				9	0	6	
g)		2	3	0	1		
h)		3	0	3	0	3	
i)				3	4	5	
k)		7	8	9	9	8	7

5
a)   435,73
b)   73,869
c)   1,199
d)   7,0734
e)   603,403
f)   90,9601

6
a) $4H + 3Z + 6E + 8z + 5h + 2t$
b) $9Z + 9E + 8z + 4h + 1t$
c) $3z + 4h + 5t + 6zt$
d) $2E + 4h + 7t$
e) $2z + 8t$
f) $1z + 1t + 1ht$
g) $4E + 4h + 4ht$
h) $3t + 3zt$

7
a) $\frac{25}{100} = 0{,}25$ b) $\frac{786}{1000} = 0{,}786$
c) $\frac{909}{1000} = 0{,}909$ d) $\frac{7}{100} = 0{,}07$
e) $\frac{33}{1000} = 0{,}033$ f) $\frac{632}{100} = 6{,}32$
g) $\frac{4325}{1000} = 4{,}325$ h) $\frac{85}{10} = 8{,}5$

8
a) 0,5; 0,08; 0,004; 0,14; 0,275; 0,013; 0,4376
b) 0,044; 0,0017; 0,0345
c) 1,3; 4,17; 15,327

9
a) $\frac{9}{10}; \frac{7}{100}; \frac{4}{1000}; \frac{5}{10000}$
b) $\frac{38}{100}; \frac{472}{1000}; \frac{28}{1000}; \frac{101}{10000}$
c) $\frac{35}{10}; \frac{482}{100}; \frac{159}{10}; \frac{23072}{1000}$

10
a) $\frac{6}{10} = \frac{3}{5}$; $\frac{4}{100} = \frac{1}{25}$; $\frac{37}{100}$; $\frac{45}{100} = \frac{9}{20}$
b) $\frac{25}{100} = \frac{1}{4}$; $\frac{125}{1000} = \frac{1}{8}$; $\frac{75}{100} = \frac{3}{4}$; $\frac{375}{1000} = \frac{3}{8}$
c) $\frac{25}{10} = \frac{5}{2}$; $\frac{49}{10}$; $\frac{1225}{100} = \frac{49}{4}$; $\frac{1625}{1000} = \frac{13}{8}$

Dezimalschreibweise *127–128*

11
Weglassen (ohne den Wert der Zahl zu verändern) kann man Nullen, „hinter" denen (rechts von denen) keine anderen Ziffern mehr stehen.

a) $0{,}4 = \frac{4}{10}$; $0{,}404 = \frac{404}{1000}$; $0{,}04 = \frac{4}{100}$; $0{,}04 = \frac{4}{100}$

b) $0{,}3 = \frac{3}{10}$; $0{,}303 = \frac{303}{1000}$; $0{,}3 = \frac{3}{10}$; $0{,}33 = \frac{33}{100}$

c) $1{,}01 = \frac{101}{100}$; $1{,}1 = \frac{11}{10}$; $1{,}1 = \frac{11}{10}$; $1{,}011 = \frac{1011}{1000}$

12
Aufgabe mit roter Karte.
a) 0,101   b) 2,222
c) richtig   d) richtig
e) 3,04   f) richtig

13
a) 252 Pf   b) 320 Pf   c) 264 dm
   1786 Pf   75 Pf   138 dm
d) 45 m   e) 2456 g   f) 7007 kg
   17638 m   3090 g   3500 kg

Seite 128

14
a) cm; dam (10 m); dm²; mm²
b) 10 cm³; 10 ml; 10 g; 10 mg

15
a) 8,300   0,6200   12,300 kg
   0,7100   1,0400   0,400 km
b) 0,36   3,404   27,6 m
   40,1   12,2   74,04 ha

16
a) 26 m² 35 dm²   b) 576 ha 50 a
   317 dm² 98 cm²   19 cm² 70 mm²
   2 a 45 m²   90 ha
   79 km² 2 ha   71 m² 20 dm²
c) 1 dm² 46 cm² 20 mm²
   4 m² 98 dm² 10 cm²
   4 m² 80 dm²
   70 mm²

17
a) 6 dm³ 954 cm³   b) 7 m³ 111 dm³
   2 cm³ 48 mm³   202 cm³
   36 m³ 840 dm³   7 cm³ 950 mm³
   9 cm³ 800 mm³   4 l 52 ml
c) 12 cm³ 482 mm³
   384 mm³
   19 dm³ 310 cm³
   38 m³ 40 dm³

18
a) 1 m 3 dm 6 cm   b) 1 dm² 5 cm²
   12 dm 4 cm 7 mm   5 m³ 384 dm³
   23 m² 84 dm²   312 t 460 kg
   6 a 91 m²   10 kg 700 g
c) 3 ha 4 a 92 m²
   2 a 37 m² 63 dm²
   5 l 389 ml
   20 l

Bei dieser Aufgabe sollte der Lehrer unbedingt auf die Ausnahmestellung der Einheit Hektoliter bzgl. der Regel bei Aufgabe 17 (Umrechnungsregel für Rauminhalte) hinweisen.

19
a) 1234 mm   b) 111 mm
   12340 cm²   110 cm²
   1234 dm³   1 dm³
c) 1234 g   d) 1111 kg
   12340 g   10010 kg
   123400 g   1001 kg
e) 1234 ml f) 1111 dm³
   12340 ml 11110 dm³
   123400 ml 111100 dm³

20
a) 6,4 cm   3,65 m
b) 11,08 m   4,068 m
c) 72,25 ha   12,4512 km²
d) 9,0054 ha   5,007712 km²
e) 6,47 kg   50,700875 t
f) 5,738 m³   3,536 l
g) 6,077 dm³   126,058 l
h) 20,022 ha   30,03 m³
i) 1,001001 t   1,00101 km
k) 3,0303 m³   5,0505 a

21

a) 6,5 km lang
b) 12 m lang   8 m breit   7 m hoch
c) 4,5 a
d) 4,5 t
e) 500 g Mehl   150 g Zucker
f) 75 m   12 s

22

7,32 m
2,44 m
0,453 kg
7,1 dm
42,195 km
7,257 kg
0,6 kg

2 Vergleichen und Ordnen von Dezimalbrüchen

Seite 129

1

1. Evelyn   8,58 s
2. Roman   8,77 s
3. Peter   8,79 s
4. Susanne   8,97 s
5. Erwin   9,03 s
6. Britta   9,13 s

2

0,745 m;   0,98 m;   12,99 dm;   1,3 m;   131,2 cm

Seite 130

3

a) <   b) >
c) >   d) <
e) >   f) >
g) >   h) <

4

a) L = {0; 1; …7; 8}
b) L = {0; 1}
c) L = {0; 1; 2; 3}
d) L = {0; 1; 2; 3; 4}

5

a) 4,555 m
b) 17,86 l
c) 7,3 kg
d) 21,88 a

6

Zusatzhinweis: Zur Lösung müssen nicht alle Kärtchen verwendet werden.

a) 0,345
   0,354
   0,453
   0,435
   0,4

b) 0,345
   0,354
   0,4
   0,435
   0,453

c) 5,0
   5,03
   5,034
   5,04
   5,043
   5,3
   5,304
   5,34
   5,4
   5,403
   5,43

7

Neun, nämlich die Ziffern 1 bis 9.

8

a) 0,71; 0,74; 0,77; 0,82; 0,88
b) 1,95; 1,97; 1,99; 2,06; 2,11
c) 13,11; 13,13; 13,18; 13,23; 13,27
d) 4,032; 4,034; 4,042; 4,044; 4,049
e) 2,993; 2,996; 2,999; 3,001; 3,003; 3,005

Vergleichen und Ordnen von Dezimalbrüchen   *130–131*

9
a), b), c), d), e) (Zahlengeraden mit eingetragenen Werten)

a) 1,0 | 1,01 | 1,05 | 1,10
b) 0,755 | 0,758 | 0,76 | 0,762 | 0,765
c) 4,098 | 4,1 | 4,11 | 4,111
d) 3 | 3,02 | 3,05 | 3,1
e) 7,99 | 8,0 | 8,01 | 8,05

10
a) 3,48 | 3,495 | 3,51
b) 0,43 | 0,437 | 0,44 | 0,444
c) 6,08 | 6,1 | 6,2 | 6,44 | 6,80
d) 0,02 | 0,026 | 0,03 | 0,032

Seite 131

11
a) 23,847; 238,26; 459,87; 795,4
b) 6,849; 6,85; 6,865; 6,871
c) 8,0109; 8,0389; 8,072; 8,0981
d) 45,98; 49,58; 458,9; 459,8
e) 0,0899; 0,09; 0,0901; 0,0980
f) 0,8008; 0,80088; 0,80808; 0,88008

12
a) 8,175 m; 8,71 m; 81,57 m; 81,75 m
b) 2,02 kg; 2,2 kg; 2,202 kg; 2,22 kg
c) 99,09 DM; 99,9 DM; 99,99 DM
d) 336,6 cm^3; 363,6 cm^3; 366,3 cm^3

13
a) 0,00003 t; 0,3 kg; 333,3 g
b) 12,3 m^2; 1234,5 dm^2; 1,23 a
c) 9,99 *l*; 9999,9 cm^3; 99,9 dm^3
d) 0,075 cm^3; 0,75 m*l*; 0,075 *l*

14

1. Sabine	7. Elena
2. Lisa	8. Franca
3. Anita	9. Petra
4. Fatma	10. Annegret
5. Mechthild	11. Marja
6. Doris	12. Barbara

15

a)
2,98	9,91
2,9801	9,9911
3,98	91,1
14,9	99,1
15,1	191,99
76,09	919,191
281,99	991,9
281,991	991,91
298,089	999,91
298,098	999,991
300,01	1119,91
348,001	1919,11
980,6	1991,19
3466,98	9191,91
4921,109	9911,9

b)
45,701	23,78
45,691	23,02
45,68	22,578
44,79	22,577
43,27	22,576
35,9	22,5683
35,0	22,5682
34,99	22,568
34,19	22,557
34,09	22,55

16
a) 5
b) 5
c) 5

17

Zusatzhinweis: Es müssen mindestens zwei der drei möglichen Ziffern eingesetzt werden; die erste Nachkommastelle muß besetzt sein.

21,0	210,0
12,0	201,0
2,1	200,1
2,01	21,0
2,0	20,1
1,2	20,01
1,02	20,0
1,0	12,0
0,21	10,2
0,2	10,02
0,12	2,1
0,1	2,01
	2,001
	2,0
	1,2
	1,02
	1,002
	1,0
	0,21
	0,201
	0,2
	0,12
	0,102
	0,1
	0,021
	0,02
	0,012
	0,01
	0,0

18

a) 1,6254017
   1,654017
   1,65417
   1,6547
   1,657

b) 3,10248763
   3,02148763
   3,01248763
   3,01238764
   3,01234768

19

a) 7, 8, 9 und 6, 7, 8
b) 2, 3, 4 und 7, 8, 9
c) 3, 4, 5 und 7, 8, 9
d) 0, 1, 2 und 4, 5, 6
e) 0, 1, 2 und 5, 6, 7

20

2,52 DM	2,76 DM	2,83 DM
0,845 kg	0,925 kg	0,95 kg
3,28 DM	3,68 DM	3,93 DM
1,1 kg	1,235 kg	1,32 kg

3 Runden

Seite 132

1

27 cm

2

350 (vermutlich mehr als 370)

3

a) 23,5	b) 4,9	c) 0,5
7,3	19,4	0,9
0,1	212,4	1,0
16,6	48,3	0,9

4

a) 56	b) 1	c) 100
112	7	991
945	46	1000
147	35	790

Seite 133

5

a) 2,5; 18,3; 7,4; 100,1; 0,3
b) 76,36; 12,64; 9,88; 1,05
c) 1,444; 45,556; 0,667; 3,333
d) 6,37; 24,35; 0,54; 9,90

6

a) 3 DM; 13 DM; 7 DM; 100 DM
b) 112, 67 DM; 0,76 DM; 99,07 DM

Umwandeln von Brüchen

7
a) 1 m; 3 m; 5 m; 7 m
b) 47 m²; 25 m²; 15 m²; 15 m²
c) 8 *l*; 375 *l*; 1 *l*; 6 *l*; 1 *l*

8
a) 27 kg; 106 g; 10 m
b) 8 m; 2 s; 34 m²
c) 9 km; 5 h*l*; 328 t
d) 50 mm; 686 g

9
a) 28 dm; 1 km (124 dam); 75 cm; 78 kg
b) 31 cm; 0 ha (0,2 ha); 4 dm²
c) 10 DM; 7 km²; 5 t; 1 h*l*

10
a) 15,33 DM
b) 17,5 km
c) 8 *l* oder 8,2 *l*
d) 13 Tage

11
9.450,000 DM
9.540,000 DM

12
a) 5,25 cm und 5,34 cm
   16,45 cm und 16,54 cm
   4,85 t und 4,94 t
   2,45 *l* und 2,54 *l*

b) 111,50 DM und 112,49 DM
   25,75 kg und 25,84 kg
   0,95 ha und 1,04 ha
   13,45 s und 13,54 s

c) 0,55 t und 0,64 t
   2,335 mm und 2,344 mm
   3,055 m² und 3,064 m²
   6,75 t und 6,84 t

13

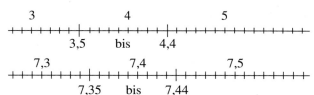

3,5 bis 4,4

7,35 bis 7,44

14

0,6 *l*	0,5 *l*
1,1 *l*	0,9 *l*
4,5 *l*	3,8 *l*
159,1 *l*	159,0 *l*

15

1,6 Millionen
1,3 Millionen
1,0 Millionen
0,6 Millionen
0,6 Millionen
0,5 Millionen
0,5 Millionen
0,3 Millionen

4 Umwandeln von Brüchen

Seite 134

1

0,250 kg; 0,500 kg; 0,750 kg

2

$0,3\,l > \tfrac{1}{4}\,l$ $\tfrac{1}{8}\,l > 0,1\,l$ $\tfrac{3}{4}\,l > 0,7\,l$

Seite 135

3

a) 0,3; 0,2; 0,2; 0,2; 0,2; 0,9; 1,2; 1,1
b) 0,02; 0,25; 0,2; 0,02; 0,1; 0,6; 0,7

4
a) 0,35; 0,18; 0,8; 0,004; 0,015
b) 0,75; 2,15; 2,4; 1,82
c) 0,375; 0,16; 0,225; 0,032; 0,4375
d) 0,625; 1,75; 1,05; 1,3; 2,125

5
a) 2,5; 3,4; 6,25
b) 2,15; 7,6; 3,04
c) 9,125; 4,056; 10,0016
d) 5,4; 6,3125; 8,008

6
a) 0,5; 0,75; 0,2; 0,3
b) 2,5; 1,5; 1,25; 3,8
c) 0,625; 0,04; 0,006; 0,025
d) 0,75; 1,4; 0,52; 0,024

7
a) 0,25; 0,6; 0,55; 0,52
b) 1,625; 1,45; 4,4; 0,4
c) 0,12; 1,2; 1,32; 12,12
d) 8; 0,8; 0,08; 0,008

8
a) 0,125 l / 0,25 kg / 1,5 kg
b) 0,125 l = 125 ml
   0,75 l = 750 ml
   1,5 l = 1500 ml
   0,625 l = 625 ml
c) 0,5 kg = 500 g
   1,25 kg = 1250 g
   0,75 Pfd. = 375 g
   0,25 Pfd. = 125 g

9
a) jeweils + 0,5   b) jeweils + 0,25
c) jeweils + 0,2   d) jeweils + 0,125
e) jeweils + 0,0625

10
a) 0,9; 0,6; 0,6; 0,7; 0,2
b) 0,1; 0,1; 0,1; 0,1; 0,1
c) 0,7; 0,4; 1,8; 0,5; 0,9
d) 0,6; 0,4; 0,2; 0,5; 0,5

11
a) 0,71; 0,78; 0,82; 0,85; 0,87
b) 0,22; 0,20; 0,21; 0,22; 2,02

12
Im 12er Block kostet einen Besuch 1,25 DM; man spart also 25 Pfennig pro Besuch.

13
a) 12 s; Die 100 m wird er aber schneller laufen.
b) 15,25 s
c) 69 s

5 Periodische Dezimalbrüche

Seite 136

1

333,33… m; 1000 : 3 geht nicht auf.

2

bei $\frac{1}{3}$ und

Seite 137

Riesenperioden am Rand
An Nachrechnen ist hier natürlich nicht gedacht. Die Leserinnen und Leser könnten aber die Periodenlänge überprüfen wollen; da die fortgesetzte Division auf Vervielfachen mit 10 (Herunterholen der 10!) hinausläuft, ist die Periodenlänge L die kleinste positive natürliche Zahl L mit der Eigenschaft, daß 10^L bei Division durch den Nenner als Rest den Zähler hat, hier also 1.
Die Rechnung soll hier nicht ausgeführt werden; es muß genügen, einen Tip für die Restberechnung an einem Beispiel auch mit dem Taschenrechner zu geben:
1 000 000 : 97 = 10 309,278
$$0,278 \cdot 97 = 26,966 \approx 27$$
Der Rest ist 27.
Alles Weitere ist der Literatur zur elementaren Zahlentheorie zu entnehmen.

Periodische Dezimalbrüche

3
a) $0,\overline{6}$; $0,\overline{4}$; $0,\overline{27}$; $0,\overline{12}$; $0,\overline{571428}$; $0,\overline{384615}$; $0,\overline{63}$
b) $0,0\overline{6}$; $0,8\overline{3}$; $0,19\overline{4}$; $0,041\overline{6}$; $0,41\overline{6}$; $0,2\overline{3}$; $0,6\overline{1}$
c) $2,1\overline{6}$; $1,4\overline{6}$; $1,0\overline{45}$; $1,2\overline{3}$; $1,\overline{2}$; $1,3\overline{6}$; $1,5\overline{1}$

4
Im folgenden werden nur die periodischen Dezimalbrüche aufgeführt:

a) $\frac{2}{30} = 0,0\overline{6}$; $\frac{4}{15} = 0,2\overline{6}$

$\frac{8}{49} = 0,\overline{163265306122448979591836734693877551}$
$\overline{020408}$ (Periode mit 42 Stellen!)

$\frac{6}{70} = 0,0\overline{857142}$

b) $\frac{5}{12} = 0,41\overline{6}$; $\frac{11}{60} = 0,18\overline{3}$

$\frac{13}{120} = 0,108\overline{3}$; $\frac{18}{81} = 0,\overline{2}$

$\frac{16}{75} = 0,21\overline{3}$

5
a) $0,\overline{3}$; $0,\overline{66}$; $0,\overline{451}$; $0,\overline{35}$; $0,\overline{55}$
b) $0,\overline{17}$; $1,\overline{23}$; $3,\overline{474}$; $2,\overline{07}$; $8,\overline{345}$
c) $1,\overline{050}$; $1,\overline{06}$; $1,\overline{05}$; $1,\overline{055}$; $1,\overline{506}$

6
a) $0,\overline{1}$; $0,\overline{2}$; $0,\overline{3}$; $0,\overline{4}$; $0,\overline{5}$; $0,\overline{6}$...
b) $0,\overline{09}$; $0,\overline{18}$; $0,\overline{27}$; $0,\overline{36}$; $0,\overline{45}$; $0,\overline{54}$...
c) $0,0\overline{6}$; $0,1\overline{3}$; $0,2$; $0,2\overline{6}$; $0,\overline{3}$; $0,\overline{4}$...
d) $0,0\overline{5}$; $0,\overline{1}$; $0,1\overline{6}$; $0,\overline{2}$; $0,2\overline{7}$; $0,\overline{3}$...

7
$\frac{1}{13}$ hat 6 Stellen

$\frac{1}{17}$ hat 16 Stellen

$\frac{1}{19}$ hat 18 Stellen

$\frac{1}{23}$ hat 22 Stellen

8
a) < b) >
c) < d) <
e) > f) >
g) < h) <

9
Aufgabe mit roter Karte.

a) $\frac{1}{9} = 0,\overline{1}$
b) richtig
c) $0,5333... = 0,5\overline{3}$
d) $\frac{1}{101} = 0,\overline{0099}$

10
a) $\frac{1}{9999} = 0,\overline{0001}$

b) $\frac{1}{10001} = 0,\overline{00009999}$

11
a) $\frac{7}{9}$; $\frac{2}{9}$; $\frac{5}{9}$; $\frac{4}{9}$
b) $\frac{4}{3}$; $2\frac{2}{9}$; $5\frac{1}{6}$; 1

Zum Knobeln

$\frac{1}{89991} = 0,\overline{000011112222333344445555666677778889}$

$\frac{1}{17} = 0,\overline{0588235294117647}$

$\frac{10}{17} = 0,\overline{5882352941176470}$

$\frac{15}{17} = 0,\overline{8823529411764705}$

$\frac{14}{17} = 0,\overline{8235294117647058}$

$\frac{4}{17} = 0,\overline{2352941176470588}$

$\frac{6}{17} = 0,\overline{3529411764705882}$

$\frac{9}{17} = 0,\overline{5294117647058823}$

$\frac{5}{17} = 0,\overline{2941176470588235}$

$\frac{16}{17} = 0,\overline{9411764705882352}$

$\frac{7}{17} = 0,\overline{4117647058823529}$

⋮

Die Folge würde fortgesetzt mit $\frac{2}{17}$; $\frac{3}{17}$; $\frac{13}{17}$; $\frac{11}{17}$; $\frac{8}{17}$; $\frac{12}{17}$ und wieder $\frac{1}{17}$.

Allgemein gilt: Die Dezimalbruchentwicklung von $\frac{1}{n}$ mit n = 89...91 hat die Form

m Neunen

0,0...01...1... ...7...78...89

m m   m m–1

Bezeichnet man die Periode (als natürliche Zahl aufgefaßt) mit P und ihre Länge mit L, so ist zum Beweis zu zeigen:

$\frac{1}{n} = \frac{P}{10^L - 1}$, also $nP = 10^L - 1$

Im vorliegenden Fall ist L = 9 m,

$n = \underbrace{90\ldots0}_{m} - 9 = 9\,(10^m - 1)$ und

$P = 1\ldots1\,2\ldots2\ldots\ldots 8\ldots8 + 1$

$= \underbrace{1\ldots1}_{m} \cdot (10^{7m} + 2 \cdot 10^{6m} + \ldots + 7 \cdot 10^m + 8) + 1$

$= (10^{m-1} + 10^{m-2} + \ldots 10 + 1) \cdot (\ldots) + 1$

$= \frac{1}{9}(10^m - 1) \cdot (\ldots) + 1$

Bei der letzen Umformung wurde die Summenformel für die endliche geometrishe Reihe verwendet.

Nun bildet man das Produkt:

$nP = (10^m - 1)^2 \cdot (10^{7m} + 2 \cdot 10^{6m} + \ldots + 7 \cdot 10^m + 8)$
$\qquad + 9\,(10^m - 1)$

Die weitere Rechnung ist schematisch, wenn auch noch etwas lang. (Es gibt übrigens für den mit 10^{7m} beginnenden Klammerausdruck eine Summenformel; ihre Verwendung erleichtert die Rechnung nicht wesentlich.)

$1 : 17 = 0,\overline{0588235294117647}$
10
100
 150
 140
  40
  60
  90
  50
  160
   70
   20
   30
   130
   110
   80
   120
    1

$10 : 17 = 0,\overline{5882352941176470}$

$15 : 17 = 0,\overline{8823529411764705}$ usw.

Die weiteren Perioden entstehen immer durch Versetzen der ersten Ziffer an die letzte Stelle. Den Grund dafür kann man an der Divisionsstaffel ablesen.

6 Vermischte Aufgaben

Seite 138

☐

$\frac{1}{10}$	$\frac{51}{100}$
$\frac{11}{50}$	$\frac{3}{20}$
$\frac{333}{1000}$	$\frac{103}{200}$
$\frac{1111}{2500}$	$\frac{151}{1000}$
$\frac{123}{100}$	$\frac{1}{5}$
$\frac{123}{10}$	$\frac{33}{1000}$
$\frac{617}{500}$	$\frac{1}{250}$
$\frac{617}{50}$	$\frac{111}{2000}$
$\frac{1101}{100}$	$\frac{303}{1000}$
$\frac{101}{100}$	$\frac{33}{1000}$
$\frac{1001}{1000}$	$\frac{333}{1000}$
$\frac{1101}{1000}$	$\frac{3003}{1000}$

$\frac{7}{10000000}$

$\frac{7}{10000}$

1

346,2002
23,6403
3,1041
706,2408
1005,6205
3333,33

2

a)

H	Z	E	z	h	t	zt
		5	6	9	2	
3	4	5	9	6	8	
			2	9	7	8
5	0	9	9	0	5	5
		6	0	0	7	
		1	0	0	8	

b)

H	Z	E	z	h	t	zt
4	0	8	0	6	8	
1	0	0	0	1		
		0	0	0	1	
		1	1	0	1	
2	0	2	0	2		
	0	0	2	0	2	

Vermischte Aufgaben   *138–139*

3
a) 0,4; 0,15; 0,236; 0,1234; 0,37892
b) 0,09; 0,018; 0,0471; 0,0047; 0,00512
c) 3,8; 7,46; 12,46; 11,111; 5,3219
d) 0,002; 362,5; 9,87654321; 740,26

4
a) 0,8; 0,5; 0,75; 0,35; 0,4; 0,3
b) 0,8; 0,125; 0,12; 2,7; 0,088; 3,2
c) 0,125; 1,5; 0,08; 0,1875; 0,024; 1,375

5
a) 6,4 dm   b) 5,458 kg
   5,5 m   34,59 kg
   17,8 cm   8,12 t

c) 60,44 dm^2 d) 50,125 cm^3
   7,06 m^2 7,029 m^3
   10,05 cm^2 1,000009 dm^3

6
a) 5,55 m; 10,05 m
b) 600,06 dm^2; 3000,5 cm^2
c) 7,35 dm^3; 9000,005 cm^3
d) 2002,002 cm^3; 1,001 m^3
e) 5,005 l; 800,008 cm^3

7
je ein Beispiel
a) 5 m 78 cm   = 5,78 m
b) 5 m 78 mm   = 5,078 m
c) 57 m 8 dm   = 57,8 m
d) 57 m 8 cm   = 57,08 m
e) 578 cm   = 5,78 m
f) 0,578 m   = 578 mm

Korrektur im Schülerbuch:
f) 578 □ = 0,578 □

8
a) 4321 mm; 43210 cm^2; 4321 dm^3
b) 1001 cm^3; 1001 dm^3; 100 mm^3
c) 2030 m^2; 11136 a; 40 mm^2
d) 2125 ml; 5225 l; 750 ml

9
a) >   b) =   c) >   d) <
e) >   f) <   g) <   h) >

10
a) 1; 2; 3; 4; 5   b) 0; 1
c) 6; 7; 8; 9   d) 2; 3; …; 9
e) 0; 1; 2; 3   f) 5; 6; 7; 8; 9
g) 2; 1   h) 1; 2; …; 9

Seite 139

11
a) 1,20 dm   b) 4,567 kg
c) 3,33 a   d) 753,1 ml

12
a) 3410 cm^2 b) 0,47 ha
c) 620,5 dm^2 d) 30,3 ha

13
a) 1,0 m^3 b) 999,9 ml   c) 350 l   d) 2,5 l

14
a) 1,02; 1,2; 1,201; 1,21
b) 0,34; 0,343; 0,43; 0,434
c) 88,08; 88,8; 88,88; 888,8
d) 1,21; 2,12; 11,2; 12,1
e) 1001,1; 1010,01; 1010,1
f) 0,003021; 0,0031; 0,000321

15
Hier kann als Lösungshilfe das Stichwort „Zirkel" gegeben werden.

Post	1,43 km
Rathaus	1,92 km
Schwimmbad	2,45 km
Feuerwehr	2,78 km
Kraftwerk	2,95 km
Zoo	3,48 km
Hafen	3,75 km

16
a) 2,31; 2,32; ...; 2,39; 2,41
b) 0,44; 0,46; 0,48; 0,49; 0,5; 0,51; 0,52
c) 0,98; 1,02; 1,04; 1,06; 1,08; 1,10; 1,14

17
a) A: 5,63; B: 5,69; C: 5,72
b) A: 0,352; B: 0,356; C: 0,361
c) A: 0,96; B: 1,02; C: 1,14

18
a) 4,9; 4,4
b) 12,55; 8,75
c) 0,375; 0,315
d) 1,015; 3,0035

19
a) SOMMER   b) FERIEN

Seite 140

20
a) 0,5; 0,25; 0,75; 0,2; 0,6; 0,125
b) 0,16; 0,15; 0,28; 0,375; 0,875; 0,65
c) 0,12; 0,13; 0,6; 0,25; 0,1; 0,3
d) 0,75; 0,25; 0,125; 0,35; 2,6; 8,5

21
$\frac{30}{10} = 3,00$ $\frac{3}{100} = 0,03$

$\frac{66}{100} = 0,66$ $\frac{6}{100} = 0,06$

ohne Partnerzahl: $\frac{6}{10}$; $\frac{3}{10}$

22
a) $\frac{2}{5} = 0,4$; $\frac{1}{2} = 0,5$; 0,55; 0,6; 0,7; $\frac{3}{4} = 0,75$
b) $\frac{9}{10} = 0,9$; 0,95; 0,98; $\frac{99}{100} = 0,99$; $\frac{999}{1000} = 0,999$
c) 1; 1,001; 1,01; $1\frac{1}{10} = 1,1$; 1,11; $1\frac{11}{100} = 1,11$
d) 2,4; $2\frac{2}{5} = 2,4$; 2,45; $2\frac{1}{2} = 2,5$; $2\frac{3}{4} = 2,75$; $2\frac{7}{8} = 2,875$

23
a) $0,41\overline{6}$; $0,7\overline{2}$; $0,2\overline{6}$; $0,47\overline{2}$
b) $0,1\overline{36}$; $0,11\overline{36}$; $0,9\overline{1}$; $0,3\overline{78}$

c) $1,0\overline{2}$; $3,\overline{703}$; $0,\overline{370}$; $1,152\overline{7}$
d) $0,6\overline{81}$; $0,69\overline{4}$; $0,291\overline{6}$; $0,2291\overline{6}$

24
a) $0,\overline{3}$; $0,1\overline{6}$; 0,625; $0,8\overline{3}$
b) $0,41\overline{6}$; 0,21875; $1,\overline{4}$;
   ! $\frac{65}{56} = 1,160\overline{714285}$
c) $0,\overline{6}$; $1,\overline{1}$; 2,25; $0,\overline{72}$

25
a) 0,14; 0,33; 0,23; 0,64; 2,11; 1,41
b) 0,071; 0,667; 0,905; 3,286; 4,556; 1,091
c) 0,27; 2,67; 2,83; 0,82; 3,56; 8,14

26
a) 0,6; 0,67; 0,68; 0,7
b) $3,17 = \frac{19}{6}$; $3,18 = \frac{54}{17}$; 3,3; 3,33
c) 1,36; 1,38; 1,4; 1,43

27
a) 0,1; 0,11; 0,111; $0,\overline{1}$; 0,12
b) 0,04; $0,0\overline{4}$; $0,\overline{04}$; 0,444; $0,\overline{4}$
c) $0,\overline{003}$; 0,03; $0,\overline{03}$; 0,033; $0,0\overline{3}$
d) 0,028; $0,0\overline{28}$; $0,\overline{028}$; $0,02\overline{8}$
e) 0,555; $0,\overline{5}$; 0,556; $0,5\overline{6}$; $0,5\overline{6}$

28
$\frac{1}{11} = 0,\overline{09}$; $\frac{1}{111} = 0,\overline{009}$

$\frac{1}{1111} = 0,\overline{0009}$; $\frac{1}{11111} = 0,\overline{00009}$

$\frac{1}{111111} = 0,\overline{000009}$

Anzahl der Nullen in der Periode erhöht sich immer um 1.

29
$\frac{3}{7} = 0,\overline{428571}$

$\frac{2}{7} = \overline{285714}$

$\frac{6}{7} = \overline{857142}$

$\frac{4}{7} = \overline{571428}$

$\frac{5}{7} = \overline{714285}$

$\frac{1}{7} = \overline{142857}$

Periode verschiebt sich jeweils um 1 Stelle nach rechts, vgl. „Zum Knobeln" Schülerbuch, S. 137.

Vermischte Aufgaben

Geheimzahlen

875,893　　　103,612
↓　　　　　　↓
398,587　　　211,360
675,386
↓
686,537

321,597　　　602,085
↓　　　　　　↓
175,923　　　250,806
230,406
↓
64,032

Seite 141

30

Elefant	36,2
Wal	36,5
Mensch	37,0
Fuchs	38,5
Maus	38,9
Gans	40,7
Spitzmaus	42,0
Hund	43,6

31

Ziege	120,05
Schwein	130,02
Schaf	140,14
Meerkatze	146,41
Schimpanse	395,72
Tümmler	469,94
Rind	498,49
Pferd	569,95
Mensch	1124,71
Elefant	3018,43

32

a) 11mal (13,31)
b) 111mal (13,31)

33

a)
Pont du Gard	0,3 km
Rhein	0,6 km
Europa	0,8 km
Bosporus	1,6 km
Golden Gate	2,2 km
Loire	3,4 km
Köhlbrand	3,9 km

Der „Pont du Gard" ist eigentlich in erster Linie ein Aquädukt, also eine „Wasserbrücke", erst in zweiter Linie eine „Verkehrsbrücke" im herkömmlichen Sinne.
Er ist Teil eines von den Römern angelegten 50 km langen Wasserleitungssystems, mit dem das antike Nimes mit frischem Wasser aus den Eure-Quellen versorgt werden konnte.
Der Wasserkanal verläuft in der dritten Etage und war ursprünglich weitgehend mit Platten abgedeckt. Der Wasserdurchsatz betrug täglich 20000 m^3!
Die Nutzung der untersten Etage als Straßenbrücke fällt erst ins Mittelalter.
Heute ist die Brücke nur noch Fußgängern zugänglich.

b)
Elb-Tunnel	3,3 km
Treim	12,8 km
Gotthard	16,3 km
Simplon	19,8 km
Ärmelkanal	50,5 km
Seikan	53,8 km

Thema: Bundesjugendspiele

Bundesjugendspiele werden an fast allen Schulen durchgeführt. Diese Themenseiten bieten sich als Vorbereitung für dieses Sportfest an: Den Schülerinnen und Schüler wird das Punkt- und Bewertungssystem transparent gemacht. Außerdem erfahren die Schülerinnen und Schüler, wie sie das im letzten Kapitel Gelernte sinnvoll und lebensnah anwenden können.
Bevor die Lösungen für die einzelnen Aufgaben angegeben werden, erscheint hier zwecks besserer Orientierung eine Gesamtübersicht über die Punktzahlen, die sämtliche Schülerinnen und Schüler der 6b in allen Disziplinen erreicht haben.

Seite 142

Name	Wurf	Lauf	1. Summe	Sprung	End-summe	Urkunde
Gerriet	589	765	1354	560	1914	E-Urk.
Tim	543	667	1210	363	1573	S-Urk.
Johannes	314	407	721	339	1060	keine
Frank	535	740	1275	476	1751	E-Urk.
Frederick	272	460	732	387	1119	keine
Patrick	503	558	1061	420	1481	S-Urk.
Serdal	461	715	1176	494	1670	S-Urk.
Oliver	426	498	924	427	1351	S-Urk.
Alexander	251	356	607	339	946	keine
Manuel	435	622	1057	589	1646	S-Urk.

Name	Wurf	Lauf	1. Summe	fehlende Punkte für Siegerurk.	Ehrenurk.
Barbara	398	281	679	371	721
Maren	663	641	1304	erreicht	96
Stefanie	450	359	809	241	591
Kerstin	440	412	852	198	548
Christine	365	488	853	197	547
Nadine	508	359	867	183	533
Alexandra	387	412	799	251	601
Meral	679	641	1320	erreicht	80
Nicole	518	617	1135	erreicht	265

1

Gerriet	36,5 m	Tim	33,5 m
Johannes	20,5 m	Frank	30,0 m
Frederick	18,5 m	Patrick	31,0 m
Serdal	28,5 m	Oliver	26,5 m
Alexander	17,5 m	Manuel	27,0 m

2

Barbara	18,0 m	Maren	32,5 m
Stefanie	20,5 m	Kerstin	20,0 m
Christine	16,5 m	Nadine	23,5 m
Alexandra	17,5 m	Meral	33,5 m
Nicole	24,0 m		

3

Gerriet, Frank, Serdal, Tim, Manuel, Patrick, Oliver, Frederick, Johannes, Alexander.

4

Meral und Maren (8,0 s); Stefanie und Nadine (9,4 s); Kerstin und Alexandra (9,1 s)

5

a) Gerriet, Frank, Serdal, Maren, Meral und Nicole werden laufen.
b) Der Abstand zwischen den Läuferinnen und Läufern beträgt etwa 167 m (genau $166,\overline{6}$ m).

Seite 143

6

Die besten Weiten sind

Gerriet	3,45 m	Tim	2,78 m ≈ 2,77 m
Johannes	2,67 m	Frank	3,18 m ≈ 3,17 m
Frederick	2,88 m ≈ 2,87 m	Patrick	3,00 m ≈ 2,99 m
Serdal	3,24 m ≈ 3,23 m	Oliver	3,01 m
Alexander	2,67 m	Manuel	3,56 m

Der Tabelle können die genauen Punktzahlen entnommen werden.

7

9 cm; für 3,33 m hätte Sedal 524 Punkte erhalten.

Thema: Bundesjugendspiele

8

Johannes (Frederick, Alexander) hätte im Weitsprung 579 (568, 693) Punkte erreichen müssen. Er hätte also 3,53 m (3,49 m; 3,93 m) weit springen müssen, das sind 86 cm (61 cm; 1,26 m) mehr als sein weitester Sprung.

9

Die für die jeweiligen Urkunden erforderlichen Punktzahlen können der Tabelle entnommen werden.

Barbara	2,81 m; 4,01 m
Maren	erreicht; ist der Tabelle nicht zu entnehmen
Stefanie	2,27 m; 3,53 m
Kerstin	ist der Tabelle nicht zu entnehmen; 3,39 m
Christine	ist der Tabelle nicht zu entnehmen; 3,39 m
Nadine	ist der Tabelle nicht zu entnehmen; 3,33 m
Alexandra	2,31 m; 3,57 m
Meral	erreicht; ist der Tabelle nicht zu entnehmen
Nicole	erreicht; 2,39 m

10

1481 Punkte

11

Es sollte den Schülerinnen und Schülern im Klassengespräch deutlich gemacht werden, daß der Erwerb einer Urkunde nicht unbedingt etwas über das Leistungsbemühen aussagt, und umgekehrt die Schülerin bzw. der Schüler, die keine Urkunde erhalten haben, sich eventuell aber sehr angestrengt haben. Bei sportlichen Vergleichen sollten wir unbedingt auch die persönliche Leistungssteigerung und das Bemühen würdigen. Insofern bietet es sich wirklich an, eine Urkunde für alle zu entwerfen, denn erfahrungsgemäß strengen sich in diesem Alter bis auf ganz wenige Ausnahmen alle an.

VI Rechnen mit Dezimalbrüchen

Die Verwendung der Dezimalschreibweise ist den Schülern geläufig, weil sie täglich vor allem im Umgang mit Geld damit beschäftigt sind.
Deshalb lassen sich hier aus der Erfahrungswelt der Schüler Beispiele für das Rechnen finden.

1 Addieren und Subtrahieren von Dezimalbrüchen

Seite 146

1

Corinna mit 32,2 Punkten (Beate 31,0; Daniela 31,7)

2

2,5 km.
Einfache Additions- und Subtraktionsaufgaben sind den Schülern geläufig.

Seite 147

+	1,1	2,22	3,333
0,9	2,0	3,12	4,233
0,08	1,18	2,30	3,413
0,007	1,107	2,227	3,340

−	0,3	0,22	0,111
1,1	0,8	0,88	0,989
2,22	1,92	2,00	2,109
3,333	3,033	3,113	3,222

3

a) 7,9   b) 14,9
c) 25,9   d) 18,1
e) 226,8   f) 30,3
g) 1,1   h) 0,73
i) 1,04   k) 3,01

4

a) 5,4   b) 12,1
c) 6,9   d) 12,8
e) 0,43   f) 0,35
g) 2,9   h) 1,00
i) 0,99   k) 9,01

5

a) 6,3   b) 1,9
c) 1,8   d) 27,7
e) 0,99   f) 0,28
g) 0,35   h) 0,51
i) 1,22   k) 1,8
l) 0,87   m) 1,70
n) 6,105   o) 7,326

6

a) 0,5; 0,04; 0,33; 1,22; 0,001
b) 0,5; 0,96; 0,67; 0,15; 0,999
c) 0,9 + 0,11 = 1,01
   1,1 − 0,01 = 1,09
   0,99 + 0,01 = 1,0

7

a) 7,8988   b) 43,681
c) 5,9928   d) 0,5208
e) 5,0176   f) 46,622
g) 4,7815   h) 28,031
i) 0,5555   k) 109,989
l) 11,1111   m) 22,2222

8

a) 1,2214   b) 1,5110
c) 8,145   d) 0,6167
e) 41,193   f) 8,438
g) 0,0612   h) 2,0179
i) 0,0162   k) 0,2385
l) 9,99   m) 45,4545

Seite 148

9

a) 11,577   b) 39,547
c) 33,352   d) 83,8966
e) 465,163   f) 1343,62
g) 78,987   h) 96,369

10

62,61 DM
Beim Überschlag sollte man in dieser Situation sicherheitshalber alle Summanden aufrunden.

Addieren und Subtrahieren von Dezimalbrüchen

11
a) 1,2   b) 2,9
c) 1,44   d) 110,0
e) 123,4

12
a) 28,05   b) 123,321
c) 14,88   d) 4139,75
e) 13,6974

13 ✳
Aufgabe mit roter Karte.
a) 17,66   („schräg" gerechnet)
b) 12,846 („Knick" in der Rechnung)
c) 5,8   (nicht stellengerecht untereinander)
d) 1,5496 (hier wurde subtrahiert)

14
a) 14,321   b) 558,326
c) 86,07   d) 9,2816
e) 32,674   f) 0,1045

15
a) 8,80
b) 1,66
c) 898,213

16 ✳
a) 1,21   b) 47,61
c) 0,03   d) 19,9719
e) 0,2295   f) 5,003
g) 1542,534 h) 0,089

17
a) 76,5 − 0,4 = 76,1   b) 45,6 − 0,7 = 44,9
c) 56,4 − 0,7 = 55,7

18
Aufgabe mit roter Karte.
Möglicher Hinweis an die Schüler: „Achte auf die Null!"
a) 2,65   b) 0,01
c) 0,04   d) 1,03
e) 0,003   f) 0,02

Seite 149

19
a) 2,4   b) 0,5   c) 0,09
d) 0,12   e) 0,9   f) 4,45
g) 1,01   h) 0,03

20 ✳
Bei den Summen sind jeweils mehrere Lösungen möglich:

a) 9,62   b) 0,37   c) 2,39
  + 7,30   + 2,69   + 7,06
   16,92   3,06   9,45

d) 7,02   e) 9,76   f) 6,39
  − 6,93   − 0,23   − 0,27
    0,09   9,53   6,12

g) Zum einen gilt das Vertauschungsgesetz und zum anderen können mehrere Zahlen mit derselben Stellensumme eingesetzt werden.

21
a) 2,2 + 3,8 + 4,7 + 5,3 + 3,5 = 19,5
b) 14,9 + 35,1 + 30,5 + 69,5 + 17,7 = 167,7
c) 0,85 + 0,15 + 2,36 + 1,14 + 6,5 = 11
d) 0,02 + 0,98 + 1,981 + 0,009 + 0,07 = 3,06

22 ✳

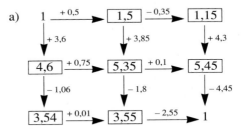

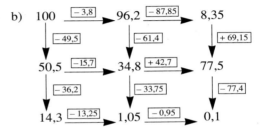

Addieren und Subtrahieren von Dezimalbrüchen

23
a) 24,222
b) 20,222
c) 0,0303
d) 5,973
e) 0,04
f) 40,32
g) 907,992

24
a) 0,983
b) 97,335
c) 16,97
d) 100,024
e) 299,937
f) 110,92

25
a) 3,83 m
b) 14,2336 a
c) 87,625 m³
d) 4,705876 t
e) 2,2164 l = 2,2164 dm³
f) 8,304365 ha

26
a) 0,89
b) 0,52
c) 46,13
d) 0,087
e) 9,15
f) 6,88
g) 0,456
h) 0,8

27 *
a) 8,7 + 5,6 + (4,3 − 1,2) = 17,4
b) 8,7 − 5,6 (4,3 − 1,2) = 0
Hier sollte man beim Stellen der Aufgabe noch festlegen, wie oft jedes Zeichen verwendet werden darf bzw. muß.

Seite 150

28
a) ① 18,3 km
   ② 26,9 km
   ③ 18,8 km
b) 13,0 km − 10,5 km = 2,5 km
c) Vom Standort zum Spielplatz; weiter durch den Wald zum Schaufelsen. Von hier über den längeren Weg zum Wildgehege. Dann auf dem kürzesten Weg nach A und wieder zum Standort zurück → 30,2 km.

29
a) jeweils 100 m
b) 90,9 km; 27,6 km
c) 63,3 km
d) 73,6 km

30
Zum Verständnis der Aufgabe sollte wenigstens kurz besprochen werden, daß sich die Erde in einer elliptischen Bahn um die Sonne dreht.

5,003 Mio. km

31
Auch hier sollte der Sachverhalt im Unterricht zum besseren Verständnis der Aufgabe besprochen werden.

67,155 km

32
a) 0,5; 0,6; 1,1
b) 0,12; 0,01; 0,13
c) 0,1; 0,001; 0,101
d) 0,1; 8,91; 9,01

33 *
a) Die Differenz wächst jeweils, beginnend bei 1,1 um 0,1 an.

6,1 + 1,5 = 7,6
7,6 + 1,6 = 9,2
9,2 + 1,7 = 10,9

b) Die Differenz verzehnfacht sich jeweils, beginnend bei 0,01.

11,12 + 100 = 111,12
111,12 + 1000 = 1111,12
1111,12 + 10000 = 11111,12

c) Die Differenz erhöht sich beginnend bei 1,01 jeweils um 1,01.

10,2 + 5,05 = 15,25
15,25 + 6,06 = 21,31
21,31 + 7,07 = 28,38

34
a) 9,3 und 2,1
b) 147 und 100
c) 2,7 und 0,9
d) 109,89 und 89,91
e) 0,77 und 0,27
f) 11,11 und 8,91

Multiplizieren und Dividieren mit Zehnerpotenzen *150–152*

35
a) 8,2
b) 37,8
c) 13,49
d) 11,38
e) 8,77

36
1357,7531   224,422
1356,6531   1356,531

Seite 151

37
a) März 218,9 kWh   April 397,9 kWh
b) 179 kWh
c) 9798,1 kWh

38
a) Familie Walter: 213,9 m³;   Familie Peters: 91,2 m³
b) Familie Walter: 8,8 m³;   Familie Peters: 7,6 m³
c) Familie Walter: heißer Sommer; Duschen; Garten: Rasen sprengen und gießen. Familie Peters war im Urlaub.

39 ✳ ✎
a) die beiden rechten Zeiger bei 0,36 m³; der Zeiger unten rechts bei 0,04 m³; die drei linken Zeiger bei 12,5 l
b) 2465 l   429 m³   3,54 m³   431 m³

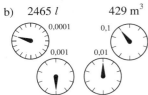

15,59 m³   443 m³

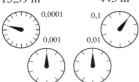

jeweils vom Zeigerstand 427,5108 m³ aus

c) 79,0851 m³

40
a) 1. Dangel   110,35 s   b)
   2. Weck   113,79 s   + 3,44 s
   3. Maiser   113,99 s   + 3,64 s
   4. Noppinger 115,01 s   + 4,66 s
   5. Brunner   115,29 s   + 4,94 s
   6. Samland   117,31 s   + 6,96 s

41
a) 570,6 Punkte
b) 22,75 Punkte
c) 4,45 Punkte

2 Multiplizieren und Dividieren mit Zehnerpotenzen

Seite 152

1

0,0013 g; 0,013 g; 0,13 g

2

100 Blätter des Schülerbuches sind ca. 0,85 cm dick:
0,85 : 100 = 0,0085

3
a) 39   b) 43,7   c) 740
   128   188,8   630
   492   140,7   50
d) 185   e) 42,5   f) 40
   5   40,7   3330
   2030   520   1212

4
a) 2,38   b) 0,42   c) 0,0004
   1,366   0,5613   0,0404
   4,3682   0,0167   0,0002
d) 6,113 e) 0,0342 f) 0,00011
   4,08   0,704   0,0002
   0,07011   0,00307   0,00005

152–153 Multiplizieren und Dividieren mit Zehnerpotenzen

5

a)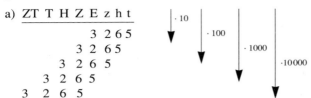
ZT T H Z E z h t
       3 2 6 5
     3 2 6 5
   3 2 6 5
 3 2 6 5
3 2 6 5

b)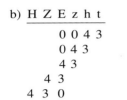
H Z E z h t
0 0 4 3
0 4 3
4 3
4 3
4 3 0

c)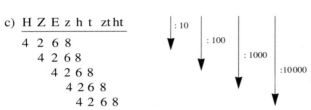
H Z E z h t zt ht
4 2 6 8
 4 2 6 8
  4 2 6 8
   4 2 6 8
    4 2 6 8

d)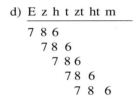
E z h t zt ht m
7 8 6
 7 8 6
  7 8 6
   7 8 6
    7 8 6

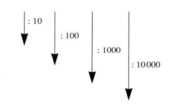

6

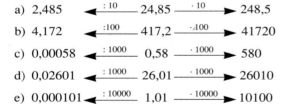

a) 2,485 ← :10 — 24,85 — ·10 → 248,5
b) 4,172 ← :100 — 417,2 — ·100 → 41720
c) 0,00058 ← :1000 — 0,58 — ·1000 → 580
d) 0,02601 ← :1000 — 26,01 — ·1000 → 26010
e) 0,000101 ← :10000 — 1,01 — ·10000 → 10100

Seite 153

7

Rechensack (von oben nach unten)
76,5   432   0,0625   4980   76,2
0,762 0,0043 1670   0,481 36,8
0,0474 0,0111

8

a) 3100
b) 0,017362
c) 22,83   } in der Bruchschreibweise darstellen lassen
d) 439

9

a) : 10   b) · 1000
c) : 100   d) · 100
e) : 1000   f) : 10

10

a) · 100   (2 nach rechts)
b) : 1000   (3 nach links)
c) · 1000   (3 nach rechts)
d) · 10000 (4 nach rechts)
e) : 1000   (3 nach links)
f) · 100000 (5 nach rechts)

11

a) 0,6835   b) 56,12
   ↓   ↓
  68,35   0,5612
   ↓   ↓
 68350   0,05612

c) 4,872   d) 1,382
   ↓   ↓
  4872   138,2
   ↓   ↓
  4,872   13,82

e) 4,382   f) 0,1035
   ↓   ↓
  43,82   0,001035
   ↓   ↓
 0,04382   1,035

12

120 g

13

a) 3,65 DM
b) 235 DM
c) 895 DM

Multiplizieren von Dezimalbrüchen *153–155*

14

a) 0,0108 cm = 0,108 mm   b) 0,00565 kg = 5,65 g

15

a) 5000 cm = 50 m; 500 000 cm = 5 km;
   5 000 000 cm = 50 km
b) 0,04 m = 4 cm; 0,004 m = 4 mm;
   0,0004 m = 0,4 mm

16

3,5 · 1000 U/min = 3500 U/min

17 ✳

4700 t

3 Multiplizieren von Dezimalbrüchen

Seite 154

1

Etwa 32 DM; genau 32,34 DM bei dem angegebenen Kurs.

2

Nadine mit 14,7 m².

Seite 155

☐

·	1,1	2,2	3,3
1,75	1,925	3,85	5,775
99,9	109,89	219,78	329,67
0,84	0,924	1,848	2,772
1,05	1,155	2,31	3,465
0,707	0,7777	1,5554	2,3331
9,09	9,999	19,998	29,997
90,09	99,099	198,198	297,297
10,01	11,011	22,022	33,033

3

a) 5,6   b) 13,5   c) 0,22
   7,2   5,1   0,025
   2,0   10,0   0,56

d) 9,0   e) 65,0   f) 2,8
   1,08   880   2,4
   0,51   900   0,20

4

a) 2,0   b) 9,8   c) 270
   2,0   9,8   270
   2,0   9,8   27,0

d) 9,0   e) 7,2   f) 1,21
   0,9   0,072   0,121
   0,9   0,072   0,0121

5

a) 229,188   b) 0,0229188
c) 229,188   d) 0,0229188
e) 229,188   f) 22918,8
g) 229,188   h) 22,9188

6

2,5
0,56
0,079
4,8
0,062
0,35

7

a) 0,0008   0,0009
   0,007   0,0075
   0,0006   0,0000165

b) 0,06   0,7
   0,16   120
   6   0,009

8

a) 8,84   b) 5,325
   5,85   6,536
   6,09   8,8596
   34,3   72,318

155–156 — Multiplizieren von Dezimalbrüchen

c) 0,1728
0,17732
0,03225
0,002366

d) 0,5704
79,3961
18,564
634,3428

9
Aufgabe mit roter Karte.
a) 28 (Kommafehler)
b) richtig
c) 0,32 (hier wurde addiert)
d) 0,666 (Kommafehler)
e) richtig
f) 3,429 (Kommafehler)

10
a) 195,02
0,342
2,698

b) 1505,856
550,782
1616,501

c) 67,33416
14,9468
3,5196

d) 788,81
3,6234
627,3355

e) 3,858
2,9044
146,17449

f) 6,13711
0,005355
9615,2056

11
a) 80 · 2 = 160 (202,7106)
3 · 2 = 6 (6,30105)
250 · 1 = 250 (258,6105)

b) 4 · 6 = 24 (24,321)
8 · 1 = 8 (8,5505)
100 · 1 = 100 (107,1125)

c) 1 · 0,3 = 0,3 (0,305722)
45 · 1 = 45 (43,4056)
15 · 1 = 15 (18,2105)

d) 10 · 1 = 10 (9,7443)
800 · 1 = 800 (805,885)
1 · 0,8 = 0,8 (0,882)

Seite 156

◻
84,672
0,1458
1,95489
86,73984
0,01050625
0,013688631
9,120573
0,000000031944

12
Aufgabe mit Selbstkontrolle.
3 · 4,2 = 12,6
12,6 · 0,5 = 6,3
6,3 · 0,02 = 0,126
0,126 · 12,5 = 1,575
1,575 · 0,4 = 0,63

13
a) 5,0 · 3,1 = 15,5
b) 0,3 · 1,5 = 0,45
c) 0,5 · 3,1 = 1,55
d) 3,0 · 1,5 = 4,5

14
a) 9,384
b) 1,729
c) 670,824
d) 51,41304
e) 0,091125
f) 32,8879
g) 29,53125
h) 0,25704

15
a) 4,3
b) 400
c) 0,2
d) 7,5
e) 3,2

16
a) 16,0
b) 316,5
c) 1,4
d) 53,0
e) 88,7
f) 19,1
g) 0,1
h) 0,0

Multiplizieren von Dezimalbrüchen *156–157*

17

$1,3 \cdot 2,5 \approx 3,3$
$3,3 \cdot 7,5 \approx 24,8$
$24,8 \cdot 12,1 \approx 300,1$

294,9375 (exakt)

18

a) 55,02 m²   b) 131,29 dm²   c) 23,528 dm²

19

33,46 · 88,50 DM = 2961,21 DM

20

151,9 · 49,20 DM = 7473,48 DM

21

a) 52,224 m³   b) 4,1688 dm³   c) 2761,65 cm³

22

Volumen des Klassenzimmers in dm³ · 1,29 g (oder Volumen in m³ · 1,29 kg).

23

a) 130 · 1,60 DM = 208 DM
b) Der Unterschied zur Wasserhöhe 1,40 m beträgt:
208 − 182 = 26,− DM.
Der Unterschied zur Wasserhöhe 1,80 m beträgt:
208 − 234 = 26,− DM.
c) 361,40 DM (a);
Fall I: 45,17 DM;   Fall II: 45,18 DM

Seite 157

24

23,77 m lang und 8,23 m breit

25

0,255 min; 0,646 min; 1,87 min
$0,01\overline{6} = \frac{1}{60}$, daraus ergeben sich die Werte:
0,25 min; 0,63$\overline{3}$ min; 1,83$\overline{3}$ min

26

70 kW = 95,2 PS
75 PS = 55,2 kW

27 ✏

	30 l	46 l	58 l	115 l
Benzin	42,57	65,27	82,30	163,19
Super	44,67	68,49	86,36	171,24
Diesel	32,37	49,63	62,58	124,09

28

Sedow:	10070,592 m³
Queen Elizabeth II:	190140,48 m³
Sovjetskaja Ukraina:	90720,288 m³
Berge Stahl:	497639,04 m³

29

a)

	15 Meilen	55 Meilen
Baden	133,2 km	488,4 km
Bayern	111,3 km	408,1 km
Preußen	112,5 km	412,5 km
Sachsen	135,9 km	498,3 km
Württemberg	111,75 km	409,75 km

b) 3,575 km mehr

30

a)

	25 Morgen
Baden	900 a
Bayern	851,75 a
Preußen	638,25 a
Sachsen	691,75 a
Württemberg	787,5 a

b) 385,5 m² mehr

4 Dividieren durch eine natürliche Zahl

Seite 158

1

6,72 DM : 8 = 0,84 DM; 12,45 DM : 15 = 0,83 DM
Das zweite Angebot ist günstiger.

2

0,36 DM

3

a) 1,58 b) 0,3
   21,85   0,6
   45,309   0,8

4

a) 7,1 b) 0,9
   5,1   0,7
   3,1   0,3

Seite 159

:	2	4	5
4,8	2,4	1,2	0,96
7,6	3,8	1,9	1,52
10,8	5,4	2,7	2,16
15,3	7,65	3,825	3,06
36,3	18,15	9,075	7,26
49,5	24,75	12,375	9,9
100,2	50,1	25,05	20,04
145,6	72,8	36,4	29,12
200,2	100,1	50,05	40,04

5

a) 22,02 b) 4,32
   6,22   3,33
   11,11   2,02

6

a) 3,5   b) 3,61
   7,64   4,844
   9,72   8,422

7

a) 2,6   b) 2,6
   0,26   0,26
   0,026   0,026
   0,0026   0,0026

8

a) 12,4   b) 39,5
c) 98,4   d) 54,72
e) 11,835

9 ✶ ✏

a) 5,0375 b) 31,875
   1,21   64,56
   3,8   56,3

c) 0,27   d) 78,2
   4,525   36,7
   6,7   89,4

e) 1,65   f) 0,0254
   2,22   0,1251
   3,21   0,1123

g) 0,0235 h) 0,368$\overline{1}$
   0,0568   2,71$\overline{3}$
   0,0258   0,122$\overline{6}$

10

Aufgabe mit roter Karte.
a) richtig   b) 0,03 (Null vergessen)
c) 1,01 (Null vergessen) d) richtig
e) 0,11 (falsch gerechnet) f) 1,2 (Kommafehler)

11

a) 16,52
   6,24
   22,32

b) 2,75
   1,1025
   4,68

Dividieren durch einen Dezimalbruch

12
a) 6
7
4
8

b) 11
9
13
11

13
a) 2,81
0,81
0,56
0,81

b) 11,41
33,70
36,43
48,08

14
a) 65,4 : 1 = 65,4
c) 16,4 : 5 = 3,28
b) 14,5 : 6 = 2,41$\overline{6}$
d) 51,6 : 4 = 12,9

15
a) 4,38
c) 0,869
b) 0,254
d) 9,39

Auch durch Überschlagsrechnen lassen sich hier die Ergebnisse schnell richtig zuordnen.

Seite 160

16
a) 1,27
0,07
4,71
0,13

b) 0,22
1,22
0,01
0,03

17
a) 0,62 DM
1,57 DM
2,71 DM

b) 0,03 DM
0,04 DM
0,06 DM

18 *
a) 2,166 m = 217 cm
1,771 dm = 177 mm
0,5333 t = 533 kg

b) 76,0583 m³ = 76058 l
101,325 a = 10133 m²
3,108 hl = 311 l

19
a) 1,75 mm
b) etwa 3,5$\overline{3}$ g
c) etwa 3 g (2,976... g)

20
a) 5 Stück sind günstiger, weil der Einzelpreis genau 0,66 DM beträgt. Bei 3 Stück sind es 0,$\overline{66}$ DM.
b) 5-kg-Paket: 4,98 DM; 8-kg-Paket: 4,55 DM.

21
3,74 m

22
30,44 DM

23 *
4 × 100 m Frauen: 10,34 s; 0,15 s schneller
4 × 400 m Frauen: 48,80 s; 1,20 s langsamer
4 × 100 m Männer: 9,38 s; 0,48 s schneller
4 × 400 m Männer: 44,04 s; 0,75 s langsamer

In der 4 × 100 m Staffel wirkt sich der fliegende Start beim Wechsel positiv aus. In der 4 × 400 m Staffel senken die schwächeren Staffelmitglieder den Schnitt.

5 Dividieren durch einen Dezimalbruch

Seite 161

1
7 Stück, wenn man den Sägeverschnitt vernachläßigt.

2
48 Gläser

Seite 162

:	0,8	1,6	2,5
5,2	6,5	3,25	2,08
10,5	13,125	6,5625	4,2
0,75	0,9375	0,46875	0,3
0,1	0,125	0,0625	0,04
0,49	0,6125	0,30625	0,196
2,04	2,55	1,275	0,816
3,03	3,7875	1,89375	1,212
8,8	11	5,5	3,52

3
a) 50
50
40

b) 51
51
51

c) 4
3
2

d) 15
50
60

4
a) 20
30
25

b) 35
320
30

c) 8
61
1100

d) 500
30
200000

5
a) 13
18,06
26,8

b) 12,4
0,84
2,56

c) 21,5
270,5
35,35

d) 69
10,7
0,3

6
a) 2,7
3,64
2,8
5,3

b) 34,6
23,7
86,3
45,3

c) 2,56
5,68
3,47
1,96

d) 3,6
45,1
21,9
17,9

e) 25
65
210
260

f) 56,5
0,58
45,2
0,56

7
a) 256
2,56
25,6
256
256

b) 42
4,2
4,2
0,42
4,2

c) 278
27,8
2,78
2780
278

d) 11
11
1,1
11
0,11

8
a) 2,36   b) 45,2
c) 123,2   d) 0,54
e) 6580

9
Aufgabe mit roter Karte.
a) 8 (Kommafehler)
b) richtig
c) 5 (Dividend und Divisor vertauscht)
d) richtig
e) richtig

10
a) 54,0
596,9
7,2

b) 5,0
6,3
13,2

11
a) 33
248
4
12

b) 15
3917
5
867

Verbindung der Rechenarten

Seite 163

12
142 (hier darf nicht aufgerundet werden)

13
a) 2,40 DM b) 2,80 DM
c) 3,20 DM d) 4,99 DM

14
160 Lagen

15
112; 209; 999

16 ✷
a) 7,3 l   b) 7,5 l   c) 7,6 l

17
Etwa 4,7 l und 5,0 l pro 100 km entsprechen in etwa der Herstellerangabe.

18
a) 8,4 cm
b) 12,5 m
c) 50 m

19 ✷
0,714 m → fast 72 cm
0,7 m

20
Pfannkuchen: 837 Joule   Schokolade: 2343 Joule
Joghurt: 397 Joule   Kartoffeln: 356 Joule
Rindfleisch: 753 Joule   Hartkäse: 1590 Joule
Tomaten: 105 Joule   Honigmelone: 218 Joule

21
a) Breite: 24 Fuß   Höhe: 8 Fuß
Die Höhe ist 3mal in der Breite enthalten
b) 30 Fuß
c) 10,98 m sind genau 36 Fuß

6 Verbindung der Rechenarten

Seite 164

1
Simone rechnet 3 DM + 15 DM + 8 DM + 5 DM = 31 DM und zieht 4 Pf. ab. Sie erhält 30,96 DM als Ergebnis.

2
4,9 l sind noch im Kanister (10 − 17 · 0,3 = 4,9).

3
a) 0,5   b) 9,5
c) 3,5   d) 10,0
e) 8,3

4
a) 2,04   b) 9,06
c) 11,9875   d) 16,6307

5
a) 3,12   b) 2,45
c) 2,919   d) 773,08
e) 98,696

6
a) 29,24   b) 42,913
c) 12,29   d) 0

Seite 165

7
a) 8,3   b) 5,0
   11,8   7,9
c) 1,6   d) 0,1
   3,2   0,2
e) 3,0   f) 3,0
   3,0   4,3

8
a) 3,89
7,06
15,91

b) 2,53
1,97
2,5

c) 4,3
6,35
7,57

d) 6,06
11,91
20,63

9
a) 28,33
b) 5,94
c) 296,67
d) 6,34

10
a) $(4,2 + 3,5) \cdot 2,9 = 22,33$
b) $8,6 \cdot (3,2 + 1,9) = 43,86$
c) $(7,9 - 4,7) \cdot 3,6 = 11,52$
d) $(1,8 + 7,9) \cdot (6,2 + 3,1) = 90,21$
e) $(0,8 + 1,3) \cdot (4,3 - 1,4) = 6,09$
f) $(3,4 - 1,9) \cdot (2,5 - 0,9) = 2,4$

11
a) 12,24
26,16
82,17

b) 22,12
17,64
0,24

c) 2,7
1,9
3,5

d) 24,6
43,2
9,72

12
a) 2,66
b) 2,1
c) 27
d) 159
e) 3
f) 2
g) 0,82474226...
h) 0,125

13 ✳ ✏
Distributivgesetz (Ausklammern) anwenden
a) 52,5
b) 49,75
c) 124,4
d) 30
e) 2,3

14
Aufgabe mit roter Karte.
a) $4,8 + 3,2 \cdot 1,6 = 9,92$
b) $27 - 4,3 \cdot 5,1 = 5,07$
c) $2,3 \cdot 1,4 + 5,2 \cdot 1,8 = 12,58$
d) $0,9 \cdot 17 - 1,5 \cdot 3,6 = 9,9$

15 ✳
a) 4,27
b) 8,5
c) 5,3
d) 3,2

16 ✳
a) $17,4 - 3,9 + 4,6 = 18,1$
b) $29,8 - (9,3 + 0,35) = 20,15$
c) $(4,8 + 7,3) \cdot 8,6 = 104,06$
d) $12,4 \cdot (14,9 - 8,45) = 79,98$
e) $(8,5 + 4,4) \cdot (8,5 - 4,4) = 52,89$
f) $(13,3 + 8,4) : 7 = 3,1$

Seite 166

17
a) $(3,2 + 4,7) \cdot 2,5 = 19,75$
b) $4,2 \cdot (10,6 - 6,8) = 15,96$
c) $(0,5 + 3,6) \cdot (4,2 + 0,8) = 20,5$
d) $2,5 \cdot (4,2 - 2,4) - 1,8 = 2,7$

18 ✳ ✏
a) 46,72
b) 4,158
c) 9,928

19
30,– DM

20
287,20 DM

21
21,40 DM

22
104,22 DM

Vermischte Aufgaben *166–167*

23
97,2 m

24 ✳
151,3 kg : 17,5 kg = 8,6...
Man muß 9 Säcke wieder abladen.

25 ✳
a) 156 m
b) 54,6 : 2,6 = 21
Die Fahrt dauert 21 Sekunden.

26
915 g Wasser

27
a) 53,20 DM   b) 24,80 DM
c) 28,40 DM

7 Vermischte Aufgaben

Seite 167

Randspalte
10,62

◻

+	12,3	1,23	0,123
32,1	44,4	33,33	32,223
3,21	15,51	4,44	3,333
0,321	12,621	1,551	0,444

−	1,11	0,11	1,01
11,1	9,99	10,99	10,09
10,1	8,99	9,99	9,09
10,01	8,9	9,9	9
1,111	0,001	1,001	0,101
1,101	−0,009	0,991	0,091

1
a) 5,8   b) 4,4
   10,7   9,9
   0,98   400,5
   2,14   0,29
c) 7,2   d) 6
   0,3   20
   0,64   5
   1,08   0,5

2
a) 10   b) 9,999
c) 43,1537   d) 7,0472
e) 16,5295   f) 1,8405
g) 0,32752   h) 0,4

3
a) 2,2   b) 12,9
   8,9   13,71
   6,2   2,43
c) 1,64   d) 5,55
   14,9   1,9
   geht nicht   1,26

4
3,95   14,89   247,06   3,0
0,003; 0,002; 0,00499; 0,005

5 ✏

	Summe	Differenz
a)	9,999 (10)	1,111 (1,2)
b)	1,887 (1,9)	0,111 (0,1)
c)	0,1875 (0,2)	0,0625 (0)
d)	1,0625 (1,1)	0,9375 (0,9)
e)	1,43 (1,5)	0,11 (0,1)
f)	0,66$\overline{3}$ (0,6)	0,00$\overline{3}$ (0)

6
a) 5,65   b) 3,35
c) 0,18   d) $\frac{2}{3}(1-\frac{1}{3})$; $0,\overline{6}$
e) $1\frac{7}{8}(2-\frac{1}{8})$; 1,875   f) 1,575

Vermischte Aufgaben

7

$$3{,}8 \;+\; 1{,}25 \;=\; \boxed{5{,}05}$$
$$=\qquad\qquad\qquad -$$
$$\boxed{1{,}885} \qquad\qquad 0{,}07$$
$$-\qquad\qquad\qquad =$$
$$5{,}685 \;=\; 0{,}705 \;+\; \boxed{4{,}98}$$

8
a) 65,28
   0,315
   1,2285
b) 19,536
   0,1794
   303,75
c) 0,2936
   0,6061
   0,0296
d) 44,424
   59,6304
   16,9744

9
a) 130,356
b) 6,09
c) 107,1
d) 13,332

10 ✎
a) 0,236
   4,56
   23,5
b) 2,35
   45,9
   0,776
c) 85,2
   3,54
   0,0028
d) 12
   13
   14

11
a) 42,8
b) 85,32
c) 450
d) 0,783

Seite 168

Randspalte

0,923076 im oberen Kasten
die beiden Faktoren wurden entsprechend verändert

0,76923 im unteren Kasten
Dividend und Divisor wurden mit demselben Faktor multipliziert (Quotient wurde erweitert)

12
a) 1,51
   1,32
   0,038
b) 6,9
   0,03
   1,14
c) 8,36
   17,9
   1,491

13
a) 28,57; 52,33; 92,31
b) 39,28; 1428,70; 10821,41
c) 2,75; 73,00; 307,40

14
a) 2114 m
b) 135 m³
c) 223 kg

15
a) 3
b) 40
c) 30
d) 0,5
e) 0,1
f) 0,3
g) 2

16
a) 26,86
   83
   6,85
   11,56
b) 9,88
   96,12
   35,$\overline{3}$
   48,1$\overline{6}$
c) 14,95
   28,96
   18,65
   38,352$\overline{6}$

17
a) 2,5 + 3,4 · 6,2 = 23,58
b) 0,35 · 9,4 − 2,8 = 0,49
c) 29,4 − 6,8 : 0,25 = 2,2

18
a) 21,42
   20,28
   5,32
b) 4,68
   67,62
   1,36
c) 2,6
   3,075
   2,5
d) 0,81
   40
   5

Vermischte Aufgaben

19
a) 9,24
b) 4,95
c) 1,71
d) 3,88
e) 5,9
f) 1,2375
g) 16,1$\overline{6}$
h) 3,5

20
a) 108,15
   88,44
   28,14
b) 1,3
   10
   114
c) 43,9
   32,35
   8,46
d) 13,6
   0,94
   2,7

21
a) $4,9 \cdot 9,4 + 49 = 95,06$
b) $16,8 - 0,65 \cdot 5,2 = 13,42$
c) $5 \cdot 5,3 + 3 \cdot 3,5 = 37$
d) $11,1 - 0,11 + 2 \cdot 4,7 = 20,39$
e) $(3,8 + 4,3) \cdot 6,5 = 52,65$
f) $(0,75 + 7,5) : (4 - 3,75) = 33$
g) $3 \cdot 6,8 - 0,5 \cdot 3 \cdot 6,8 = 10,2$
   oder $3 \cdot 6,8 - 3 \cdot 6,8 : 2 = 10,2$

Seite 169

22
Tischtennisplatte 4,19 m²; Billardtisch 4,03 m²
Die Tischtennisplatte ist um 0,16 m² größer.

23
6,1 m · 2,44 m · 2,44 m = 36,32 m³ (1280 „Kubikfuß")
Beim Umwandeln von „Kubikfuß" in m³ muß mit 0,305³ mulipliziert werden.

24

a)
Monate	Gesamtpreis	Mehrbetrag
6	1500,00 DM	25,00 DM
9	1552,95 DM	77,95 DM
12	1594,20 DM	119,20 DM
24	1678,80 DM	203,80 DM

b) Der Unterschied zwischen der billigsten Ratenzahlung und der teuersten beträgt 178,80 DM.

25
ungefähr 5,70 DM (5,71 DM genau, gerundet auf Pf)

26
Getreidehalm etwa 283mal
Fernsehturm etwa 20mal
erstaunliche Stabilität des Getreidehalms!

27
etwa 7102 Umdrehungen (genau: 7102,$\overline{27}$)

28
Eissprinter 75 s für 1 km; Radrennfahrer 80 s für 1 km; der Eissprinter ist also schneller.

29

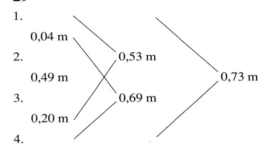

30
Die Berechnung auf eine Nachkommaziffer genau reicht zur Festlegung der Plätze (auch Ganze würden genügen).

1. Fritz Floh — 193,3
2. Helga Heuschrecke — 32,5
3. Willi Waldmaus — 8,4
4. Klara Känguruh — 6,8
5. Harald Hirsch — 4,5
6. Leo Löwe — 2,6

Thema: Salatbar

Projektunterricht ist sinnvoll, wenn er auch wirklich von den Schülerinnen und Schülern geplant und durchgeführt wird. Das Projekt „Salatbar" ist tatsächlich durchgeführt worden. Die beteiligten Schülerinnen und Schüler sowie die Lehrkräfte haben dieses Projekt als ausgesprochen gelungen beurteilt. Diese Themenseiten möchten dazu auffordern, ein solches Projekt auch einmal durchzuführen.

Seite 170

1

Bananen	1,07 DM
Äpfel	2,80 DM
Birnen	4,24 DM
Apfelsinen	1,50 DM
Summe	9,61 DM

2

	Stand 1	Stand 2
a) Paprika	3,14 DM	3,23 DM
b) Tomaten	1,87 DM	1,72 DM
c) Zwiebeln	0,35 DM	0,36 DM

d) 3,14 DM + 1,72 DM + 0,35 DM + 1,29 DM + 0,65 DM = 7,15 DM

Seite 171

3

a)
Äpfel	1,392 kg
Zwiebeln	0,462 kg
rote Paprika	0,442 kg
grüne Paprika	0,535 kg
Tomaten	1,064 kg

b) Die Kartoffeln kosten 2 DM. Alles zusammen kostet 14,20 DM.

4

Achtung! Bei den Hörnchennudeln und der Fleischwurst muß gerechnet werden:

Hörnchennudeln	3,57 DM
Fleischwurst	4,49 DM

a) 21,50 DM
b) 28,50 DM

5

a)
Aufgabe 1:	9,61 DM
Aufgabe 2:	7,15 DM
Aufgabe 3:	14,20 DM
Aufgabe 4:	21,50 DM
Endsumme:	52,46 DM

b) 52,46 DM : 48 ≈ 1,09 DM.
Sinnvoll ist es wohl, 1,10 DM zu verlangen.

c) 102,46 DM : 48 ≈ 2,13 DM

Um mit dem Geldwechseln wenig Probleme zu haben, bietet es sich an, 2 DM pro Portion zu verlangen. Der Gewinn beträgt dann aber nur
96 DM − 52,46 DM = 43,54 DM. Wollen die Schülerinnen und Schüler aber mindestens 50 DM Gewinn erzielen und möglichst wenig Probleme mit dem Geldwechseln haben, ergeben sich noch folgende Möglichkeiten:

Portion zu 2,20 DM:
Gewinn: 48 · 2,20 DM − 52,46 DM = 53,14 DM

Portion zu 2,50 DM:
Gewinn 48 · 2,50 DM − 52,46 DM = 67,54 DM

Hier bietet es sich an, mit den Schülerinnen und Schülern zu diskutieren, ob ein höherer Preis sinnvoll ist, oder ob dann damit gerechnet werden muß, daß eventuell aufgrund des hohen Preises nicht alle Portionen verkauft werden, was dann ein Minus bedeuten könnte.

VII Sachrechnen

Die Anwendung der erworbenen Kenntnisse in der Mathematik unter besonderer Berücksichtigung der Dezimalbrüche ist für die Kinder dieser Altersstufe geläufig und begegnet ihnen ständig im Alltag. Durchschnitt oder Mittelwerte sind aus den unterschiedlichsten Gebieten dem Schüler bekannt und begleitet von eigenen Tätigkeiten kann der Umgang mit diesen mathematischen Inhalten gelernt und geübt werden.

Die Ideen zu „Mittelwerte als Lebenshilfe" stammen von Dr. Heinrich Winter, Aachen.

1 Rechnen mit Größen. Genauigkeit

Seite 174

1

Diese Genauigkeit ist sicher nicht sinnvoll, da die Schritte nicht immer gleich lang sind.

2

Diese Genauigkeit ist sinnvoll, weil ein paar Kilometer als „Reserve" einberechnet wurden.

3
a) 12,39 DM
b) 942 kg oder etwas weniger als 1 t
c) etwas mehr als 10 h oder $10\frac{1}{4}$ h
d) 872 m² oder etwa 9 Ar; im Unterricht sollte herausgearbeitet werden, warum hier nicht die übliche Rundungsregel angewandt wird, sondern abgerundet wird.
e) 40,5 l oder etwas mehr als 40 l
f) 4,65 km oder etwa $4\frac{1}{2}$ km

4

Hier sollte auf sinnvolle Genauigkeit und Größenbereiche im Gespräch mit den Schülern eingegangen werden.

Seite 175

6

2,65433 dm; 0,327646 m   27,8362 cm; 0,0032 cm
3,976 mm; 12,320 mm

7

Auf Petras Kilometerzähler waren schon 178 km und 900 m, bei Eberhard etwas weniger.

8

Bei 6,37; 7,39 und 3,215 können die zweite und dritte Dezimale nur geschätzt werden.

9
a) 200 000 DM : 500 = 400 DM
b) 10 km in 30 Minuten; also 20 km in einer Stunde
c) 350 : 7 = 50 DM also etwa 50,– DM
d) 3000 km mit 300 l; also 10 l für 100 km

10

etwa 11,6 cm

11
a) Die cm-Genauigkeit gibt keinen Sinn.
b) Mit einem 60 cm langen Holzstab oder ähnlichem.
c) 19 Sträucher.

12

41 DM Höchstbetrag;
34,17 DM Mindestbetrag.

2 Tabellen

Seite 176

1

zwischen 14 kg und 15 kg

2

674 + 589 + 767 = 2030

4

	Alter (Jahre)	Größe (m)	Gewicht (kg)
Bernd	12	1,52	46,2
Caroline	12	1,48	41,8
Renate	13	1,54	43,2
Tim	12	1,51	48,1

Seite 177

5

Volumen (cm³)	Gewicht (g)		
	Kork	Glas	Blei
100	24	220	1130
200	48	440	2260
...			
1000	240	2200	11300

6
a) 6a: 628 kg; 6b: 592 kg; 6c: 742 kg
b) 1. Sammlung: 452 kg; 2. Sammlung: 483 kg;
3. Sammlung: 582 kg; 4. Sammlung: 445 kg;
1962 kg insgesamt

7
a) 5,00 DM; 10,80 DM; 12,60 DM; 12,60 DM
b) 50 km
c) 7,40 DM
d) Preisdifferenzen
1,20
1,60
2,20
2,60
3,20
4,20
5,40
6,40
7,40
8,40
9,60
10,60
e) 2. Klasse 16,80 DM; 1. Klasse: 25,20 DM
billiger nicht möglich

8

a)
Anzahl	1	...	4	5	6	7
Preis (DM)	1,50	...	6,00	7,50	9,00	10,50

b)
Zeit (h)	1	2	3	4	6	9	10
Lohn (DM)	28	56	84	112	168	252	280

c)
Gewicht (g)	10	20	30	50	55	62	70
Preis (DM)	5,50	11,00	16,50	27,50	30,25	34,10	38,50

9

Anzahl	1	2	3	4	5
Preis	0,95	1,90	2,85	3,80	3,80

Anzahl	6	7	8	9	10
Preis	4,75	5,70	6,65	7,60	7,60

Anzahl	11	12	13	14	15
Preis	8,55	9,50	10,45	11,40	11,40

Anzahl	16	17	18	19	20
Preis	12,35	13,30	14,25	15,20	15,20

Anzahl	21	22	23	24	25
Preis	16,15	17,10	18,05	19,00	19,00

10
a) 1040 DM; 1610 DM
b) Fam. Schneider 1835,40 DM;
Nachbarn 1724,30 DM
Die Nachbarn kaufen in der günstigeren Preisklasse.
c) Frau Weber kann dann in der Preisklasse bis 10000 l kaufen; Literpreis 41 Pf statt 43 Pf.

11
a) 1 Jahr; 3 Jahre; 4 Jahre; 5 Jahre; 6 Jahre; 11 Jahre; 14 Jahre
b) mit 14 Jahren 3 cm
c) Mädchen 161 cm; Jungen 171 cm; nur ungefähre Angaben

Seite 178

12
a) Vom 1.8. bis 22.8. am höchsten, vom 16.5. bis 30.5. und vom 12.9. bis 26.9. am niedrigsten
b) 1188 DM
c) in Pension Nr. 23 entweder vom 16.5. bis 30.5. oder von 12.9. bis 26.9.

13

a) Die Zahl der Gästebetten ist viel schneller gestiegen als die Zahl der Einwohner.
b) Die Zahl der Übernachtungen im Winter hat stärker zugenommen als die im Sommer und seit 1982 ist die Anzahl im Winter größer als im Sommer.
c) 1972 hat sich die Anzahl der Übernachtungen im Vergleich zu 1962 verdoppelt.

14

a) Athen–Rom 1394 km
   Berlin–Paris 1067 km
   London–Barcelona 1499 km
b) Athen–London 3360 km
c) Athen–Rom; Barcelona–Paris; Berlin–London; Berlin–Paris; London–Paris
d) Paris; evtl. kann man die Summe der km-Angaben berechnen (7054 km)

15

a)

	B	H	F	S	M
Berlin	–	294	555	634	585
Hamburg	294	–	495	668	782
Frankfurt/M.	555	495	–	217	400
Stuttgart	634	668	217	–	220
München	585	782	400	220	–

b) Berlin 2068 km
   Hamburg 2239 km
   Frankfurt/M. 1667 km
   Stuttgart 1739 km
   München 1987 km

Diese Aufstellung zeigt die zentrale Lage Frankfurts.

3 Schaubilder. Grafische Darstellungen

Seite 179

1

Vergleichende Verteilung im Kreisdiagramm, Temperaturverlauf während eines Jahres, sowie Höchst- und Tiefstwerte im Gitternetz.
Vergleichende Verteilung in geordneter Reihenfolge nach höchstem und geringstem Wert im „Säulendiagramm".

Bei allen Werten, die aus Schaubildern im Buch abgelesen werden, muß auf die Genauigkeit geachtet werden.

Seite 180

2

a) 0,60 DM; 1,20 DM; 1,80 DM; 2,40 DM; 3,00 DM
b) etwa 1,7 kg; etwa 3,4 kg; 5,1 kg
Ablesegenauigkeit beachten!

3

a)

Zeit	0^{00}	1^{00}	2^{00}	3^{00}	4^{00}	5^{00}	6^{00}	7^{00}	8^{00}
Sturmflut	6,2	7,0	7,5	7,8	7,5	7,2	6,2	5,5	5,0
normal	4,5	5,0	6,0	6,0	5,8	5,0	4,2	3,8	3,7

Zeit	9^{00}	10^{00}	11^{00}	12^{00}	13^{00}	14^{00}	15^{00}	16^{00}	17^{00}
Sturmflut	4,5	4,7	5,0	6,5	8,0	8,5	9,0	9,3	9,0
normal	3,6	3,7	3,8	4,0	4,4	5,2	5,5	5,4	4,7

Zeit	18^{00}	19^{00}	20^{00}	21^{00}	22^{00}	23^{00}	24^{00}
Sturmflut	8,2	7,5	7,2	7,0	7,2	8,3	9,7
normal	4,3	4,0	3,6	3,2	3,6	4,0	4,5

b) etwa gegen 23 Uhr

Schaubilder. Grafische Darstellungen

4

a)
1935	23 000
1955	40 000
1965	91 000
1975	113 000
1985	171 000

b)
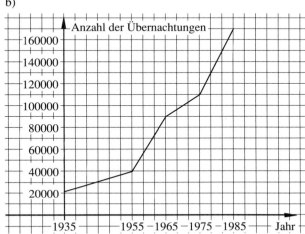

Die Verbindungslinien der einzelnen Werte sind mit Vorsicht zu betrachten; auf Zwischenwerte kann man nur sehr bedingt schließen.

5

a) beim Auto

b) Auto: 10 Mio. Reisende
Flugzeug: 1 Mio. Reisende
Bahn: 1 Mio. Reisende

6
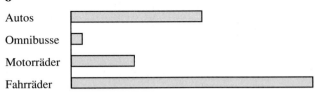

Die Länge von 6 mm entspricht etwa 10 Fahrzeugen.

7

a) 1989: 1837   1990: 1846
b) Unterschied 9 Verletzte
c) Jahresmitte 1990 mehr; Jahresende 1989 mehr

Seite 181

8

Die Grafik läßt einen schnelleren Vergleich zu; andere Darstellungsmöglichkeiten: Kreisdiagramm, Streifendiagramm

10

Afrika	✝✝✝✝✝
Amerika	✝✝✝✝✝✝✝
Asien	✝✝
Europa	✝✝✝✝✝✝
Australien und Ozeanien	lassen sich nicht darstellen

12

Der Kreis hat 360°.
Die Zahlen entsprechen den Gradzahlen für die Mittelpunktswinkel.

a)
| Pazifik | Atlantik | Indik |

b)

Der Kreis hat 360°.
Die Zahlen entsprechen den Gradzahlen für die Mittelpunktswinkel.

14

a)

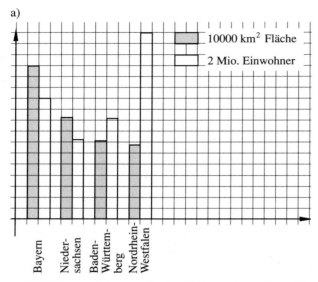

b) NRW hat, gefolgt von Baden-Württemberg die größte Bevölkerungsdichte dieser Bundesländer.

15

dichtbevölkerste Staaten: Niederlande
Belgien
Deutschland oder
Großbritannien

Staaten mit geringer Dichte: Irland
Griechenland
Spanien

Seite 182

Die gesamte Seite steht unter dem Thema Nahrung und Ernährung.

16

a) zwischen 8 und 11 Uhr und zwischen 17 und 20 Uhr
b) Frühstück gegen 7 Uhr; Mittagessen gegen 13 Uhr; Abendessen gegen 18 Uhr

17

a) Hier wurde die Frage gestellt: Was ißt du zum Frühstück? Viele Kinder essen nichts zum Frühstück.
Hier könnten die Folgen eines leeren Magens mit den Schülern besprochen werden.

18

a) Äpfel September/Oktober
Himbeeren Juli
Pflaumen August/September
Pfirsiche Juli/August
b) Juli, August, September

19 ✳ ✎

a)

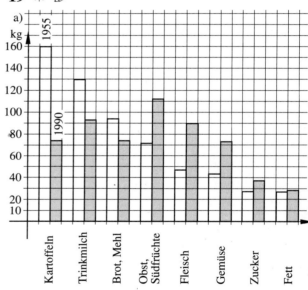

b)

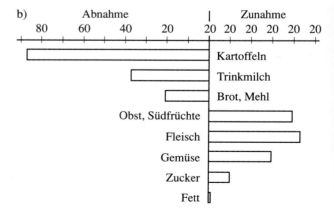

Mittelwert. Durchschnitt

20
a) Eierteigwaren, Schokolade, Weißbrot
b) Äpfel (Obst), Kabeljau, Brot
c) roher Schinken, Kabeljau, Eierteigwaren

4 Mittelwert. Durchschnitt

Seite 183

1

Im Bezug auf die gesamte gefahrene Strecke sind sie pro Stunde 85 Kilometer gefahren.
Hier können auch Höchstgeschwindigkeit und Dauergeschwindigkeit mit den Schülern besprochen werden.

2

Die Wahrscheinlichkeit, eine Niete zu ziehen, besteht bei jedem Los.

3
a) 5   b) 6
   2,5   25
   5   2
   3,25   23

4
a) 5   b) 4,5
c) 10   d) 9

Seite 184

Randspalte
Notendurchschnitt (Ø) = 3,24

5
a) 3,625   b) 265,8
c) 5,58   d) 0,66
e) 29   f) 308,6
g) 2,75   h) 34289,5

6
a) 10
b) 29
c) 0,3
d) 444
e) 2,25

7
a) Die Anzahl aller Zuschauer bei den Heimspielen wurde durch die Anzahl der Heimspiele geteilt.
b) Der rechnerishe Durchschnitt liegt bei 1,7. Viele Familien werden 2 Kinder haben.
c) Der Mittelwert aller Noten war 3,1. Wieviele 1er, 2er,... geschrieben wurden, läßt sich nicht sagen.
d) Auf die gesamte gefahrene Strecke berechnet, ergeben sich die 8,6 l für 100 km.
e) 6 Fehler ergeben sich aus der Anzahl aller Fehler geteilt durch die Anzahl der Schüler.

8
a) 256,25 m   b) 48,6 kg
c) 152,4 km (gerundet)   d) 25,– DM

9
a) 3 m 30 cm   b) 2 h 13 min 59 s
c) 1,0695 t   d) 2321 m^2
e) 2,47 l

10 *
a) 11   b) 5   c) 22
d) 7,5   e) 4   f) : 4 = 6,25

11 *
a) 13   b) 18   c) 47   d) 26,8

12

7 liegt in der Mitte, aber der Mittelwert ist 6,6.

13

Auf cm genau sollte man messen.

184–186　　　　　　　　　　　　　　　　　　　　　　　　　　　Vermischte Aufgaben

14
a) 28,6 (gerundet; genau 28,6$\overline{1}$)
b) 9 über dem Durchschnitt, 9 darunter

15
Karoline　　　　　2,$\overline{6}$
Yvonne　　　　　　2,5
Yvonne ist besser; die Rechnung war einfacher, weil 2,5 genau zwischen 2 und 3 liegt.

Mittelwert bei Brüchen
Es muß $\frac{1}{5} + \frac{1}{9} = \frac{9}{45} + \frac{5}{45} = \frac{14}{45}$ durch 2 geteilt werden.
Als genauer Mittelwert ergibt sich $\frac{7}{45}$.

a) $\frac{3}{10}$　　　　　　　b) $\frac{29}{48}$!
c) $\frac{9}{17}$　　　　　　　d) $\frac{8}{15}$
e) $\frac{7}{22}$　　　　　　　f) $\frac{5}{10} = \frac{1}{2}$
g) $\frac{7}{48}$　　　　　　　h) $\frac{19}{180}$

Melanie rechnet: $\dfrac{\text{1. Nenner + 2. Nenner}}{\text{Doppeltes Produkt der beiden Nenner}}$

Ulrich rechnet: $\dfrac{\text{Mittelwert der beiden Nenner}}{\text{Produkt der beiden Nenner}}$

Dieses Verfahren klappt nur für Stammbrüche, bei denen die Differenz der beiden Nenner 2 beträgt.

Seite 185

16
a) 48 km (genau 48$\frac{2}{7}$ km)
b) 67,6 km

17
a) 3,0
b) 1,5
c) Auch bei einer 1 in der dritten Arbeit, ergibt sich als Durchschnitt nur 3,0.

18
Der Unterschied ist zu groß; gerade dieser Unterschied ist aber typisch für diese Region.

19

a) Klasse	Durchschnitt	b) Rangfolge
5	1650	6.
6	1705	1.
7	1704	2.
8	1685	3.
9	1674	4.
10	1664	5.

5 Vermischte Aufgaben

Seite 186

1
Tanja zwischen 41,25 kg und 41,74 kg,
Max zwischen 43,25 kg und 43,74 kg.

2
a) Zwischen 148,05 Mio km² und 148,14 Mio. km².
b) Zwischen 265,5 Mio. und 266,4 Mio. Einwohner.
c) Zwischen 40074,5 km und 40075,4 km.
d) Zwischen 12 h 6 min 30 s und 12 h 7 min 29 s.

3
a) 4,4 cm;　0,32 dm;　12,46 m
b) 16,2631 g;　5512 mg;　3,4625 kg
c) 36,2 dm²;　127,425 m²;　44,2 a

4
Der Unterschied kann fast einen km betragen.
Z.B. Dingen 12,49… km; Tingen 11,5 km.

5
6,66… = 6,$\overline{6}$. Das Problem: Es geht nicht auf. Zwei bekommen 6,67 DM, einer 6,66 DM.

Vermischte Aufgaben   *186–188*

6
26,5 cm lang, 19,9 cm breit
527 cm² Flächeninhalt

7
54- bis 55mal

8
1. Zimmer	2. Zimmer	3. Zimmer
1634 dm²	1980 dm²	767 dm²

9
a) Länge zwischen 315 cm und 324 cm
Breite zwischen 285 cm und 294 cm
b) 9 m²; 928 dm²
c) zwischen 92750 cm² und 92849 cm²

10
a) Peters Mutter soll eine Dose für 25 m² kaufen.
b) 2 Dosen um 25,10 DM, also 50,20 DM.

11
8 Dosen | 8–9 Dosen | 6 Dosen | 18 Dosen
ganz exakt läßt sich die Anzahl nicht bestimmen.

Seite 187

12
14 700 Schläge in einer Minute
882 000 Schläge in einer Stunde

13
a) 140 Flugkilometer
b) 40 000 Blütenkelche

14
Mensch   660 in der Stunde;   15 840 an einem Tag
Kolibri 15 000 in der Stunde; 360 000 an einem Tag

15
223 Bakterien

16
150 Seemeilen = 277,8 km = 277 800 m

17
a) 4500 km (6750 km; 4050 km)
b) 10 Stunden 40 min

18 ✳
a) 198 km (gerundet)
b) 6 h 23 min (gerundet)
c) 134,5 km (gerundet); 4 h 20 min (gerundet) bei gleicher Durchschnittsgeschwindigkeit wie 1926.
Heute liegt diese Durchschnittsgeschwindigkeit bei etwa 38 km/h.

Seite 188

19
a) 4288 Kalorien
b) etwa 8 Tafeln Schokolade

20
273 Fichten müßte man fällen

21
a) 1750 m³ = 1 750 000 l
b) 11 h 40 min

22

	Minute	Sekunde
Mauersegler	4,8 km	80 m
Schwalbe	3,6 km	60 m
Brieftaube	3,0 km	50 m
Buchfink	0,9 km	15 m

23

Zeit (h)	$\frac{1}{2}$	1	$1\frac{1}{2}$	2	$2\frac{1}{2}$	3	$3\frac{1}{2}$
Strecke (km)	40	80	120	160	200	240	280

24 ✳

Eilzug   1 h 20 min
Interregio   1 h;   20 min schneller als der Eilzug
Intercity   48 min;   12 min schneller als der Interregio und 32 min schneller als der Eilzug.

25

a) 686 DM
b) 28,58 (gerundet)   (686 : 24)
c) 13,79 DM (gerundet)   (386 : 28)

26 ✳

a) 240 · 2,30 DM = 552 DM
und 300 · 1,70 DM = 510 DM ergeben Einnahmen von 1062 DM.
b) Sie hat einen Verlust von 28 DM.

27

a) Preis für 1 kg: 3,90 DM (4,5-kg-Packung)
                  4,05 DM (3-kg-Packung)
b) Die 4,5-kg-Packung ist billiger, weil 1 kg weniger kostet.

28

a)
Gewicht (kg)	1	2	5	10	30	60
Preis (DM)	1,80	3,60	9,00	18,00	54,00	108,00

b)
Größe (m)	1	5	10	15	50	78
Preis (DM)	8,95	44,75	89,50	134,25	447,50	698,10

29

Gewicht (g)	50	100	150	200	250	300
Sorte Allgäu Preis (DM)	0,90	1,80	2,70	3,60	4,50	5,40
Sorte Brie Preis (DM)	0,98	1,95	2,93	3,90	4,88	5,85
Sorte Gouda Preis (DM)	0,75	1,50	2,25	3,00	3,75	4,50

Bei der Sorte Brie auf die gerundeten Werte achten.

Seite 189

30

a) 1,70 DM; 3,20 DM; 4,80 DM
b) Der Brief mit 260 g kostet 4,00 DM, die zwei Briefe kosten 4,20 DM. Es ist also günstiger, einen Brief mit 260 g abzuschicken.

31

a)
Woche	Jürgen	Ute
1	0,1 DM	1 DM
	⟩+ 0,2 DM	⟩+ 2 DM
2	0,3 DM	3 DM
	⟩+ 0,4 DM	⟩+ 3 DM
3	0,7 DM	6 DM
	⟩+ 0,8 DM	⟩+ 4 DM
4	1,5 DM	10 DM
	⟩+ 1,6 DM	⟩+ 5 DM
5	3,1 DM	15 DM
	⟩+ 3,2 DM	⟩+ 6 DM
6	6,3 DM	21 DM
	⟩+ 6,4 DM	⟩+ 7 DM
7	12,7 DM	28 DM
	⟩+ 12,8 DM	⟩+ 8 DM
8	25,5 DM	36 DM
	⟩+ 25,6 DM	⟩+ 9 DM
9	51,1 DM	45 DM
	⟩+ 51,2 DM	⟩+ 10 DM
10	102,3 DM	55 DM

b) Nach 5 Wochen hat Ute, nach 10 Wochen hat Jürgen mehr gespart.

Vermischte Aufgaben   **189**

32

Einige Beispiele:

Wieviel Geld hat jede Klasse gesammelt?
Klasse 5: 134,70 DM
Klasse 6: 164,70 DM
Klasse 7: 159,20 DM
Klasse 8: 144,70 DM

Welche Klasse hat am meisten gesammelt?
Klasse 6

Wieviel Geld wurde an den einzelnen Tagen gesammelt?
1. Tag: 217,60 DM
2. Tag: 202,40 DM
3. Tag: 183,30 DM

Wieviel Geld wurde insgesamt gesammelt?
Gesamter Erlös: 603,30 DM

33

a)

	6a	6b	6c	6d
6a	×	2:1	0:4	1:0
6b	×	×	3:3	3:2
6c	×	×	×	5:1
6d	×	×	×	×

b) Wenn man die Tabelle ausführlich anlegt, kann man die Summe der Punkte in der Waagerechten schneller ablesen.

	6a	6b	6c	6d	Punkte	Rang
6a	×	2:1	0:4	1:0	4	2.
6b	1:1	×	3:3	3:2	3	3.
6c	4:0	3:3	×	5:1	5	1.
6d	0:1	2:3	1:5	×	0	4.

34

a) Annika und Kemal; sie haben mit 11,18 m bzw. 10,72 m die höchste Gesamtsprungweite.

b) Matthias und Fatma; Beide haben zwar ungültige Sprünge, aber mit 4,12 m und 3,80 m die weitesten Einzelsprünge.

35 ✳

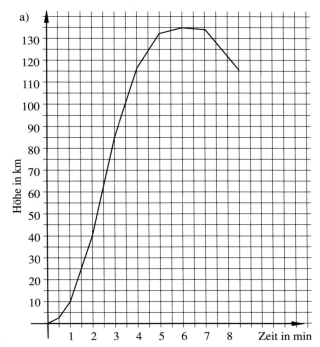

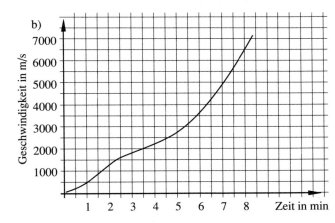

Thema: Klassenzeitung

Auch dieses Thema greift einen Aspekt aus dem Alltagsleben der Kinder auf. Es besteht die Möglichkeit, „nur" die Aufgaben für diese Klasse 6e zu berechnen. Es können interessante Ergebnisse erörtert werden. Ebenso lassen sich die Ideen der Aufgaben auf die eigene Schul- und Klassensituation übertragen. Projekttage – z.B. zwischen den Zeugniskonferenzterminen und dem Schuljahresende – können mit der Erstellung einer Klassenzeitung interessant gestaltet werden.

Seite 190

1
Beispiele:
- „Sprüche" der Lehrerinnen und Lehrer
- Zeichnungen
- Karikaturen
- Berichte über besondere Unterrichtsstunden, Ausflüge, Landheimaufenthalte ...
- Interviews
- ...

2
Schere, Kopierpapier, Unterlegpappen zum Kleben, Schreib- und Buntstifte, Leinenband, ...

3
a) 10 zusätzliche Zeitungen
b) 60 · 48 = 2880 Blatt Papier, 6 Pakete à 500 Blatt
c) 83,70 DM insgesamt; 1,34 DM pro Zeitung (48 S.) bei 2,8 Pf. pro Blatt

4
a) 120 Bögen   b) 14,70 DM

5
a) $\frac{5\,\text{cm}}{500\,\text{Blatt}}$ = 0,1 mm pro Blatt Papier
   0,2 mm pro Karton
Gesamtdicke der Zeitung: 5,2 mm
b) 16 Din-A-4-Seiten entsprechen in etwa 1 m^2; d.h. jedes Blatt wiegt 5 g
c) Zeitungsgewicht: 260 g

Seite 191

6
a) 72,00 DM (2880 Kopien à 2,5 Pf)
b) 29,40 DM

7
a) 6 Rollen   b) 23,70 DM

8
a) Bei der Berechnung der Schleifenlänge für jede Zeitung ist auch jeweils viermal die Heftstärke zu berücksichtigen.
Es werden für 12 Zeitungen knapp 20 m Schleife benötigt.
b) 19,10 DM

Thema: Klassenzeitung   *191*

9

b)
c)

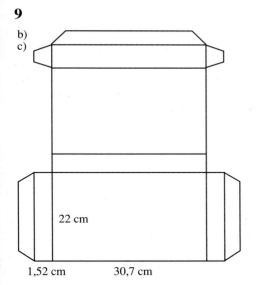

22 cm

1,52 cm   30,7 cm

d) 1511 cm² plus ca. 86 cm² für 1 cm breite Klebefalze, zusammen also ca. 1600 cm²

10

a) 242,60 DM Gesamtkosten
b) 10,11 DM pro Kind
   4,04 pro Zeitung